JN202356

白根陽子 著

女院領の中世的展開

同成社 中世史選書 25

目　次

女院領の中世的展開

序章　研究史と本書の課題

一　研究史

1　研究対象としての女院領

本書は、中世前期〜後期を一貫して見通す視角から女院領の変遷を追うことにより、女院領が中世を通じていかなる展開を遂げるのかについて明らかにしようとするものである。そのさい、女院領の伝領と天皇家の追善仏事の変遷を有機的に結びつけて追究することにより、天皇家における女院領の役割や意義についても展望し、女院領の総体的理解が深化することを目指したい。

女院とは、天皇の生母、后妃、内親王などで院号宣下を受けた女性の、後宮における身位である。院政期〜鎌倉期には、女院が本家として多くの天皇家領荘園群を領有していた。代表的な大規模女院領には、八条院領や宣陽門院領（長講堂領）、七条院領、安嘉門院領、室町院領などがあげられる。本書では、天皇家領を、後院領や女院領、親王家領（宮家領）、御願寺領などを含めた総称として用い、天皇家領の一形態である女院領を研究対象とする。(1)

中世の天皇家をめぐる研究は、近年著しい進展をみせている。なかでも、女院領を素材とするのは、女院に関する研究のみならず、王権論や、家族史あるいは政治史的な視座による中世王家論、荘園制の研究、儀礼体系論などの諸分野に拡がっていることからも、女院領そのものが研究対象として注目されるようになってきているといえよう。

例えば、荘園制の研究では、上島享氏によって、院・女院・摂関家のみが独自に立荘を命じることができ、所領保護が可能であったことから、院・女院・摂関家への所領寄進がみられ、王家・摂関家のみが本家職を保持できたと説明されている。(2) また、川端新氏は、王家領・摂関家領荘園を例に、院・女院・摂関の近臣層が主体となって、国司の協力を不可欠の要素として進められる、いわば「上からの」立荘を主張した。(3) 高橋一樹氏は、立荘推進勢力を院近臣層ととらえる点では川端氏と共通するものの、国衙領の加納・余田を包摂した広域な中世荘園の成立を説き、これを「中世荘園制」と呼び、荘園公領制にかわる概念として提唱している。(4) 一方、王家の御願寺領の形成を説く丸山仁氏は、願主による御願寺仏事のための費用確保を重視し、院近臣層ではなく、むしろ願主である院自身が立荘の主体であったとみる。(5) これら荘園制成立史研究における立荘論の提起は、女院領研究にも影響を与えるものとなっている。(6)

また、近年の女院領研究の隆盛と軌を一にして、天皇家の女性への関心も高まっている。女院研究の一環として、野村育世氏は不婚内親王の准母立后と女院領相伝との関係性をはじめて指摘したが、(7) これを受けて、栗山圭子氏は准母立后制から中世王家の成立を説いた。(8) さらに、准母が中世前期のみにみられることを指摘し、院の后妃や国母（准母）の視点から女性院宮の特質を論じる山田彩起子氏の研究が続いている。(9) このほか、服藤早苗氏編『歴史のなかの皇女たち』(10) が刊行されたことも特筆される。今後、女性・女系天皇論議が活発化することになれば、天皇家や女院をめぐる研究は、より一層の進展が見込まれる分野となろう。

ところで、天皇家・王家という用語をめぐっては、中世前期、とくに院政期から鎌倉期を対象とした研究において、王家という語が使用されることが多くなっている。(11) 院政期政治史を論じる場合を除くと、具体的には、王家領荘園、王家の存在形態、王家領の伝領や王家の追善仏事などのテーマがその用例としてあげられよう。ただし、王家という語が多用されるようになってはいるものの、未だ統一された呼称とはなりえていない[12]。

このような研究状況を受け、近年、『歴史評論』において「院政期王家論の現在」という特集が組まれ、王家をめぐる研究史についても論じられている[13]。王家という用語に関する詳細はこちらに負い、ここでは、本書が、王家ではなく、天皇家という用語を選択した理由について述べておきたい。

著者は、史料的根拠[14]に基づいて、これまで主に中世前期を対象に、王家・王家領という語を使用してきた。王家は、史料用語であるとともに、学術用語でもある。しかし、学術用語としての王家には、研究者間によって定義・解釈される内容に差異が認められ、王家という用語自体、中世前期以外では定着していないといえる現状にある[15]。また、史料用語としての「王家」と、使用する研究者個々の定義する王家との間に隔たりを感じている上に、史料に見えるからといって、中世後期まで視野に入れて論じる際に、王家を使用することは適切なのかという問題もあるように思われる。

本書では、女院領の変遷について、著者がこれまで論じてきた中世前期のみを対象とするのではなく、後期まで含めた一貫した視角でその推移を追い、女院領の歴史的意義に迫りたいと考えている。それゆえ、古代〜現代の通時代的に使用される、天皇家という用語を選択した点をあらかじめ断わっておきたい（ただし、先行研究が王家・王家領を用いる場合は、それに従って記述している）。

2　女院領研究史

女院領の研究史については、すでに野村氏の著書[16]において女院研究の大きな柱の一つとして女院領が取り上げられ、近年では、山田氏[17]や栗山氏[18]の著書においても、それぞれの観点による研究史整理がなされている。そこで、その後の研究の進展を加えた上で、本書の関心に沿って、女院領に関する研究史を論点ごとにまとめ、課題を設定していきたい。

（1）先駆的研究と通説的理解

天皇家領に関する研究は、戦前からの厚い蓄積を有する。まず、先駆的研究として、八代国治氏によって長講堂領等に関する詳細な研究[19]が行われ、中村直勝氏によって各御願寺領や女院領ごとの伝領過程がまとめられている。[20]また、奥野高広氏は、七条院領を対象に伝領・領有形態を解明したほか、『皇室御経済史の研究』において、室町時代の天皇家の財政実態を荘園群別に論じている。[21]帝室林野局編『御料地史稿』では、天皇家領荘園が一覧として示されている。[22]これら戦前からの研究は、中世天皇家の経済基盤である天皇家領の伝領過程や実状を、政治史と結びつけて跡付けた成果である。

これに対し、戦後の荘園史研究は、伝領過程よりもむしろ、荘園の内部構造の解明により関心が向けられ、いわゆる「内部構造派」とされる研究が主流を占めた。そのさい、主に社会経済史的な観点から、個別の荘園内部の実態解明が進められてきたといえる。

そのため、本書が研究対象とする女院領に関しては、先駆的な研究によって天皇家領の一部として伝領過程が示されて以降は、御願寺領を除けば、直接関心が向けられることが長らくない状況にあった。[23]御願寺領の領有者は女院である場合が多いが、この段階においては、女院が領有者たることに積極的な意義を見出そうとする動向は未だみられなかった。

通説的に、女院領とは、「平安時代末期から鎌倉時代にかけて、院号宣下を受けた内親王以下の女院が、主に本家職を有して管領する荘園群をいう。天皇・院から譲与されたものや、その創立した祈願寺に寄せられ、のち譲与された御願寺領荘園を主とし、これに庁分を加えたものが多い。院は不婚の皇女を表面上の領有者と定め、不分割の規制を有する膨大な荘園群とした」[24]と説明されてきた。つまり、女院は表面上の領有者で、実際は院の管理下にあったとみなされてきたために、女院領自体に直接の関心が向けられることがない状況が続いた。

黒田俊雄氏は、通史の記述において、女院は荘園の「番人」であり、「名義人」であるととらえ、天皇家には惣領たる人物がいて、荘園の名義人が誰であろうと、惣領はそれを統括する権限があると述べている[25]。また、同様な見解として、槇道雄氏は、皇室系女院（皇族出身者と上・中級貴族層出身者の女院）の女院領は、常に院が介入（発言）できる荘園であった、との見方を示している[26]。

このような状況にあって、女院領は院（天皇家の家長である治天の君）の支配下に置かれていた、との従来からの説に疑問がもたれるようになる。その後、女院領が院の支配下にあったのか、あるいは、女院が院から独立して所領経営を行っていたのかを論点として、女院領研究は新たな段階を迎えることとなる。

（2）女院領の独立性—女院領の伝領と治天の君との関係

最も早く、女院領の院からの独立性を主張したのが五味文彦氏である[27]。五味氏は、鳥羽院政期から後白河院政期までの女院領を検討し、女院領が院から独立して経営されていたことを主張する。氏は、女院領の形成に深く関わった女房や侍の存在形態を明らかにした上で、政治・社会・文化的な面からも女院の存在を高く評価し、院政期の女院の周辺を「女院文化圏」と表現した。これに対し、石井進氏は、新出の「八条院庁文書」を手がかりに、八条院の周辺と八条院領荘園の領有実態を解明している[28]。そこでは、源平争乱期の八条院領の経営には、後白河院が深く関与していたとの結論が導かれた。石井氏の結論に対しては、女院経済の独立性を主張する五味氏によって反論が加えられている。[29] いずれの論も、源平争乱期の八条院領を対象に、その独立性が論争されていった。

これに対し、家族史・王権論の視座からの女院領研究を提起したのが、野村育世氏である。[30] 野村氏は、八条院領と長講堂領の伝領を中心に、女院から女院へと准母や養子関係によって相伝されていったことを明らかにした。また、王家が父系嫡系の血を重んじて王位を継承する中世前期において、王位継承者の断絶という王権の危機の回避は、不婚の皇女を女院として王権の周辺に位置させ、膨大な家領を保持、しかも王権の中枢とは相対的に距離を保たせ、中枢部の争いとは無縁であることによって成し遂げられたとする。つまり、女院は、政争を超越した独自な位置にあって、王権が崩壊するのを防いだとの説を展開している。

一方、八条院領のみに研究が集中していることを問題視し、院政期から鎌倉期を通じて、女院領一般の性格づけを試みたのが、伴瀬明美氏である。[31] 伴瀬氏によれば、女院は、荘園所職における本所・本家職の権限を独自に行使し、所領処分も自らの意志の下で行い、荘園領主として高い独立性をもっていたとされる。院と同居し、経済的に一体化していたと考えられる女院を除けば、後嵯峨院政期以前の女院領は、治天の君の支配下にあったのではなく、女院達によって独立性をもって経営されていたと主張する。ところが、後嵯峨院政期以降、治天の君は女院領の存在を否定して王家領の個別分散化を止揚し、治天の君のもとでの一元的支配によって、王家領の保全をはかろうとしたという。こののち、両統迭立期以降の女院領は、両統の「長」(「惣領」)の管理下に完全に置かれ、大規模な女院領は消失したと結論づける。

伴瀬氏の研究は、はじめて女院領全般を対象に、治天の君との関係を軸に、院政期から鎌倉期における女院領の変遷を改めて位置づけ直したものであり、政治史と荘園史研究を融合した実証的な研究手法で、その後の女院領研究という分野への関心を大きく呼び起こす画期となった。[32]

一九九〇年代後半には、独自性が注目された八条院領の伝領過程を見直す論考が相次いだ。遠城悦子氏(33)と龍野加代子氏(34)は、八条院領が春華門院昇子内親王へ処分されることになった経緯について、それぞれ検討を加えている。そして、伴瀬氏が指摘した、鎌倉後期になって女院領が治天の君のもとに集積されたという点をめぐって、両統迭立期の女院領の領有権をいかに位置づけるかといった課題が提示された。藤井雅子氏は、両統迭立期には皇統の分裂に伴い、女院領としてではなく、両統の長である上皇領として伝領されていったとし、皇統に属する私的財産を意味する「皇統領」という概念で論じている(35)。

一方、金井静香氏は、西園寺家出身の后妃女院領や、皇女女院領である昭慶門院領を例に、所領形成と領有構造の解明を行っている(36)。両統迭立期以降の女院領が、両統の「長」の管理下に置かれたとされる点について、金井氏は、東二条院や永福門院、広義門院が自分の意思で所領処分を行っているとし、后妃女院の所領処分権を主張する。また、女院領の領有権については、一律に治天の君の領有権の下に位置づけるのではなく、原則として領有権は女院にあったと指摘する。さらに、鎌倉後期から南北朝期を王家領荘園群の再編期と位置づけ、王家領の伝領と領有体系の変化を論じている。

女院領の研究は、二〇〇〇年代以降にさらに飛躍的な進展を遂げていく。

安嘉門院領（旧八条院領）の処分に関する新出史料が、伴瀬氏によって紹介された(37)。新たに、安嘉門院の譲状が発見されたことにより、処分について、室町院一期の後は亀山院に譲与するとした、安嘉門院自身の意向が明らかになった。また、安嘉門院遺領をめぐる、亀山院と鎌倉幕府との交渉や、室町院への一部分進の事実も新たに判明した。さらに、「承久没収地」は、勅裁ではなく武家の成敗に属するとの認識が王家側にあった点が論じられた(38)。安嘉門院領がなぜ亀山院に伝領されたのかという、女院領をめぐる従来からの問題に再考を迫る、重要な新史料の発見となった。

この安嘉門院領の処分をめぐる新出史料を受けて、長田郁子氏は、皇統の変化が安嘉門院の所領処分に与えた影響を探った。そして、鎌倉期の八条院領荘園を例に、本家である後宇多院の密教興隆の一環として真言寺院に寄進されたことで、八条院領としての終焉を迎えたとする。(39)これは、治天の君のもとに集積された女院領が、それぞれ両統の「長」の支配下に置かれたことをもって女院領の終焉とみる説に対する批判的な見解である。

女院領と治天の君との関係をめぐって、治天の君からの独立性に注目が集まるのに対し、公家社会と女院との関係にも目を向けるよう提言したのが、野口華世氏である。(40)氏は、八条院領系女院領として安嘉門院領を取り上げ、そのなかの重要な御願寺である安楽寿院領の場合、知行者の系譜が平安末期から鎌倉後期までつながっていることを指摘し、所領の知行と女院への奉仕が一体である「女院司家」が鎌倉期においてもいまだ継続していたことを論じた。この知行者側の継続性という問題を、職の体系における上位者優位の構造に対するアンチテーゼと位置づけた点に特徴がある。

以上のように、五味・石井両氏によって先鞭がつけられ、野村氏や伴瀬氏によって牽引されてきたともいえる女院領研究は、比較的史料の豊富な八条院領とこれを継承した安嘉門院領を中心に進展していった。(41)

一方、八条院領・宣陽門院領に並ぶ、代表的な女院領の一つに七条院領がある。七条院領とこれに系譜を引く四辻親王家領を研究対象とした拙稿は、(42)伴瀬氏の成果を批判的に継承し、所領を治天の君に譲進する側の視座に立ってその意図や目的を探り、譲与者（四辻親王家）側の主体性が認められる伝領形態を提示した。また、宣陽門院領（長講堂領）の伝領においても、治天の君による一方的な接収ではなく、譲与者の宣陽門院の意思によって主体的に被譲与者が選定されたことを、拙稿(43)で論じている。

（3）女院領の伝領と天皇家の追善仏事

院からの独立性の解明を中心に、女院領の実態がより明確になっていくなかで、女院領が有する性格にも関心が集まるようになり、女院領の伝領と追善仏事との関係という新たな論点が生まれることになる。

女院研究を、女性史および仏教史的視座からも進めた野村氏によれば、女院領とはもともと女院が仏事を修す料所としての性格を帯びており、女院領の寺への寄進は、女院の祈願をも寺に委任することを意味したという(44)。その上で、院が鎮護国家・宝祚および王権の行使者たる自身の長寿を祈願するのに対し、女院は肉親にあたる院や天皇の菩提を弔うことを主とし、双方がセットになって院の体現する王権を護持していたと論じる。

近藤成一氏は、鎌倉期における天皇・公家政権と武家政権との関係を論じるなかで、天皇家の皇統の存在形態にいち早く着目し、女院領伝領の原理を明らかにした(45)。氏は、皇位を伝える皇統とは別の、天皇の菩提を弔う行事を継承する「皇統」というものを想定し、「皇統」の物的基礎として重要な役割を果たしたのが女院領であるととらえる。そして、八条院領、宣陽門院領（長講堂領）、七条院領、室町院領などの女院領の伝領において、所領の伝領とともに菩提を弔う行事も継承されるという性格が見出される点を指摘する。所領の譲与は、自分の菩提を弔うことを期待することができる人に対して行われるものであり、所領を伝領することと仏事の義務を負うこととが不可分の関係にあったと規定する。

この近藤氏の説が提示されて以降、女院領研究において、女院領の伝領と天皇家の追善仏事の関係性が重要な論点となって注目されていく。

長田郁子氏は、近藤氏の説を継承し、鎌倉期における皇統の変化が菩提を弔う行事に与えた影響について明らかにした(46)。後高倉―後堀河皇統は北白河院、後鳥羽―順徳皇統は修明門院、土御門―後嵯峨皇統は承明門院と、それぞれ后妃であった女院が菩提を弔う行事の中心となっていたとする。また、後嵯峨が、皇位皇統としての正統性を主張するために、父土御門、祖父後鳥羽とともに後白河の菩提を弔うことを重視していたと論じる。

一方、後白河院の追善仏事である長講堂八講と、後鳥羽院の追善仏事である安楽心院八講を例に、拙稿(47)では女院の仏事形態を比較した。そして、長田氏と同様、後嵯峨にとって後鳥羽の追善仏事は、自らの皇統の正統性誇示に重要な意味を与えるものであったと論じる。しかし、後鳥羽「皇統」の場合、女院領と追善仏事がセットになって伝領されていくのではなく、女院領と「皇統」の仏事が分離する現象が発生していることを指摘した。さらに、後嵯峨の没後、後鳥羽・後嵯峨両院の追善仏事が、治世の交替に伴って仏事を主催する皇統も交替する現象がみられることを拙稿(48)では指摘し、天皇家追善仏事の変遷において、院政の創始者である白河、両統の起点となった後嵯峨とともに、後鳥羽の追善が重視されたことの意義を見出している。

こののち、女院領と追善仏事に関連して、中世王家論や女院の役割、王家の御願寺領荘園群をテーマにした研究が活況を呈していく。

八条院領中の安楽寿院領を例に、女院領中の御願寺領に注目したのが、野口華世氏である(49)。氏は、女院領とは、女院が主催する仏事の経費となる御願寺領の集合体ととらえ、王家の菩提を弔うことは中世前期の女院が果たした独自の役割であったと主張する。このような女院領の評価は、女院領とはもともと女院が仏事を修す料所であったとする野村育世氏の指摘と親近性が認められるが、野村氏が、院と女院がセットになって相互補完により護持される王権仏事を提示するのに対し、野口氏は、女院こそが王家内の追善仏事の主体であるととらえる点で相違している。

また、王家の御願寺領荘園群の編成と立荘に関して、高橋一樹氏が、最勝光院領と長講堂領を例に論じている(50)。最勝光院領では、建春門院や高倉院の国忌の法華八講といった国家的仏事の増加と、追加立荘とが直接リンクしており、御願寺と付属荘園群の相伝との不可分の関係を指摘する。そして、長講堂領に関しては、荘園群の編成と存続を支える公武権力、とくに鎌倉幕府との関係に着目し、従来からの、長講堂領は承久の乱に際して幕府が没収し、宣陽門院に返付されたという通説に対し、もはや承久没収説は否定されるべきとの見解を示している。

さらに、中世前期政治史の視座からも、中世王家の成立と女院領伝領の問題が焦点となっていく。佐伯智広氏は、皇位継承と王家領伝領という二つの問題を、王家の家長権の行使という観点から読み解こうとしている(51)。氏によれば、王家家長の意図として、王家領を、次期家長の同母の皇子女に伝領させようと志向していたとされる。そして、皇統外の未婚内親王の所領であっても、将来の伝領者の選定権は、事実上、王家家長の影響下にあったと評価すべきであると主張する。また、曽我部愛氏は、後堀河親政期における北白河院の立場に注目し、追善仏事の整備を通して新たな皇統の生成を企図したことを指摘する(52)。しかし、このにち後高倉王家の中心だった北白河院は、四条即位とともに国母としての権威と意義を喪失し、九条道家等によって次第に政治的発言権を奪われていったとする。

一方、女院領と追善仏事への関心が高まるのとは別に、儀礼の運営形態から広く王権を論じるなかで、天皇家の御願寺で行われる追善仏事に関しても研究が蓄積されてきている(53)。とくに近年、遠藤基郎氏によって、十一世紀～十四世紀初頭までの王朝仏教儀礼の展開が通史的に検討されるなかで、追善仏事を含めた天皇家王権仏事の全体像が示されるに至った(54)。

3　問題の所在

前項において、論点ごとに女院領研究の進展を確認してきた。そこで浮かび上がった問題について整理しておきたい（前掲の先行研究以外のみ、出典を注記する）。

（1）女院領の譲与・処分をめぐって—治天の君との関係性

女院領の院（治天の君）からの独立性については、前述のとおり、鳥羽院政期から後白河院政期に、女院領が院から独立して経営されていたことを、五味氏が最初に指摘している。さらに、後嵯峨院政期以前の女院領全般に対象を拡大し検討した伴瀬氏によって、院と同居し経済が一体化していた女院を除けば、女院達によって独立性をもって経営されていたことが論証されている。これらに代表される女院領研究の進展によって、女院は表面上の領有者で、実際は院の管理下にあったとみなす、従来からの通説的理解は、もはや改められているといってよい。

一方、佐伯氏は、女院領が皇位とは別に継承される点を課題として掲げ、皇位継承と荘園の伝領とがどのような関係にあったのかが、近年の女院の独自性を高く評価する研究動向のなかで、より見えにくくなっている状況にあるとする。その上で、王家領の伝領は、本来は院の家長権によって決定されるものとし、王家家長の意図から女院領の伝領原理を見ようとしている(55)。

しかし、前掲の研究史をふまえると、これまで女院領は院の管理下に置かれているとみなされてきたが、女院領研究の進展によってその独立性が明らかになり、また、女院領の処分における女院の意向が実証されてきている段階にあるといえる。にもかかわらず、女院が処分権を有していたとする女院領研究の成果を反映せずに、王家の家長権によって所領の伝領も規定路線だったとみなすことは、女院領研究が進展する以前の、院の管領下にあったとの説に回帰することにつながりかねないだろう。

さて、女院が独立性を有する荘園領主であるならば、女院領の譲与に際し、自らの所領の処分権を有していたということになる。しかし、伴瀬氏によって、後嵯峨院政期以降、治天の君による女院領の集積が進むとされる点に関連して、女院が有してきた女院領の処分権まで治天の君に否定されたのかという問題は残っているように思われる。ならば、所領を治天の君に譲進する女院や親王家側の視座に立って、その意図や目的を探る必要があるのではないだろうか。

（2）女院領の終焉をめぐって―天皇家追善仏事の変遷との関連を視野に

五味氏は、鳥羽院政期から後白河院政期までを対象とするため、後鳥羽院政期以降の女院領については、女院経済の独自性は著しく損なわれ、女房の所領の安堵・給与も院に握られてくるようになり、これ以降は女院制度の衰退期とみている。そのため、承久の乱後の女院は、もはやかつて占めたその歴史的位置は大きく失われてしまうとの見通しを述べる。一方、後嵯峨院政期以前の女院領の独立性を明らかにした伴瀬氏は、両統迭立期以降の女院領が、両統の「長」（「惣領」）の管理下に完全に置かれたことによって、大規模な女院領は消失したと説いた。

また、家族史の視座から野村氏は、両統の分立以降、王家領の相続に「一期分」が開始され、ほとんどの所領が「嫡嗣」一人に単独で相続される状況が、大覚寺統では後宇多の処分状から、持明院統では後深草の処分状から生じていることに着目する。このような処分がみられるのが、大規模な女院領の時代の終焉であり、不婚内親王が准母立后して女院になる時代の終わりでもあったと論じる。

これに対し、女院領の伝領と追善仏事が不可分の関係にあるという、女院領の性格に着目し、女院領の終焉を論じたのが、長田氏である。氏は、後宇多院が、伝領とともに菩提を弔う行事を継承するという女院領の性格を継承せずに、八条院領荘園が真言寺院に寄進されたことによって、八条院領の役割が終わったと説いた。また、野口氏は、中世前期の女院領は、院による御願寺領の奪取によって完全に解体して終焉し、その後、女院は日常生活を送るための費用として女院領を保持するのみとなったと述べる。

これらの研究では、女院領の本質や役割について、いかなる特質に力点を置き、どの側面に光を照射するかという指標の違いによって、その終焉をめぐり異なる見解が提示されることになったように思われる。女院領の本質や役割を考えるに際しては、中世を俯瞰して見通す視角が重要ではないだろうか。そのさい、女院領の伝領と不可分の関係が指摘されている天皇家の追善仏事の変遷を、中世前期～後期の長いスパンで追究することによって、女院領のもつ歴史的な役割を見出すことも可能ではないだろうか。

（3）女院領の役割や意義について

上記（1）（2）とも密接に関連する、女院領の役割や意義をめぐる問題について最後にまとめておきたい。

網野善彦氏は、鎌倉期までの天皇家領はほとんど例外なしに、八条院、宣陽門院等の「独身の皇女」の名義にされていたとし、「独身の皇女」には「聖なる管理者」としての役割が負わされていたが、後醍醐の政府の崩壊後、南北朝動乱の後には、「独身の皇女」の機能は全く消え去ってしまったと述べる(56)。

女院が女院領を伝領する背景には、不婚内親王の不婚ゆえの聖性があるとし、斎宮の聖性と連続してとらえる網野氏の見解に対して、野村氏は、女院とは、斎宮の体現する祭祀世界のなかに位置するのでなく、逆にそこから脱したところに存在意義があると批判する。その上で、なぜ天皇家は、不婚の皇女に女院領を相伝させたのか、という問いに対しては、女院領はオバからメイへ、親子関係に擬制されて相伝することが多く、一方で女院は天皇の実母か准母であるとの関係性に着目する。それゆえ、天皇は潜在的に、実母ないしは准母とされた女院の所領の相続権者ということになり、それは膨大な財産をもつ女院の庇護を受けることを意味していたとする。

しかし、このような天皇と女院領との関係性は、不婚の皇女女院領に限定され、皇位にある皇統が安定し、同一皇統内（いわば家族内）で相伝される場合（安嘉門院領・室町院領）に特徴的な現象といえるのではないだろうか。一方、皇女女院領ではない、七条院領（とこれを継承した修明門院領）といった女院領には、どのような役割を見出せばよいのかという、新たな問いも生じてくる。

同様に、独身の皇女ではないという点で、網野氏は、七条院を例外と位置づけたが、ならばその例外にあたる七条院領（とこれを継承した修明門院領）は、皇女女院領と比較する意味でも鍵となる女院領ということになりそうである。

また、女院領を、女院が主催する仏事の経費となる御願寺領の集合体ととらえる野口氏は、中世前期の女院が果たす独自の役割を、王家の菩提を弔うことであったと述べる。これに対しては、伴瀬氏が、中世社会において、父祖の追善仏事を行うことは、男女や身分の上下を問わず求められた、いわば生活規範であり、女院や内親王の存在の本質的意義を仏事の遂行に求めることには抵抗があるとの見解を示している(57)。ただし、内親王の生き方については、野口氏自身も、室町期以降に、内親王が比丘尼として比丘尼御所へ入室した事例を引きつつ、菩提を弔う形態こそ変化したものの、内親王の生き方そのものは変化していないとの評価をしている。

このように、通時代的な内親王の役割として、天皇家の父祖の追善仏事を行うことがあげられるとするならば、女院領の中世的展開過程のなかに、その時期的な特徴を位置づけ、それが意味するものに目を向ける必要があるだろう。さらに、特定の皇女女院領（八条院領系）のみならず、他の女院領（宣陽門院領や七条院領）にも検討を加えた上で、両方の共通点を見究めることによって、総体としての女院領の歴史的意義を展望することも可能になるのではないだろうか。

二　本書の課題

上記の論点をふまえて、本書では次のような課題を設定する。

まず、女院領の譲与・処分にあたっての治天の君との関係如何についてである。これまで、後嵯峨院政期以降、女院領の処分においては、譲与者である女院の意向は無視され、治天の君の強引な働きかけによって、女院領が治天の君のもとに一方的に集積されていったと説かれてきた。これに対し、本書では、七条院領（第一章）・宣陽門院領（第二章・第三章）を素材に、治天の君との関係において、所領を譲与する側の視座にたって、女院領処分における女院や女院領を伝領した親王家側の主体性を照射する。

次に、女院領の伝領事情を再検討する上で不可欠であるにもかかわらず、これまでほとんど検討されてこなかった荘園目録の分析を行う。具体的には、東寺百合文書に所収された数種類の七条院処分目録案の伝来を分析した上で、七条院領伝領における治天の君との関係性を明らかにする（第一章）。また、島田家文書所収の宣陽門院領目録の人名注記を分析することにより、この目録の作成された時期や背景について明らかにする（第三章）。

同じく島田家文書所収の長講堂領年貢注文断簡は、原文書であることに加え、数多くの注記が追筆されていることから、長講堂領の年貢収納状況を知る上でも大変貴重な史料といえる。この断簡の作成年代の比定を行い、長講堂領の変遷をたどる。その上で、奥羽で唯一の長講堂領である出羽国大泉庄に着目し、他の長講堂領目録との照合を通じて、長講堂領の成立および変遷を明らかにした上で、大泉庄の年貢に関しても言及する（第四章）。

さらに、女院領の伝領と天皇家の追善仏事との関係性についてである。これまで、女院領の伝領と追善仏事の不可分な関係が説かれてきた。本書では、女院領と追善仏事が一体となって伝領されていく場合と、女院領と追善仏事が分離した場合を見究め、皇統の変化と追善仏事の変遷を長いスパンで追究することにより、天皇家の追善仏事体系の推移に歴史的な意義を見出したい（第二章・第五章・第六章）。

これまでの女院領研究は、中世前期、とくに治天の君のもとに女院領が集積される鎌倉後期までが中心で、中世後期まで見通した視角からの研究は十分になされていない現状にある。持明院統（北朝）に伝領した宣陽門院領（長講堂領）と室町院領の場合、室町期における存続が確認でき、とくに室町院領は伏見宮家領となったことで、宮家領として最後まで存続した女院領ともいえる。そこで、中世前期までで止まっている女院領研究を、中世後期まで見通した視角から進めるために、室町期における女院領の新たな展開を探る格好の素材である、伏見宮家領の形成について検討する（第七章）。

以上のとおり、本書は、七条院領に系譜を引く四辻親王家領や、室町院領から形成された伏見宮家領といった親王家領（宮家領）、あるいは奥羽に所在した長講堂領荘園をも対象とすることから、広く天皇家領研究としても位置づけられるものである。とくに、皇女女院領に限定されない女院領の多様な側面とともに、女院領が中世を通じて転成していく姿を総合的に論じていきたいと考えている。本書は、中世前期～後期を一貫して見通す視角から追究することによって、女院領の中世的展開を提示することを目指すものである。

注

（1）なお、広義の女院領という場合には、摂関家出身女院の女院領も含まれるが、摂関家出身女院の所領は、摂関家内部で伝領されることから、摂関家領の一部とみなされる。摂関家出身女院の所領については、野村育世「家領の相続に見る九条家」

（『家族史としての女院論』校倉書房、二〇〇六年。初出は一九八八年）、同「評伝・皇嘉門院―その経営と人物」（同書所収。初出は一九八七年・一九八八年）を参照。

（2）上島享「庄園公領制下の所領認定―立庄と不輸・不入権と安堵―」（『ヒストリア』一三七、一九九二年）。

（3）川端新『荘園制成立史の研究』（思文閣出版、二〇〇〇年）。

（4）高橋一樹『中世荘園制と鎌倉幕府』（塙書房、二〇〇四年）。

（5）丸山仁『院政期の王家と御願寺』（高志書院、二〇〇六年）。

（6）高橋一樹氏の所論に対し、女院領研究の視点から検討した、野口華世「女院領研究からみる「立荘」論」（『歴史評論』六九一、二〇〇七年）がある。

（7）野村育世「中世における天皇家―女院領の伝領と養子―」（前近代女性史研究会編『家族と女性の歴史　古代中世』吉川弘文館、一九八九年）。改題の上、野村前掲注（1）著に所収。

（8）栗山圭子「准母立后制にみる中世前期の王家」（『中世王家の成立と院政』吉川弘文館、二〇一二年。初出は二〇〇一年）。

（9）山田彩起子『中世前期女性院宮の研究』（思文閣出版、二〇一〇年）。

（10）服藤早苗編『歴史のなかの皇女たち』（小学館、二〇〇二年）。

（11）そもそも、王家という語を中世史研究において最初に用いたのは、権門体制論を提唱した黒田俊雄氏である。氏によれば、中世の「王家」とは、旧『皇室典範』の「皇室」のように天皇を家長としてその監督のもとにある一箇の家を意味するのではなく、いくつもの自立的な権門（院・宮）を包含する一つの家系の総称ととらえられる。そして、中世では、王といえば国王を指し、王家とはその家・一族を意味するという（黒田俊雄「朝家・皇家・皇室考―奥野博士の御批判にこたえる―」『黒田俊雄著作集　第一巻』法蔵館、一九九四年。初出は一九八二年）。

（12）岡野友彦氏は、院宮家、院領（院宮領）と称すべきことを提唱している。岡野友彦『中世久我家と久我家領荘園』（続群書類従完成会、二〇〇二年）。同『源氏と日本国王』（講談社現代新書、二〇〇三年）。同「修理職領から禁裏領へ」（坂田聡編『禁裏領山国荘』高志書院、二〇〇九年）。同『院政とは何だったか―「権門体制論」を見直す―』（ＰＨＰ新書、二〇一三年）。

また、かつては、皇室・皇室領という語を用いて論じた研究が多くあったが、これらは近代天皇制の概念に基づいた用語であり、中世における実状を指す言葉としてはふさわしくないため、現在の中世史研究ではほとんど用いられていない。

(13)「特集　院政期王家論の現在」(『歴史評論』七三六、二〇一一年)。王家という用語をめぐる研究史は、高松百香「〈王家〉をめぐる学説史」(同上)を参照。

(14) 例えば、黒田氏も掲げる、次の『花園天皇宸記』元弘元年(一三三一)別記十月一日条には、「王家之恥、何事如之哉、天下静謐尤雖可悦、一朝之恥辱、又不可不歎」と記されている。これは、後醍醐天皇が笠置を没落した後に捕らえられたことを知った、花園院の感想である。このように、「王家」という言葉は、史料用語である。

(15) 遠藤基郎氏は、王家論という言い回しは、中世ことに院政期・鎌倉期以外には定着していないとみてよい、と述べる(遠藤基郎「院政期「王家」論という構え」『歴史評論』七三六、二〇一一年)。

(16) 野村前掲注(1)著。

(17) 山田氏は、女性院宮(女院・后)をめぐる研究のなかで最も深化している分野として女院領をあげる(山田前掲注(9)著)。

(18) 栗山氏は、中世王家論関連の研究の一つとして王家領・女院領研究をあげる(栗山前掲注(8)著)。氏は、王家領のなかでも後院領に注目し、中世王家の成立を論じている(同「後院からみた中世王家の成立」、初出は一九九八年)。

(19) 八代国治「長講堂領の研究」、同「七条院御領考」(『国史叢説』吉川弘文館、一九二五年)。

(20) 中村直勝「安楽寿院領の研究」(『中村直勝著作集　第三巻』淡交社、一九七八年。初出は一九二九年)。同「家領の伝領について」、同「室町院領」、同「安楽寿院領」(『中村直勝著作集　第四巻』淡交社、一九七八年。初出は一九三九年)。

(21) 奥野高広「七条院御領に就いて」(『國學院雑誌』四七―五、一九四一年)。同『皇室御経済史の研究』(畝傍書房、一九四二年)。

(22) 帝室林野局編『御料地史稿』一九三七年。野口華世「『御料地史稿』と王家領研究―女院領の研究史理解のために―」(『歴史学研究』八一九、二〇〇六年)では、近代歴史学の成立期にさかのぼり、『御料地史稿』の研究史的位置づけを行っている。

(23) 御願寺領荘園の研究には、福田以久生「安楽寿院領荘園について―「安楽寿院古文書」の検討―」(『古文書研究』九、一九七五年)。大山喬平編『京都大学文学部博物館の古文書　第一輯　長講堂領目録と島田家文書』(思文閣出版、一九八七年)。菊池紳一「長講堂領の成立について」(古代学協会編『後白河院』吉川弘文館、一九九三年) などがある。

(24) 『国史大辞典』「女院領」の項 (福田以久生氏執筆)。

(25) 黒田俊雄『日本の歴史8　蒙古襲来』(中央公論社、一九六五年)。

(26) 槇道雄「院政時代における院領荘園支配機構とその性格」(『院政時代史論集』続群書類従完成会、一九九三年。初出は一九八一年)。

(27) 五味文彦「女院と女房・侍」(『院政期社会の研究』山川出版社、一九八四年)。

(28) 石井進「源平争乱期の八条院領―「八条院庁文書」を中心に―」(永原慶二・佐々木潤之介編『中世史研究の軌跡』東京大学出版会、一九八八年)。同「源平争乱期の八条院周辺―「八条院庁文書」を手がかりに―」(石井進編『中世の人と政治』吉川弘文館、一九八八年)。

(29) 五味文彦「八条院をめぐる諸権門」(小川信先生の古稀記念論集を刊行する会編『日本中世政治社会の研究』続群書類従完成会、一九九一年)。

(30) 野村育世「中世における天皇家―女院領の伝領と養子―」(前近代女性史研究会編『家族と女性の歴史　古代中世』吉川弘文館、一九八九年)、同「王権の中の女性」(峰岸純夫編『中世を考える　家族と女性』吉川弘文館、一九九二年)、改題・改稿の上、野村前掲注 (1) 著に所収。

(31) 伴瀬明美「院政期〜鎌倉期における女院領について―中世前期の王家の在り方とその変化―」(『日本史研究』三七四、一九九三年)。

(32) このほか、室町院領をめぐる相論を取り上げた、伴瀬明美「東寺に伝来した室町院遺領相論関連文書について」(『史学雑誌』一〇八―三、一九九九年) がある。

(33) 遠城悦子「春華門院昇子内親王の八条院領伝領についての一考察」(『法政史学』四八、一九九六年)。その後、遠城氏が八条院領荘園の伝領過程を論じたものに、同「備前国小豆島庄に関する一考察―八条院領の久我家への流出―」(『ソーシアル・

リサーチ』二五、二〇〇〇年)、同「八条院領和泉国宇多庄に関する一考察」(『同』二六、二〇〇一年)、同「『玉葉』建久七年正月十四日条の解釈について―八条院領処分の再考察―」(『同』二七、二〇〇二年)、同「八条院領の伝領にみる安嘉門院領処分」(『同』二九、二〇〇四年)、同「八条院領の伝領にみる後鳥羽院と春華門院昇子内親王」(『同』三八、二〇一三年)などがある。

(34) 龍野加代子「八条院領の伝領過程をめぐって」(『法政史学』四九、一九九七年)。

(35) 藤井雅子「両統迭立期における皇統領の「管領」と「政務」」(『史艸』三五、一九九四年)。

(36) 金井静香『中世公家領の研究』第Ⅱ部　中世王家領の再編(思文閣出版、一九九九年)。

(37) 伴瀬明美「鎌倉時代の女院領に関する新史料―『東寺観智院金剛蔵聖教』第二八〇箱二一号文書について―」(『史学雑誌』一〇九―一、二〇〇〇年)。

(38) 「承久没収地」をめぐる所領相論については、高橋一樹「重層的領有体系の成立と鎌倉幕府―本家職の成立をめぐって」(高橋前掲注(5)著に所収)。

(39) 長田郁子「鎌倉期の八条院領と天皇家―播磨国矢野荘と摂津国野鞍荘を中心に―」(『古文書研究』五一、二〇〇〇年)。

(40) 野口華世「安嘉門院と女院領荘園―平安末・鎌倉期の女院領の特質―」(『日本史研究』四五六、二〇〇〇年)。

(41) 八条院領を取り上げた最新の論考としては、樋口健太郎「八条院領の伝領と八条良輔」(『年報中世史研究』四〇、二〇一五年)がある。

(42) 拙稿「七条院領の伝領と四辻親王家―中世王家領伝領の一形態―」(『日本史研究』四六一、二〇〇一年)。

(43) 拙稿「王家領の伝領と女院の仏事形態―長講堂領を中心に―」(入間田宣夫編『日本・東アジアの国家・地域・人間―歴史学と文化人類学の方法から―』入間田宣夫先生還暦記念論集編集委員会、二〇〇二年)。同「宣陽門院領伝領の一側面―宣陽門院領目録の検討を通じて―」(『歴史』一〇〇、二〇〇三年)。

(44) 野村育世「女院論」(大隅和雄・西口順子編『信心と供養』平凡社、一九八九年。野村前掲注(1)著に所収)。

(45) 近藤成一「鎌倉幕府の成立と天皇」(『鎌倉時代政治構造の研究』校倉書房、二〇一六年、初出は一九九二年)。

(46) 長田郁子「鎌倉期における皇統の変化と菩提を弔う行事—仁治三年正月の後嵯峨天皇の登位を中心に—」(『文学研究論集』一五、二〇〇一年)。
(47) 拙稿前掲注(43)「王家領の伝領と女院の仏事形態—長講堂領を中心に—」。
(48) 拙稿「承久の乱後の王家と後鳥羽追善仏事」(羽下徳彦編『中世の地域と宗教』吉川弘文館、二〇〇五年)。
(49) 野口華世「中世前期の王家と安楽寿院—「女院領」と女院の本質—」(『ヒストリア』一九八、二〇〇六年)。このほか、同「中世公家社会の構造と変容」(『歴史学研究』八七二、二〇一〇年)、同「鎌倉時代の女院と女院領—その前提と意義—」(細川涼一編『生活と文化の歴史学7　生・成長・老い・死』竹林舎、二〇一六年)、同「待賢門院領の伝領」(服藤早苗編『平安朝の女性と政治文化—宮廷・生活・ジェンダー』明石書店、二〇一七年)。
(50) 高橋一樹「院御願寺領の形成と展開—中世前期の最勝光院領を素材に—」(『国立歴史民俗博物館研究報告』一〇八、二〇〇三年)。同「六条殿長講堂の機能と荘園群編成」(高橋昌明編『院政期の内裏・大内裏と院御所』文理閣、二〇〇六年)。
(51) 佐伯智広『中世前期の政治構造と王家』(東京大学出版会、二〇一五年)。
(52) 曽我部愛「後高倉王家の政治的位置—後堀河親政期における北白河院の動向を中心に—」(『ヒストリア』二一七、二〇〇九年)。
(53) 海老名尚「中世前期における国家的仏事の一考察」(『寺院史研究』三、一九九三年)。遠藤基郎「天皇家王権仏事の運営形態」(『中世王権と王朝儀礼』東京大学出版会、二〇〇八年、初出は一九九四年)。大島創「天皇家御願寺仏事の基本的運営形態とその確立時期—院家型御願寺を中心に—」(『鎌倉遺文研究』二七、二〇一一年)など。
(54) 遠藤前掲注(53)著の第三部　王朝仏事の事件史。
(55) 佐伯氏は、後三条天皇によって王家の家長権が確立されたといい、両統迭立によって王家の家長権が喪失するとし、両統迭立段階の、政務を行っている院・天皇のことを、とくに「治天の君」と称するとしている。佐伯氏の王家家長論には、皇位継承者と、王家の家長ないし次期家長が区別されていない、また、両統迭立によって分裂した王家のそれぞれにおいてはむしろ家長権が強まっているというべき、との近藤成一氏による批判がある(同「佐伯智広報告「中世前期の政治構造と王家」について」『日本史研究』五七二、二〇一〇年）。

(56) 網野善彦「異形の王権」（『異形の王権』平凡社、一九八六年）。

(57) 伴瀬明美「中世の天皇家と皇女たち」（『歴史と地理』五九七、二〇〇六年）。また、長田郁子氏も、『歴史のなかの皇女たち』を参照しつつ、九世紀以来、皇女が天皇家の菩提を弔う役割を果たしていたことを指摘する（同「鎌倉前期における宣陽門院の動向とその院司・殿上人について」『文学研究論集』二二、二〇〇五年）。

第一章　七条院領の伝領と四辻親王家

本章の視角

天皇家領の研究は戦前からの豊富な蓄積を有する。ただし、本章が検討対象とする女院領・親王家領については、天皇家領の一部として概略的に伝領過程が説明されるにすぎなかったといえる。しかし、近年、王権や天皇家に関する研究が深化するなかで、女院領にも注目が集まり、女院領研究は飛躍的に進歩している。例えば、女院領の領有形態について、通説的に、女院は表面上の領有者で実際には治天の君の管理下にあったといわれてきたが、五味文彦氏は、院政期における女院経済の院からの相対的な独自性を提示し[1]、伴瀬明美氏は、後嵯峨院政期以前の女院領が治天の君から独立して経営されていたことを指摘した[2]。また、金井静香氏が公家領を中心に、女院領を含めた天皇家領の領有形態についても検討を加え、新たな事例を提示している[3]。さらに、伴瀬氏によって紹介された新史料には、天皇家領の伝領に関する興味深い史料が含まれており[4]、今後は女院領を含めた天皇家領全体のあり方を検討し直す必要があろう[5]。

ところで、女院領研究は史料的な制約もあり、比較的、八条院領と宣陽門院領（長講堂領）に集中しているのが現状である。[6] 本章では、この二大女院領に次ぐ規模を有したと考えられる七条院領を取り上げる。七条院領に関しては、戦前に書かれた八代国治氏、奥野高広氏らの先行研究[7]があるが、近年では七条院領を中心に扱った論文はなく、まず伝領過程を再検討する作業から開始する必要がある。七条院領は後鳥羽院の寵妃修明門院に伝領された後、女院領から親王家領に姿を変え存続する。八条院領を継承した安嘉門院領が大覚寺統へ、宣陽門院領が持明院統へと集積されていく中世前期天皇家領の再編過程のなかで、七条院領に系譜を引く四辻親王家領が、両統分裂の影響をどのように受けて伝領していくのか、両統の治天の君との関係から論じる必要があろう。

後嵯峨院政期~両統迭立期にかけて、治天の君による天皇家領の集積が行われたといわれているが[8]、この場合、天皇家領の分裂を止揚し、所領の保全をはかろうとする治天の君側の事情ばかりが重視され、所領を譲進する側の問題はほとんど顧みられることがなかった。そこで、本章では、この時期の政治・社会的背景を考慮に入れた上で、治天の君側ではなく、逆に所領を治天の君に譲進する側の視点に立って、譲進の意図や目的に注目したい。七条院領（四辻親王家領）を分析対象として扱うことにより、譲進する側（四辻宮善統親王）の主体性が示せれば、他の天皇家領の変遷を追う場合にも、譲進する側の問題に着目することの有効性が提示できると思われる。[9] 以上のような視点で、四辻親王家領として存続する七条院領の伝領事情を解明することにより、中世の天皇家領伝領の一形態を提示したい。

ここで具体的な分析を加える前に、まず先行研究をもとに七条院領の概要を述べておく。

七条院藤原殖子は高倉天皇後宮で、後鳥羽天皇・後高倉院の生母である。[10] 建久元年（一一九〇）には従三位・准三后となり、七条院の院号を宣下されている。[11] 七条院の御所に後鳥羽天皇が度々行幸したり、二人そろって熊野に参詣したりと母子の仲は良好である。

七条院領は、「七条院処分目録案[12]」所載の三八カ所の荘園と、七条院が所有していた摂津水無瀬殿・山城仁和寺殿の両御所が中心となる。他に、室町院（後堀河皇女）に伝領している六カ所[13]、建保二年（一二一四）に落慶供養した七条院の新御堂歓喜寿院に寄せられた七カ所の荘園など[14]が確認できる。これらの七条院領は、後鳥羽天皇の後院領から一部譲与された荘園[15]と、七条院の保護を求めて寄進された荘園の二つに大別でき、地理的には西国を中心に分布している。承久の乱で幕府方が勝利を収めると、後鳥羽院が管領していた所領は全て幕府により没収される[16]。それゆえ、七条院領も一旦没収された後、返却され再び七条院の所有に帰したものと考えられる[17]。七条院は安貞二年（一二二八）九月十六日に七二歳で没する[18]が、その直前の同年八月五日には七条院領の処分が行われ、大部分の三八カ所は修明門院に対して譲与されている[19]。

この七条院領の処分に関しては、『明月記』寛喜元年（一二二九）七月二十七日条に、「去年」（七条院領の大部分を卿二位の発起で修明門院に処分したこと）と、「今年事」（卿二位の所領のほとんどを修明門院に処分したこと）は「遠所」の仰せによって改定されたという記載がある。この記事を根拠に、七条院領の処分は「遠所」、つまり隠岐の後鳥羽院の意思を承ったものであることが、すでに指摘されている[20]。七条院領の場合、院領を設定した後鳥羽院の意向がその処分にまで及んでいたといえよう[21]。以上の概要をふまえ、隠岐の後鳥羽院の意向が、七条院領を継承した修明門院領の処分にも影響していた可能性について、次節で検討することにしたい。

一　修明門院から善統親王への譲与

1　善統親王と忠成王

修明門院は七条院から三八カ所を譲与されたほか、従姉妹である卿二位高倉兼子からも荘園五カ所、中山第の安楽心院などほとんどの遺領を譲り受けており、[22] 財政的に非常に恵まれていた女院といえる。修明門院領のうち七条院領分に関しては善統親王へ伝領している。

善統親王とは順徳天皇の皇子で、母は藤原範光卿女である。[23] 藤原範光は刑部卿範兼の嫡子であり、範兼は順徳天皇の母修明門院の父藤原範季の兄にあたる。また、藤原範光は叔父範季（修明門院の父）の猶子となっている。つまり、善統親王は修明門院の孫であり、さらに母の出自も修明門院と同じ高倉家である（【修明門院関係略系図】を参照）。修明門院から善統親王への七条院領の譲与は、両者のこのような関係にも起因していると思われる。善統親王の生年は天福元年（一二三三）である。[24] 父の順徳天皇は承久の乱後、佐渡に配流され、その後帰京しないまま、仁治三年（一二四二）九月に没していることから、善統親王は佐渡で生まれたと考えられる。善統親王は四辻宮と号している。修明門院が四辻御所に住んでいたことから、善統親王は修明門院と一緒に暮らしていた可能性がある。そして、修明門院より七条院領および四辻御所を譲り受け、その御所名から四辻宮と号したのであろう。

【修明門院関係略系図】

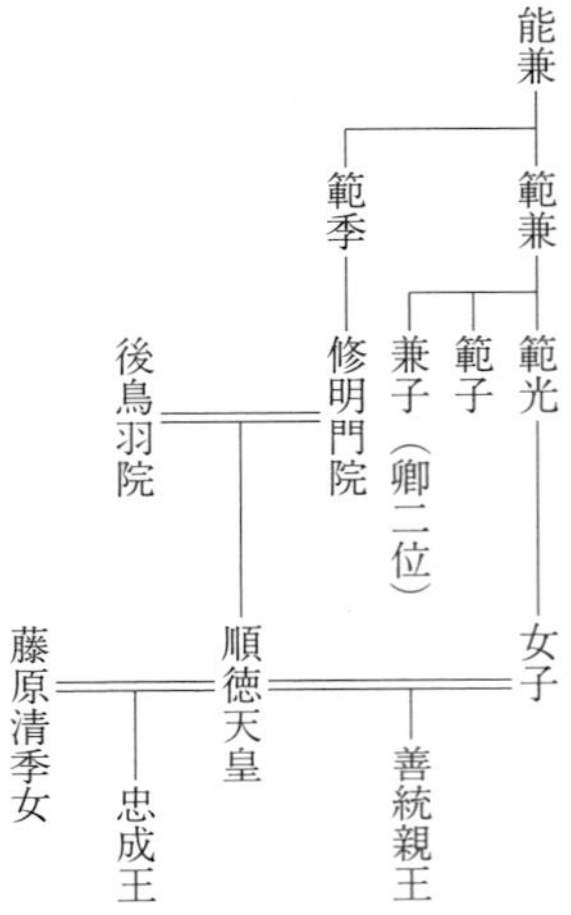

次に、順徳天皇の皇子で、やはり修明門院からみると孫にあたる忠成王という人物について取り上げる。忠成王の生年は承久三年（一二二一）である。忠成王の母は従三位藤原清季卿女である[25]。忠成王は、四条天皇没後、土御門天皇皇子邦仁王（のちの後嵯峨天皇）とともに皇嗣の候補者に挙がった人物である。その時、九条道家は忠成王を皇位継承者に推している。その理由について、『神皇正統記[26]』には「順徳院ぞいまだ佐渡におはしましけるが、御子達もあまた都にとゞまり給ひし。入道摂政道家の大臣彼御子の外家におはせしが、此流を天位につけ奉り、もとのまゝに世をしらんとおもはれけるにや」とあり、道家が忠成王の外戚であったから忠成王の即位を希望したと記す。忠成王を皇位に即けることで、九条家が以前のように朝廷の実権を握ろうと画策したようである。ただ道家が忠成王の外戚であることを示す史料は他にない[27]。とりあえず、九条道家が忠成王と縁者であったことから忠成王を推したとしておきたい。

さて、『五代帝王物語[28]』からこの時の状況を探ると「京には又いかにも順徳院のみやにてをはしますへし、子細あましとて、内々御装束の寸法まてさためられ、した用意してそ有ける、此宮を、世には広御所の宮と申、其時はいまた童躰にておはします、後には元服して、忠成王とそ申、御祖母の修明門院の四辻御所には、今日関東の使つくと聞えけれは、人々あまた参聚て、只今吉事をきかせんとする気色にてあれは」とあり、都では忠成王が皇位を継承するに違いないと目され、内々に装束の寸法をはかるなど準備がされていた。傍線部の「広御所の宮」つまり忠成王の住む修明門院の四辻御所では、関東よりの忠成王即位を伝える吉報を待っている様子がわかる。しかし、幕府の決定は、承久の乱に消極的であった土御門天皇の皇子邦仁王を皇位継承者とするというものであった。

以上から、忠成王は幼い時には広御所宮といい、祖母修明門院が住む四辻御所内の広御所付近で暮らしていたと考えられる。そして成人後は岩倉に居を構え、岩蔵宮と号したのであろう。この四辻御所には、前述したように善統親王も住んでいた可能性がある。修明門院のもとには、承久の乱によって父順徳天皇が佐渡に配流されたため、養育の後盾を失った孫にあたる皇子たちが集まり、その庇護を受けていたと思われる。

前述したように、七条院領を受け継いだ修明門院領の処分で、七条院領は善統親王に相伝されたのであるが、忠成王が修明門院と一緒に暮らしていたのなら、同じ孫である忠成王は修明門院領の継承者の候補に挙がらなかったのであろうか。善統親王への譲与はスムーズに行われたのであろうか。善統親王が七条院領を後宇多院に譲進した背景をみていくと、善統親王と、忠成王の子と目される「石蔵三郎宮」との対立という状況が起きていたことが明らかになる。詳細は後述することにして、ここでは修明門院の二人の孫の存在に注目しておきたい。

2　修明門院領の処分

修明門院が七条院領を善統親王に譲与した時期については、諸論あって確定していない。修明門院は文永元年（一二六四）八月に没していることから、没する直前に譲与が行われたと八代・中村両氏は推定した。(29) これに対し奥野氏は、東寺百合文書ト函一九号に収められた「修明門院譲状案」を根拠に、譲与した日を建長三年（一二五一）十月八日であると推定した。(30) ここではこの修明門院譲状案(31)の内容を詳しく検討する。

【史料1】

修明門院御譲状案

院(a)よりかくおほせをかれて候へハ、かた〳〵心くるしく、あさゆふ心にかけまいらせ候ハぬ時もすくなくやとおほえて候へとも、そのいろもあらハれす候て、とし月つもり候ぬるに、いまハむけに身もよはりて候へハ、かねても、すなはち、このやうとも、たれにも申てさふらひしかハ、きかせをハしましても候けんとおほえ候、けふよきひにて候へハ、(b)七条の女院より御ゆつり候し御けん、事さらまいらせ候也、又(c)いんふくもん院の御りやうにて、はりまのひらの・ちくまハさふらふ、これ二ところ、(d)こ院よりの御券に候覧、をなしく御ふんにて候はむするに候、さて(e)いつれの宮〳〵をも、かたミのおろかならぬ御事にて、をなし御心にも候、又はくゝミまいらせられ候ひぬへきハ、さやうにも返〻候へく候、又やなきとのハ、かやうもん院御所も候ハて、心くるしき御事にて、御所にても候へきやうにおほせ候しかハ、行すゑにハ、やかてひめ宮も、ひむよく候なと申てまいらせて候しかとも、わたらせ給御事もえ候はて、たうしハさん〳〵にあれて候、女院ひめ宮したいのまゝの御事にて、七条の女院の御む所にても候へハ、御あとにて候へハ、御行すゑにハ、をなしくその御所へとひめ宮へ申候ハんと思て候ても、わなゝきふての行かたもみえ候ハぬに、こまかにかき候へは、さん〳〵に候、よく〳〵こらむしつゝけられ候へく候、あなかしこ〳〵、

建長三年十月八日　　在御判

譲状によれば、修明門院は「いまハむけに身もよはりて候へハ」とあるように、身体が衰え弱ってきたことから、(b)「七条の女院」から譲られた「御けん」(所領目録)を譲渡することを決めている。

まず、修明門院領中の七条院領分に関して、修明門院は七条院のことを、ことさらに(b)「七条の女院」と呼んでいる。それゆえ、処分のことを仰せ置かれた(a)「院」と(d)「こ院」は、(b)「七条の女院」とは別人の可能性がある。

次に、(c)「いんふくもん院」の所領だった播磨の平野・ちくまの二カ所も、(d)「こ院」(故院)からの「御券」にみえているとある。この殷富門院領とは、もともと建久三年(一一九二)の後白河院の所領処分の時に、押小路殿と金剛勝院領を譲与され成立した女院領である。[32] ただし、殷富門院一期の後は、後鳥羽天皇の所領とすることが決まっていて、殷富門院が没した建保四年(一二一六)以降は後鳥羽院が管領していた。つまり、ここに出てきた殷富門院領

二カ所を所有していたのは後鳥羽院であり、殷富門院領の「これ二ところ、こ院よりの御券に候覧」とあるから、(d)「こ院」とは後鳥羽院を指すと考えられる。(33) 後鳥羽院が承久の乱で隠岐に配流された後は、修明門院が代わって所有していたのであろう。

修明門院領が七条院領分以外からも成り立っていることから、この譲状は、七条院領三八カ所の処分についてだけではなく、修明門院領全体の処分について述べたものといえる。それゆえ、修明門院領の処分のことを七条院が仰せ置いたと解釈するよりも、隠岐にいた後鳥羽院が存命中に仰せたとみたほうが自然である。よって、処分のことについて仰せ置いた(a)「院」は後鳥羽院を指すのであろう。以上から修明門院領の処分に関しても、七条院領の処分と同様、後鳥羽院の意向がはたらいていた可能性が指摘できよう。

そして(e)「いつれの宮〳〵」は、順徳院の形見の遺児として立派な存在であること、修明門院が養育してきたということも合わせると、善統親王と忠成王を指していると思われる。

さて、譲与の時期をめぐる問題に話をもどすことにする。この譲状に従って、建長三年十月八日、七条院領は善統親王に譲与されたのであろうか。善統親王への譲与の年を奥野氏が推定された建長三年とするならば、それ以降、修明門院が本家として活動することは基本的に考えられないだろう。

ところが、建長六年（一二五四）四月日付で近江国大国庄の庄官等に宛て、前太政大臣家に知行安堵したことを伝える修明門院庁下文(34)が存在する。もし、本家職が建長三年に善統親王に完全に譲与されたのであるなら、修明門院が院庁下文で安堵するような本家としての活動が、建長六年にみられるはずはない。

そこで建長三年に譲状が書かれたが破棄され、もう一度処分が行われた可能性が考えられる。しかし、再度譲状が書かれた形跡はなく、この可能性は否定されよう。また、建長三年に譲状が書かれ、譲与することが決まっていたもので、完全な権利の譲渡が行われたのではなく、修明門院の本家としての活動が継続していたとも考えられる。同居していた修明門院と善統親王が同一経済だったとみれば、強ち無理な推定ではなかろう。善統の親王宣下の時期は不明であり、建長三年以降も四辻親王家が成立する以前は、修明門院庁の組織による安堵が行われていたのではないだろうか。つまり、建長三年に譲状が書かれたものの、善統親王への完全な譲与が行われ、七条院領三八カ所が四辻親王家領となるのは、史料上最後にみられる修明門院庁下文が出された建長六年四月以降と考えられる。

二　善統親王から後宇多院への譲進

1　弘安三年の二一カ所譲進

修明門院は七条院から所領の譲与を受ける時に、七条院領目録に七条院の判を据えたものを進められた。修明門院から善統親王へ七条院領が譲与される時にも、修明門院の判を加えただけの同じ七条院領目録がそのまま進められている(35)。

今日、その写が七条院処分目録案として、東寺百合文書の数種類の函に所収されている。七条院処分目録案は、上桂庄相論のなかで具書案として用いられ、東寺が上桂庄の一円支配を確立するに及んで、東寺に保管された。その後、東寺百合文書に収められ現存している。そこで七条院領相伝の全体像を構築するために、東寺百合文書からさかのぼって、原文書がどのように伝来したかを明らかにしていきたい。

七条院処分目録案が所収された文書群を【表】にまとめたので参照していただきたい。【表】より、現在、七条院処分目録案として残存しているものは、原文書までさかのぼると、いずれも四辻宮善統親王より上桂庄の譲与を受けた

【表】七条院処分目録案が所収された文書群―東寺百合文書より―

	函号	文書群名	文書群作成の経緯	七条院処分目録案の伝来
①	ト函一九号	藤原氏女所帯文書案	徳治三年（一三〇八）藤原氏女が正文を質物として平氏女に渡す時に控として作成される。	正応三年（一二九〇）善統親王が藤原氏女に上桂庄領家職を譲与する時に案文が作成される。「可被止本所」の注記。
②	ヒ函三八号	建武四年上桂庄相論文書	建武四年（一三三七）源氏女と東寺との相論で、源氏女が提出した訴状と具書、東寺に下された院宣の一連の文書の正文。	源氏女は平氏女から上桂庄の権利文書を貸与されているから、①ト函一九号と同じ系統。
③	ミ函二三号	建武四年上桂庄相論文書案	②ヒ函三八号の案文で⑤イ函三三号の土代として作成される。	②の案文なので①ト函一九号と同じ系統。
④	ほ函二七号	峯僧正俊雅相伝文書案	阿賀丸（信誓）の筆跡。善統親王が猶子宮僧正深恵と四辻若宮に譲与した上桂庄を、俊雅僧正がそれぞれから譲りを受けた。峯僧正俊雅から阿賀丸（信誓）に譲られる暦応四年（一三四一）、信誓により写が作られた。	善統親王は上桂庄を弘安十年（一二八七）には猶子宮僧正深恵に、正和五年（一三一六）には四辻若宮に譲与しており、これらの時に案文を作成か。「可被進宮」の注記。
⑤	イ函三三号	上桂庄相論文書案（源氏女訴状具書案）	正文である②ヒ函三八号のなかで重複して提出された具書（七条院処分目録案・光厳上皇院宣案）を整理して、まず③ミ函二三号を作り、それを清書してこの案文⑤を作成し、正文の②ヒ函三八号は御影堂に収められた。	②を整理して③を作り、清書した⑤は①ト函一九号と同じ系統。

（注）京都府立総合資料館編『東寺百合文書目録』を参照し、七条院処分目録案が所収されている文書群を東寺百合文書から抜き出し、七条院処分目録案の伝来を探った。文書群作成の経緯の部分に関しては、上島有編『山城国上桂庄史料』上巻（東京堂出版、一九九八年）を参照した。相論に関わる人物については、源城政好「東寺領上桂庄における領主権確立過程について」（『京都文化の伝播と地域社会』思文閣出版、二〇〇六年。初出は一九七〇年）を参照。

二者の所帯文書から派生していることがわかる。つまり、善統親王から上桂庄を譲与された藤原氏女の所帯文書案①（ト函十九号）系統〔②③⑤〕と、善統親王の猶子宮僧正深恵より譲与を受けた峯僧正俊雅の所帯文書案④（ほ函二七号）系統の二つである。

①ト函十九号は、善統親王より山城国上桂庄領家職を譲られたと称する藤原氏女が帯した相伝文書の案文である。徳治三年（一三〇八）に藤原氏女が正文を質物として平氏女に渡す時に、藤原氏女側の控として作成された文書が、ト函十九号に所収された。このト函十九号所収の七条院処分目録案が、他の案文に比べ最も作成された時期が早く、より元の形を留めていると思われる(36)。よって、七条院処分目録案として①ト函十九号(37)（藤原氏女所帯文書案）を次に掲げる。

【史料2】

自七条院御伝領御領目六

七条院
在御判

修明門院御処分御所庄〻等

一所　水無瀬殿　加井内庄　可被止本所

一所　仁和寺殿　加法花堂　可被止本所

御庄〻三十五箇所　追加河嶋庄　大虫社

山城国

（裏書A）「上桂庄依有由緒、限永代被譲渡藤原氏女早、正応三年十月廿五日」

上桂庄　可被止本所

河嶋庄　可被止本所

広庭庄　可被止本所

桂東庄内　北方

河内国

美濃勅旨　可被止本所

田原庄

菅生庄

摂津国

仲庄　可被止本所

倉殿庄

小松庄　可被止本所

近江国欤

中津庄

右大弁位田

伊勢国

野俣道庄　可被止本所

錦嶋御厨　可被止本所

志摩国欤

吉津御厨　可被止本所

美濃国

弾正庄　御筆状在之
鵜飼庄
国分寺　可被止本所
越前国
織田庄　法花堂領　大虫社
杣山庄
毛戸岡庄
菅原鳩原庄
近江国
大国庄　御筆状在之　可被止本所
三尾新宮
吉身庄
和泉国
永吉庄
丹波国
田能庄　法花堂領　可被止本所
大和国
檜牧庄　法花堂　可被止本所

安堵庄　同
部坂庄
遠江国
気賀庄
淡路国
菅原庄　可被止本所
周防国
束荷庄
肥後国
神倉庄　子細見御筆状
小野鰐庄　可被止本所
筑前国
植木庄　法花堂　可被止本所
安貞二年八月五日
七条院
在御判
すめいもん
被分止本所十七箇所後代更不可有相違耳、

（裏書B）「七条院御領三十八ヶ所内、Ⅱ於十七ヶ所者被留本所四辻親王家畢、残二十一ヶ所者相具本御目録并修明門院御譲状、被進　Ⅲ新院号万里小路殿、仍彼十七ヶ所後代更不可有相違由、被載　御真筆畢、雖為案文足正文、

仍加裏書了」

同じ東寺百合文書ト函十九号に右の目録に続いて所収されている、弘安三年（一二八〇）七月二十九日花山院師継奉書案(38)も掲げる。これら二通を比較しながら検討する。

【史料3】

花山院前内府

七条院御領内二十一箇所、相副本目録(a)并修明門院御譲状進入候了、兼又其残十七箇所被申置宮事、被聞食了、不可有相違之由、加奥書(b)被返献新目録(c)之旨、内々所被　仰下候也、恐惶謹言、

弘安三年七月廿九日　　在判

（裏書）「是者花山院内大臣師―《（ママ）》継公御奉書」

まず、【史料2】裏書Bと【史料3】から、七条院領三八カ所のうち、一七カ所は本所を四辻親王家に留め、残り二一カ所は(a)「本目録」と修明門院譲状を副えてⅢ「新院」に進めたことがわかる。残り一七カ所について、【史料2】裏書Bでは、後代相違がないように真筆を載せたので、案文であるが正文に足るものゆえ裏書を加えたことが明記されている。つまり、裏書Bの表にある、目録のⅠ「被分止本所十七箇所後代更不可有相違耳」の部分は、Ⅲ「新院」（万里小路殿）の真筆である。

【史料3】(b)「奥書」とは、【史料2】目録中の真筆Ⅰ「被分止本所十七箇所後代更不可有相違耳」の部分を指す。

Ⅲ「新院」側の作成した(c)「新目録」（(a)本目録の案文）には、この真筆の奥書が加わって、四辻親王家に返却された

のである。

次に、【史料3】奉書については、日付が弘安三年七月二十九日で、亀山院政（後宇多天皇）の時期にあたることから、亀山上皇院宣もしくは後宇多天皇綸旨の可能性がある。

Ⅲ「新院」（万里小路殿）の人物比定であるが、目録の裏書Bが書かれた時期が、奉書の書かれた弘安三年とほぼ同時期と仮定した場合、弘安三年時点での新院は亀山上皇であり、奉書は亀山上皇院宣となる。

ところが、②ヒ函三八号所収の「七条院処分目録案[39]」によれば「被分止本所十七箇所後代更不可有相違耳」の前に、朱で「後宇多院御宸筆」と記され、これが後宇多院宸筆の「奥書」であるとする。そして、目録案に続く奉書案（内容はト函十九号と同文）の端書きには「後宇多院々宣」とある。つまり、ヒ函三八号によれば、「新院」は後宇多上皇で、奉書も後宇多上皇院宣ということになる[40]。ただし、奉書の年紀弘安三年の時点では、後宇多天皇は在位中であり、まだ後宇多院にはなっていない。そこで譲進した相手が後宇多天皇であることに注目するならば、奉書は後宇多天皇綸旨で、裏書Bは奉書より後に書かれたことになる。

以上から、奉書は後宇多天皇綸旨である可能性が高いが、亀山上皇院宣である可能性も否定できない。奉書が後宇多天皇綸旨であった場合、弘安三年譲進分の二一カ所はこの後も後宇多院領として存続することから、善統親王は亀山上皇を経ず直接後宇多天皇に対して譲進したと考えられる。また、亀山上皇院宣であった場合、亀山上皇の承認のもと、善統親王から後宇多天皇に譲進されたと考えられる。要するに、この奉書が、後宇多天皇綸旨であれ、亀山上皇院宣であれ、善統親王が譲進したのは治世している大覚寺統に対してだったのである。つまり、ここで善統親王が譲進した相手が後宇多天皇であっても、その背景には、治天の君である大覚寺統亀山上皇の存在が大きくあったと思われる点を強調しておきたい。

ところで、①卜函十九号所収の【史料2】裏書Bは誰によって記されたものであろうか。④ほ函二七号所収の目録案には裏書Bに該当する部分はない。また、①卜函十九号は善統親王からの伝来がはっきりしていて、返却された新目録に、後宇多が裏書を記した形跡もないことから、裏書Bは、四辻親王家が残り一七カ所の本所であることと真筆が載せられたものであることを明らかにするために、善統親王によって記されたものと考えられる。

では目録の裏書Bの書かれた時期を推定してみたい。【史料2】目録の「山城国上桂庄」の裏には、「上桂庄依有由緒、限永代被譲渡藤原氏女早、正応三年十月廿五日」という、正応三年（一二九〇）に善統親王によって書かれた裏書Aがある。[41] そこで、この裏書Aとともに裏書Bも正応三年に書かれたものと、ひとまず推定できよう。つまり、正応三年上桂庄が藤原氏女に譲られる時、親王によってA・Bともに裏書きされたということである。しかし、次項で述べるように、正応二年正月に善統親王は七条院領の残り一七カ所も後宇多院に譲進している。ゆえに正応三年になってから、この裏書Bが書かれたはずはない。よって、裏書Bは弘安三年以降、正応三年の裏書Aよりも前に書かれていたことが指摘できる。さらに、裏書BのⅢ「新院」（万里小路殿）を後宇多院とするならば、後宇多天皇が譲位する弘安十年（一二八七）十月以後、残り一七カ所が譲進される正応二年（一二八九）正月以前に、この裏書Bが書かれたと推定できよう。

さて、弘安三年の譲進に関して、金井氏は、善統親王が七条院領全てを後宇多に寄進したが、後宇多は二一カ所しか受納しなかったとみている。[42] また【史料2】目録には、一七カ所の荘園名の下に「可被止本所」という注記があるが、この部分を、後宇多が「自分が本所であることを止め」と解釈し、一七カ所については後宇多が善統親王に返進したものと述べる。

しかし、弘安三年に、善統親王は七条院領全てを譲進したのではなく、自ら二一カ所を分割して譲進したのではないだろうか。[43]というのも、「新院」の意を奉じた【史料3】では、二一カ所が本目録・修明門院譲状とともに進め入れられたと最初に言及しており、七条院領全てが譲進されたとは考えにくい。また、【史料2】裏書Bの傍線Ⅱには「於十七ヶ所者被留本所四辻親王家畢」とあり、分割した残り一七カ所の本所を四辻親王家に留保したことが善統親王によって明記されている。そして、【史料2】の真筆Ⅰ「被分止本所之十七箇所～」は、善統親王が一七カ所を分け留めたことを、後宇多が認証したことを示す。以上のことから、注記「可被止本所」の部分は「本所を四辻親王家に留める」と解釈すべきあり、善統親王自身が本所を留めたことを(a)本目録に「可被止本所」と注記した上で、後宇多に進めたものと考えられる。[44]

前述したように、弘安三年は亀山院政の時期である。従来、弘安三年の善統親王から後宇多天皇（亀山上皇）への譲進は、両統の対立のなかで、大覚寺統の所領を増加させようとする後宇多天皇側の政策にもとづくものと考えられている。[45]この時期、皇統が二つに分裂したことにより、大覚寺統が所領を増殖するのを目的に、院側が善統親王に働きかけて譲進させたことになる。また、天皇家領の保全をはかろうとした院の所領集積の一事例として、この七条院領の譲進についてもとらえられてきた。[46]しかし、果たして譲進する主体である善統親王側には、譲進の目的やメリットはなかったのであろうか。

時代は下るが、嘉暦四年（一三二九）の関東執奏事書案[47]では「鑒御子孫之微弱、弘安三年、以二十一ケ所、被避進後宇多院〈于時御在位、〉」と記されており、弘安三年の二一カ所譲進の理由の一つには、善統親王が子孫の微弱を鑑みて進めたという事情があったことがうかがえる。しかし、善統親王には他にもっと重大な譲進理由があったと思われる。

2　正応二年の残り一七カ所譲進

正応二年（一二八九）、善統親王は弘安三年（一二八〇）に本所を留め置いた残り一七カ所についても後宇多院に譲進している。それは次の善統親王譲状案(48)からわかる。

【史料4】

七条院御惣領事、先年進置本券候之上者、今更不可有子細候、被分止本所之十七箇所、同自當時、可有御惣領之由、可被申入新院之状如件、

正応二年正月十三日　在判

吉田中納言殿

善統親王は、七条院領惣領の事について、先年（弘安三年）、本券（本目録）を進めたのに加え、その時本所を四辻親王家に留めた一七カ所についても、同じく今から管領してほしい旨を後宇多院に対し申し入れている。この一七カ所の譲進により、七条院領三八カ所全部を後宇多院が手に入れたことになる。七条院領は全て後宇多院の管領になった。ところが、次の永仁六年（一二九八）の付年号のある素然善統親王書状案(49)をみていただきたい。

【史料5】

入道親王家重被進　後宇多院御契約状案

七条院御領事、於廿一ヶ所、當時御管領候之上者、勿論候、十七ヶ所同如元度令申候、可有御沙汰候也、興行事候者、可為本意之由、可令申入給候也、恐惶謹言、

永仁六年
十月十日　素然上

七条院領の事は、二一カ所を現在後宇多院が管領していることは勿論であるが、一七カ所についても同じく以前のように（管領）してほしい、と依頼する善統親王の契状である。つまり、正応二年に三八カ所中の残り一七カ所についても管領を依頼していたにもかかわらず、永仁六年十月十日以前頃には、後宇多院による管領が行われていなかったのである。さらに、次の善統親王書状案[50]によってこの間の事情がより明らかになる。

【史料6】

無殊事候、素懐事、必定之由存候、抑七条院御領間事、十七ヶ所惣領事、同自當時可有御沙汰之由、申入候之上者、是非以御計令落居候者、可為本意候之處、如元可致沙汰之由、被仰下候之条、返〻歎入候、今被返下契状候之上、猶申子細候之条、殊雖其恐候、於此状者、可被召置候、凡石蔵三郎宮相語康能卿、當時種〻被掠申子細候、且被止御口入候者、彼沙汰までも無正躰事候歟、旁被思食弃候者、可背本意候、此間子細、以経長卿、委細可申入候、且得御意、可令洩披露給、あなかしこ〳〵、

傍線部aでは、後宇多院が、善統親王から七条院領一七カ所を譲進されたにもかかわらず、一七カ所を受け取らずに、善統親王が沙汰するように言って返却していることがわかる。この史料には年紀がないが、内容から、一七カ所の管領を善統親王が申し入れた【史料4】正応二年（一二八九）正月から、一七カ所を以前のように沙汰するよう依頼している【史料5】永仁六年（一二九八）十月前後の間に書かれたものと考えてよいであろう。

善統親王は、後宇多院に対し七条院領惣領の管領を依頼している。善統親王は何故、自らの所領を後宇多院に対し進めているのであろうか。一方の後宇多院は、七条院領三八カ所を手に入れたにもかかわらず、一七カ所分については院自ら管領せずに契状を返却している[51]。もしも、後宇多院にとって、大覚寺統の所領増加のみが目的であったなら、善統親王からの譲進は、まさに労する事なく所領を増やせる好機のはずで、手に入れた所領を手放すことなどありえ

ないだろう。この問題については、節を改めて論じてみたい。

三　善統親王の譲進の背景

ここでは、譲進した主体である善統親王側の意図、譲進の背景について考えてみたい。善統親王の譲進理由については、金井氏が、岩蔵宮忠成王が七条院領に対する領有を主張していて、善統は後宇多の口入を得て岩蔵宮家との訴訟を続けていたこと、一七カ所を追加した背景には、後宇多を上位者に戴くことにより、その計を以て訴訟を落居させようとする意図があった点を指摘している[52]。本章では、治天の君との関係という観点で七条院領伝領の全体像を描き出すため、さらに詳細な考察を加えたい。

まず、前掲【史料6】傍線部bから、善統親王と敵対している「石蔵三郎宮」は、「康能卿」という人物と組んで、四辻親王家領（七条院領）を掠め取ろうと企てていたことがわかる。この「石蔵三郎宮」については「上桂庄相伝系図」に、「已上御相伝次第如此、順徳院者後鳥羽院御子、順徳院御子内、一宮承久廃帝・二宮石蔵宮・三宮四辻入道親王・石蔵宮御子三郎宮云々、四辻宮被進　後宇多院御書ニ石蔵三郎宮者、此御事也、御相伝文書左載之[53]」との記述がある。これによれば、順徳天皇の皇子のうち、「二宮石蔵宮」（＝忠成王）の子とされる人物が三郎宮である。つまり、善統親王は、忠成王の子石蔵三郎宮と所領をめぐって敵対関係にあったのである。

次に、石蔵三郎宮に味方した「康能卿」に注目する。藤原（六条）康能は、正応三年（一二九〇）伏見親政の時に従三位として公卿に列せられ、兵部卿にもなった人物である（『公卿補任』）。また、後深草院宣の奉者で、後深草院院司を務めた院近臣でもあった[54]。康能卿は持明院統側についていた人物といえよう。

ところで、次の【史料7】伏見天皇綸旨[55]をみていただきたい。岩蔵宮は永仁二年（一二九四）伏見親政の時に、摂津水無瀬殿に付属する荘園である井内庄の知行安堵を受けている。ただし、この岩蔵宮とは忠成王ではなく、その息子である。[56]忠成王の子も岩蔵宮と称していた。

【史料7】

摂津国水無瀬・井内両庄事、後鳥羽院暦仁御手印之趣、不可被召放之間、於井内庄者、御知行不可有相違之由、

被申岩蔵宮候了、可令存知給之旨、

天気所候也、仍執達如件、

永仁二年二月二日　　　　右大弁（花押）

謹上　水無瀬少将殿

水無瀬殿とそれに付属する井内庄といえば、七条院領三八カ所中、そして四辻親王家に本所を留めた一七カ所中に含まれている。それゆえ当然、善統親王が本所としての権利を有していたはずである。にもかかわらず、岩蔵宮が安堵されているのである。[57]岩蔵宮は、自らが順徳天皇の皇子忠成王の子であることを根拠に、後鳥羽院のもっていた所領の相続権を主張しているといえる。

そしてもう一方の善統親王は、祖母修明門院から七条院領の正当な譲与を受けたと主張し、両者が対立していたと想定される。岩蔵宮（忠成王）、四辻宮（善統親王）ともに、祖母修明門院の御所で養育されていたことは前述したが、忠成王の子である石蔵三郎宮が後になって七条院領の被譲与の権利を主張してきたのではないだろうか。それに両統の分裂が絡んで、四辻宮は大覚寺統に所領の管領と保護を依頼し、もう一方の岩蔵宮は、持明院統側の公卿藤原康能を味方につけ、四辻親王家と争っていたと思われる。つまり、岩蔵宮と四辻宮の対立の背後には、それぞれが保護を

求めた持明院統と大覚寺統が存在するという、二重の対立の構図が見て取れるのである。[58]

このように、四辻宮の大覚寺統後宇多院への七条院領譲進の背景には、持明院統と結んだ岩蔵宮との対立のなかで、大覚寺統の保護を求め、四辻親王家領の保全をはかるという、四辻宮側の主体的な意図があったのである。その場合、逆に治天の君側が天皇家の長として利用されたともいえるのではないだろうか。

さらに七条院領をめぐる二重の対立、つまり〔四辻宮と大覚寺統〕対〔岩蔵宮と持明院統〕が、鎌倉幕府の裁許・承認を求める状況にまで進展していたことを示す書状を、次に掲げたい。

【史料8】[59]

　修明門院御遺領事、可為聖断之旨、先日言上候畢、所詮、任道理、可被経御沙汰之由、可申之旨候、以此趣、可令洩披露給候、恐惶謹言、

　　十二月十二日　　陸奥守宣時

修明門院遺領のことは聖断（天皇の裁決）とすべき旨を先日言上したので、道理に任せて沙汰するよう、幕府が申し入れた内容になっている。差出の陸奥守宣時とは鎌倉幕府の連署大仏宣時である。この趣を洩れ披露するようにとあるので、関東申次の西園寺氏に宛てたものであろう。修明門院遺領とはおそらく七条院領のことを指していると思われる。大仏宣時は、弘安十年（一二八七）八月十九日に連署になっているが、「陸奥守」という官途を名乗っていることから、陸奥守に任じられた正応二年（一二八九）六月二十三日から、出家した正安三年（一三〇一）九月四日までの間に出された書状といえる。[60]やや時期に幅があるが、七条院領をめぐる四辻宮と岩蔵宮の対立の時期と重なっていることから、幕府をも巻き込んだ訴訟に発展していた可能性がある。

ところで、岩蔵宮との訴訟以外にも、善統親王が後宇多院に対して所領を譲進した理由はないのであろうか。次に、

善統親王が正応二年に譲進した一七カ所の一つ、筑前殖木庄の事例から考えてみたい。

【史料9】

七条院法花堂領筑前国殖木庄雑掌謹重言上

肥前国御家人納塚掃部左衛門尉定俊・同国守護代野尻入道□（不カ）□（実カ）并糸井左衛門尉茂能法師已下数百人悪党等、公家・武家御沙汰最中、自四辻宮称令拝領、去年十二月十日乱入領家一円当□（庄カ）、抑留所務、追捕百姓等住宅、致種々狼藉上者、早可被鎮沙汰旨、□傍例、欲申下　綸旨於武家子細状、

副進

①一通　裁許　院宣案　[a]正応四年六月廿七日 任文殿勘　奏并七条女院御譲状・庁下文等、可令相伝領掌給由事、

②一通　綸旨案　同年十月廿四日 [b]四辻宮被申殖木庄事陳状、早速可令進給由事、

③一通　重綸旨案　同年十一月十一日 殖木庄事、忩可被召進陳状由事、

④二通　奉行新宰相[c]于時頭亮御返事案　[d]同年十二月五日 正応五年正月十四日

⑤一通　当国守護少弐書状案　正応四年十二月十三日 当時乱入悪党間事、

右、当庄領家職事、正応二年八月十日就関東御　奏状、四辻宮　（以下欠）

（①～⑤の番号は引用者）

これは筑前国殖木庄雑掌重申状である。七条院法花堂領である殖木庄雑掌の訴えによると、肥前国の御家人納塚定俊や守護代野尻入道以下数百人の悪党等が、公家と武家の訴訟の最中に、四辻宮から拝領したと称して殖木庄に乱入し、年貢を抑留したり狼藉をはたらいているという。

この史料は『勘仲記』永仁二年（一二九四）二月巻裏文書として伝わっている。すでに森茂暁氏が、西国成敗の中

枢機関としての六波羅の役割を示す事例として紹介し、申状に記載された副進文書についても具体的に比定している。(61)

【史料9】は後欠のため年紀がなく詳細もわかりにくいが、森氏の分析を参照しつつ、この間の事情を探ってみたい。

まず、書かれた年代について。副進文書④は、公家訴訟に関わった奉行の返事案である。森氏によれば、傍線dは正応五年（一二九二）正月十四日中宮亮平仲兼奉書案（前欠）に相当する。(62)奉行平仲兼は、殖木庄雑掌が【史料9】重申状を書いている時点では「新宰相」であるが、④二通の返事案が書かれた時点（傍線c）では「頭亮」であったことになる。平仲兼は正応五年二月五日参議（宰相）に任じられ、同年十二月三十日辞任している（『公卿補任』）ことから、【史料9】は、正応五年、より限定すれば平仲兼の参議就任期間中に書かれたものと推定できる。

続いて副進文書①は、森氏も指摘した通り、次の【史料10】(63)が該当しよう。


【史料10】

裁許院宣案
筑前国殖木庄領家職事、任文殿勘　奏并七条院譲状・庁下文等、可令相伝領掌給者、依
院宣、執達如件、
正応三年六月廿七日　　在判
謹上　大政《（ママ）》大臣僧正御房
追申、
任文殿勘状并証文等、被裁許之由先雖被申四辻宮、不被申是非□有　聖断也、

これは、殖木庄領家職の事について文殿勘奏、七条院譲状・庁下文に任せて相伝領掌することを認めた、正応三年（一二九〇）六月二十七日後深草上皇裁許院宣案である。【史料9】傍線aでは「正応四年」とあるが、内容と日付が

同じなのでこの院宣を指すのだろう。

殖木庄は七条院法花堂領四カ所の一つである。七条院が四カ所の本家役を定めた譲状案(64)が二通残っており、法花堂領四カ所の領家職は教令院が保有していた。四カ所の一つ桧牧庄の相伝文書を検討した橋本初子氏によると、桧牧庄を七条院に寄進した長厳は「教令院之祖」とされる人物で、後鳥羽院護持僧として七条院にも近侍し「七条僧正」と呼ばれていた。また、女院の里第七条家の近くに僧房を営んだことから、教令院は「七条本坊」ともいわれるという(65)。

殖木庄領家職は教令院の相承者に伝領されていることから、後深草院宣で領家職を安堵された「大《（ママ）》政大臣僧正御房」は教令院関係者と考えられる。教令院は、長厳から道厳―道朝へと相承され、道朝から二条良実の孫忠瑜に譲与されるに及んで、門跡寺院として成立するという(66)。道朝とは、源通親の三男で太政大臣を歴任した久我通光の子にあたる人物と考えられる（『尊卑分脈』）。後深草上皇院宣の発給時期が、道朝が教令院を相承していた時期と重なること、道朝が父の官職名で呼称されていた可能性があること、以上から【史料10】の宛所の「大《（ママ）》政大臣僧正御房」は道朝と推定できよう。

よって、「領家一円」であるにもかかわらず、御家人・守護代以下悪党等が四辻宮から拝領したと称し乱入してきたと主張する雑掌は、領家教令院側の人物と考えられる。

殖木庄の相論に関しては、市沢哲氏が、都市領主内部の争いがそのまま現地にもちこまれた一事例として取り上げている(67)。この相論は、本家善統親王と領家教令院の、いわば職の体系内部での対立と考えられる(68)。領家教令院側の雑掌重申状【史料9】で提出された副進文書〈①②③〉は、いずれも持明院統の上皇・天皇から発給された院宣・綸旨である。領家教令院は持明院統の治天の君のもとに本家善統親王を訴え、裁許の後深草院宣①を得たのである。綸旨〈②③〉は伏見天皇綸旨で、善統親王は陳状（傍線b）を提出している。

また、本家善統親王と領家教令院との対立は、檜牧・安堵庄でも発生していた。

【史料11】

御坊領三箇所内、檜牧・安堵等之庄事、可被止乱妨之由、被申四辻宮候畢、可令存知給、仍執達如件、

正応五年
十一月四日　　　　　　宮内卿顕世

謹上　七条僧正御房

正応五年（一二九二）の付年号のある伏見天皇綸旨(69)であり、四辻宮に乱妨を停止するよう申したことを伝える内容になっている。宛所の「七条僧正御房」は前述した教令院の道朝である。檜牧・安堵庄に関しても同様に、領家教令院が治天の君に訴訟を起こしていた。

鎌倉後期には、職を否定し一円化を目指す社会傾向のなかで、治天の君権力の裁許が求められた(70)。本家善統親王は領家教令院との対立という状況を、職の体系内で処理することが不可能となっていたのではないだろうか。それゆえ善統親王は大覚寺統後宇多院の口入による所領の保護を必要としていた。一方、領家教令院は本家善統親王の違乱であるとして訴訟を起こし、持明院統の治天の君の裁許を求めていた。このように善統親王には所領を後宇多院に譲進することによって、訴訟における大覚寺統からの口入を依頼し、七条院領を保護してもらうという目的があったのである。

さて、その後の殖木庄について補足しておくと、善統親王は、徳治二年（一三〇七）九月四日、後二条天皇尚侍である万秋門院に対して契状(71)を進めている。これは、後宇多院が殖木庄を万秋門院の本家職沙汰としたことによると思われる(72)。善統親王は、「筑前国うゑ木の庄ハ、それの御ふんニなりて候へハ、いまハよろつしさい候ハしと、よろこひ

おほえて候」と、殖木庄が万秋門院分となって今は全く問題がなくなったことを喜んでいる。そして、「状もちてとかくかすめわつらひを申物」が万一現れても用いてはならないことを伝えている。殖木庄には、契約に背き敵対に及ぶ可能性のある人物がいたが、「せんねんより、法皇御くわんれい候てよく〳〵しろしめされたる御事にて候へは、こまかに申さす候」とあり、殖木庄は徳治二年以前までには後宇多院によって管領されていたことが明らかになる。善統親王が後宇多院の管領を歓迎する様子が読み取れ、このことからも後宇多院が一方的に七条院領を接収したという点は否定されよう。

従来、女院領をはじめ分散していた天皇家領の、治天の君による一方的な集積が後嵯峨院政期以降進むといわれているが[73]、七条院領を伝領した善統親王の場合、後宇多院の保護を依頼して、自ら望んで譲進したことが明らかになった。その背景には、石蔵三郎宮との訴訟の他にもう一つ、殖木庄等における領家との相論をめぐって、後宇多院の口入が必要な状況があったことも加えて指摘しておきたい。つまり、後宇多院と善統親王は対立関係にあったのでもないし、後宇多院が一方的に善統親王から七条院領を奪い取ったのでもない。鎌倉後期には職の解体が進む社会情勢のなかで、権門間の対立や職の体系内部での本家と領家・預所との対立が起こっていた。殖木庄での相論のごとく、善統親王が本家として職の体系内で処理しきれない状況下、善統親王は後宇多院に自らの所領保全のために譲進し、訴訟での口入を依頼したのである。

むすびにかえて—四辻親王家への一七カ所返付—

東寺百合文書り函には、正和三年（一三一四）七月三日東宮尊治親王令旨[74]が所収されている。これは、七条院領一七カ所を善統親王が管領するようにとの尊治親王（のちの後醍醐天皇）の命を吉田隆長が奉じたものである(75)。

このことは、後宇多院が善統親王から正応二年（一二八九）に譲進を受けた七条院領一七カ所分を、東宮令旨によって四辻親王家に返付したことを意味する(76)。東寺百合文書り函には、この令旨に続いて、次の後宇多法皇院宣が所収されている(77)。

【史料12】

十七ヶ所事、御領目録二通渡進之候、上桂庄替桂東庄内北方、殖木庄替吉身庄・三尾新宮・神倉庄、如此御沙汰候き、仲庄者可被除候、柳殿并美作国分尼寺事、当時未及御沙汰之由、被仰下候き、条々可得御意候、恐々謹言、

六月廿四日　　定房

亮殿

この院宣は東宮令旨の出された正和三年七月三日より前の、同年六月二十四日に発給されたものである。一七カ所の事について、「御領目録二通」を（尊治親王に）渡し進めたとある。つまり、七条院領目録二通は尊治親王に渡されたので、後宇多法皇院宣ではなく、東宮令旨での一七カ所返付となったと思われる。しかし、一七カ所返付のことは、尊治親王ではなくあくまでも後宇多院の決定であり、尊治親王は後宇多院の命を受け、善統親王に対して令旨を発給したのである(78)。

ならば何故、七条院領目録は尊治親王へと渡ったのであろうか。それは、徳治三年（一三〇八）に後宇多院が処分状を書き、尊治親王への所領譲与を決めていたことに関連するのであろう(79)。ただし、この処分状には七条院領に関する記載がないことから、七条院領は大覚寺統の所領処分の対象とはならなかったことがわかる。

この正和の返付に関して、その理由を明らかにする史料は管見のかぎりない。しかし、先行研究(80)が返付理由として

挙げていないところでは、善統親王の立場として、石蔵三郎宮との訴訟が一応終結に向かったことから返却を求めた可能性を挙げておきたい(81)。また、後宇多院の立場としては、自ら大覚寺統側に付くことを表明したともいえる善統親王に対し、他の内親王女院領とは異なり、財政基盤を与えることによって、親王家の存続を許したとも考えられるのではないだろうか。

さて、正和三年に一七カ所の返付を受けた善統親王は、その後の正和五年（一三一六）、四辻若宮（尊雅王）に宛て、上桂庄と仲庄の二カ所の譲状(82)を記している。上桂庄は、前掲東宮令旨によって、桂東庄内北方に交換したはずであった。それは、後宇多院が正和二年（一三一三）に東寺に上桂庄を寄進したからであった(83)。これより以前の弘安十年（一二八七）には、善統親王が上桂庄を猶子宮深恵に対して、伊勢野俣道庄・摂津仲庄賀茂村・美作八幡別宮并国分寺同国分尼寺等とともに譲渡するとした善統親王譲状(84)が出されていた。これらの荘園は弘安三年二一カ所譲進分には含まれない、四辻親王家に本所を留めた分であったので、善統親王は譲状を書いたのであろう。しかし、正和五年の若宮への上桂庄の譲与は、「本所進止之分」と主張し、「相博」を無視した譲与行為である(85)。このため、上桂庄では四辻宮より正当な譲与を受けたと主張する者同士による訴訟が、今後東寺の一円支配が成功する室町期まで続いていくことになる(86)。

また、善統親王没後の嘉暦四年（一三二九）、仲庄と殖木庄で相論が惹起している。この相論は、後醍醐天皇が両庄を大覚寺に寄進したため、四辻宮雑掌が幕府に訴えたものである。「関東執奏事書案」(87)によれば、七条院領三八カ所のうち二一カ所は後宇多院に進め、残り一七カ所は善統親王が子孫に譲与し扶持する「勅約」があったことは「度々　院宣等」で明らかだとされる。この勅約の院宣とは正和の返付を指すと思われる。ところが、後宇多院が正和の返付の後に、契約の旨を変え一七カ所を混領するという事態が起こり、四辻宮は幕府に訴えた。結局、両庄は四辻親王家領一七カ所内であり、後宇多院領ではないことが確認され、幕府は四辻宮へ返進するよう執奏している。

以上のように、正和の返付後に相論が起こった荘園も若干存在するが、基本的には後宇多院からの返付によって、四辻親王家領として一七カ所が残ることになった。つまり、七条院領は、大覚寺統の財産に組み込まれた所領と、四辻親王家に残り両統どちらの家領にも入らなかった所領とに二分する。一方、八条院領を継承した安嘉門院領は大覚寺統へ、宣陽門院領は持明院統へ、室町院領は両統で折半という形で、両統どちらかに集積され、鎌倉後期には不婚内親王の女院領というものは消失する。これらの女院領と比べ、七条院領の場合は二分したものの、一七カ所は親王家領として残った。善統親王の子の尊雅王も四辻宮と称され[88]、家領を財政基盤に、孫の善成の代までこの家系は存続する[89]。四辻親王家は、室町期以降に現れるようになってくる宮家（世襲親王家）のさきがけをなすものであった。中世前期天皇家領の再編過程において、四辻宮は大覚寺統の保護を得ることによって、親王家領としての生き残りに成功したともいえるのではないだろうか。

本章では、七条院領に系譜を引く四辻親王家領を例に、譲進する側の主体性が認められる伝領形態を提示したが、他の天皇家領（女院領）に目を転じた場合にも、譲与者（女院）側が被譲与者を主体的に選択した可能性を視野に入れつつ、天皇家領の伝領形態を解明することが必要となろう。

注

（1）五味文彦「女院と女房・侍」（『院政期社会の研究』山川出版社、一九八四年）。

（2）伴瀬明美「院政期〜鎌倉期における女院領について—中世前期の王家の在り方とその変化—」（『日本史研究』三七四、一九九三年）。

（3）金井静香『中世公家領の研究』（思文閣出版、一九九九年）。序章で関連分野を含めた先行研究が簡潔にまとめられている。

（4）伴瀬明美「鎌倉時代の女院領に関する新史料―『東寺観智院金剛蔵聖教』第二八〇箱二一号文書について―」（『史学雑誌』一〇九―一、二〇〇〇年）。

（5）長田郁子「鎌倉期の八条院領と天皇家―播磨国矢野荘と摂津国野鞍荘を中心に―」（『古文書研究』五一、二〇〇〇年）は、この新出史料をふまえ八条院領を検討している。

（6）野村育世「不婚内親王の准母立后と女院領の伝領」（『家族史としての女院論』校倉書房、二〇〇六年。初出は一九八九年・一九九二年）など。

（7）八代国治「七条院御領考」（『国史叢説』吉川弘文館、一九二五年）。奥野高広「七条院御領に就いて」（『國學院雑誌』四七―五、一九四一年）。他に中村直勝「吉田定房」（『中村直勝著作集　第三巻　南朝の研究』淡交社、一九七八年。初出は一九二七年）、同「修明門院領」（『中村直勝著作集　第四巻　荘園の研究』淡交社、一九七八年。初出は一九三八年）のなかで七条院領に関しても触れている。

（8）伴瀬前掲注（2）論文。

（9）例えば、伴瀬前掲注（4）論文において「安嘉門院の譲状が発見されたことにより、処分についての安嘉門院自身の意向が明らかになった」ことも、譲進する側の主体性を示す好例となろう。

（10）七条院の前半生については、大和典子「七条院藤原殖子考」（『政治経済史学』三七〇、一九九七年）がある。

（11）『玉葉』建久元年四月十九日条、同月二十二日条。

（12）『鎌倉遺文』三七七二号。上島有編『山城国上桂庄史料』上巻（東京堂出版、一九九八年）九号（3）（以下『山城国上桂庄史料』上巻を『上桂庄史料』と略記する）。

（13）「室町院所領目録」に河内石川庄、尾張櫟江庄、同御母板倉御厨、越前磯辺庄、日向平郡庄、肥前三重屋庄の六カ所がみえる（『鎌倉遺文』二二三〇七号）。

（14）『百練抄』建保二年二月十四日条。七条院の祈願寺である醍醐寺唐本一切経蔵や筑前安楽院内三重塔に付属する荘園も七条院領に含まれる（『国史大辞典』「七条院領」項）。

(15) 奥野前掲注(7)論文によると、七条院領の成立時期は判然としないが、後白河院の所領処分の時に譲与された後院領のうち、山城河嶋北庄・尾張櫟江庄・筑前殖木庄はまもなく七条院に譲進されたという。
(16) 『武家年代記裏書』承久三年(『続史料大成』)。
(17) 八代氏は幕府が没収し改めて七条院に返献したとし、中村氏は根拠となった史料がはるか後代のものとしてこれを否定した。奥野氏は七条院が後高倉院の生母で後堀河の祖母なので幕府は直接返献したのではないかと推定している。
(18) 『女院小伝』(『群書類従』巻六十五)。
(19) 前掲注(12)に同じ。
(20) 奥野前掲注(7)論文。
(21) 後鳥羽院はすでに隠岐に配流されていたから、その立場が天皇家の家長を意味する治天の君でなかったことは明らかである。おそらく、七条院領に関して後鳥羽院がもっていたのは、後鳥羽院の「皇統」内における「皇統」の長としての権限であったと考えられる。ここでいう「皇統」とは、近藤成一氏が指摘した、皇位を伝える皇統とは別の、天皇の菩提を弔う行事を継承する「皇統」というものを参照している(同「鎌倉幕府の成立と天皇」『鎌倉時代政治構造の研究』校倉書房、二〇一六年、初出は一九九二年)。七条院領は成立と処分に後鳥羽院の意思が反映した女院領といえよう。
(22) 『明月記』寛喜元年七月二十七日条、八月七日条、八月十九日条。卿二位高倉兼子は修明門院を猶子としていたらしい。そのため兼子は修明門院の殿上始で二位に叙されている(五味文彦「卿二位と尼二位」『お茶の水女子大学女性文化資料館報』六、一九八五年を参照)。
(23) 『本朝皇胤紹運録』(『群書類従』巻六十)。
(24) 善統親王と忠成王の生年は『本朝皇胤紹運録』での没年と没年令からの逆算による。
(25) 『本朝皇胤紹運録』、『尊卑分脈』。
(26) 『群書類従』巻二十九。
(27) 通史では、忠成王の母を東一条院とし、忠成王が九条道家の甥であると記すものもあるが誤りである。

(28)『大日本史料』仁治三年正月十九日。
(29) 八代前掲注（7）論文。中村前掲注（7）「修明門院領」。
(30) 奥野前掲注（7）論文。
(31)『鎌倉遺文』七三六九号。『上桂庄史料』九号（2）。
(32)『明月記』建久三年三月十四日条。
(33) 七条院処分目録中にはこの二カ所が存在していないことからも、(d)「こ院」が七条院ではないことを示している。
(34)『鎌倉遺文』七七四〇号。
(35)『上桂庄史料』一〇四号（1）東寺百合文書ほ函二七号所収「七条院処分目録案」の追筆に、「安貞御券者是也、七条女院被譲進修明門院之時、無別御譲状、此御券仁被居御判被進了、修明門院被四辻入道親王之時又同前」とみえる。
(36) 本章のもとになった拙稿（「七条院領の伝領と四辻親王家—中世王家領伝領の一形態—」『日本史研究』四六一、二〇〇一年）では、【表】の文書群作成の経緯に関して、上島有編『山城国上桂庄史料』上巻の解説を参照し、ト函一九号所収の七条院処分目録案が、他の案文に比べ最も作成された時期が早く、より元の形を留めているものと考えた。
しかし近年になって、上島有「山城上桂庄の一通の謀作文書（一）・（二）」（『古文書研究』七〇・七一号、二〇一〇・二〇一一年）において、氏は「もっとも七条院処分状として古い形を伝えている、すなわち伝来が確実で信頼しうるのは、「九号（3）（ト函一九号三）」ではなく—この「九号（3）（ト函一九号三）」がもっとも信頼しうる案文だとする意見もあるが—、「一〇四号（1）（ほ函二七号一）」だということがわかる」と述べている。ただし、「具体的な内容についてはいっさい省略せざるをえない」として、その根拠は示されていない。氏は、「別稿である程度詳しく述べるつもりでいる」とされているので、それを受けて七条院処分目録案の伝来について改めて考察を加えたいと思う。
(37) 東寺百合文書ト函一九号、『鎌倉遺文』三七七二号。『上桂庄史料』九号（3）。
(38) 東寺百合文書ト函一九号。『上桂庄史料』では後宇多上皇院宣案に（上島前掲注（36）論文にて後宇多天皇綸旨案に訂正されている）、『鎌倉遺文』一四〇三〇号では亀山上皇院宣案に、近藤成一編『綸旨・院宣の網羅的収集による帰納的研究』（一九九六〜九八年度科研費報告書）では後宇多天皇綸旨案にしている。
(39)『上桂庄史料』八七号（三）—(2)。一五〇頁解説参照。
(40) ただし、ヒ函三八号所収文書の端書きは後代に書かれたものであり、そもそも東寺は後宇多院から上桂庄を施入されたのだから、後宇多院ということを強調するために「後宇多院御宸筆」と注記した可能性も十分あろう。
(41) 注(39)に同じ。
(42) 金井静香「再編期王家領荘園群の存在形態—鎌倉後期から南北朝期まで—」（金井前掲注(3)著所収)。
(43) 善統親王から後宇多院に譲進されたのは本家職であろう。分割された二つの所領群の間に決定的な差異は認められないが、弘安三年に留め置いた一七カ所には、水無瀬殿や仁和寺殿に付属する荘園が含まれており、これらは後鳥羽院や七条院を弔う仏事用途に宛てられている。善統親王が所領を分割した理由は明らかでないが、仏事用途に宛てた荘園は留め置き、残り二一カ所は一時的に後宇多院領化することで、後述する岩蔵宮との相続争いを有利に運ぶ目的があったと思われる。
(44) 奥野前掲注(7)論文では、善統親王が本目録に「可被止本所」の注記をして後宇多に献じ、後宇多が親王の分に「可被進宮」と注記した新目録を作成したとする。しかし、新目録とは先に論じた通り、本目録の案文である。④ほ函二七号所収の目録案追筆（『上桂庄史料』二〇五頁）によると、「可被進宮」の注記は、弘安三年の後宇多勅筆とされる。「可被進宮」とある目録案④は後宇多によって新目録とは別に作成されたものであろう。ただし、④ほ函所収の目録案は伝来が不分明であり、内容は①ト函所収のものに比べかなり簡略化されていて、史料の信憑性も低いように思われる。
(45) 奥野前掲注(7)論文。
(46) 伴瀬前掲注(2)論文。
(47)『鎌倉遺文』三〇七一二号。
(48) 東寺百合文書り函二六号、『鎌倉遺文』一六八五二号。奥野前掲注(7)論文では正応二年の一七カ所譲進について、後宇多院が受納しなかったため、正応四年にも善統が再び進めたとするが、「正応四年」の年紀をもつ東寺百合文書ミ函十号は『上桂庄史料』八号によると「正応二年」の書き誤りと考えられ、善統は正応四年には譲進していない。

(49)『鎌倉遺文』一九八四五号。
(50)東寺百合文書り函二六号、『鎌倉遺文』一六八五三号。
(51)後宇多院が契状を返却した理由については明らかにできないが、相論が惹起していない二一カ所は管領を続ける一方、訴訟の多い一七カ所は係争に関与せず、管領を放棄した可能性もある。【史料4】正応二年から【史料5】永仁六年の間、後宇多院が治天の君ではなかったことも関係しているのではないだろうか。
(52)金井前掲注(42)論文。
(53)東寺百合文書ヒ函四六号、『上桂庄史料』一六三号(3)。『鎌倉遺文』一六八五四号。
(54)『鎌倉遺文』から康能の奉者としての活動を拾ってみると、その全てが後深草院宣の奉者となっている(一七一九六号・一七三九五号・一七四〇四号など)。藤原康能については、森幸夫「平頼綱と公家政権」(『三浦古文化』五四号、一九九四年)を参照。
(55)摂津水無瀬宮文書、『鎌倉遺文』一八四七〇号。
(56)『本朝皇胤紹運録』によれば、忠成王は弘安二年十二月十一日没。忠成王没後は息子の彦仁王によって訴訟が続けられた可能性がある。金井氏は岩倉三郎宮を忠成王としたが、忠成王の没年から岩倉三郎宮は彦仁王であろう。
(57)善統親王が本家職をもっていたにもかかわらず、岩倉宮が本家となっていたことを示す史料がある。美濃弾正庄の事例では「本家岩倉宮御避状　付文永五年六月十一日」が、弾正庄同加納長瀬村文書正文に含まれている(『鎌倉遺文』二八三四五号)。
(58)金井氏は、彦仁王(忠成王息)の遺領が持明院統の後伏見院に伝わったのは後宇多の口入を頼った善統への対抗上、彦仁王が自領を伏見院もしくは後伏見院に譲ったものと推測している。
(59)『鎌倉遺文』九一九三号。『鎌倉遺文』では「六波羅請文」と名付け、修明門院が没した文永元年(一二六四)と推定しているが、「大仏宣時書状」とすべきである。
(60)『鎌倉年代記』。奥野前掲注(7)論文では正安二年としている。

(61) 森茂暁「六波羅探題の「西国成敗」」(『鎌倉時代の朝幕関係』思文閣出版、一九九一年。初出は一九八七年)。森氏は『鎌倉遺文』所収の同文書(一七七九六号)をそのまま使用するには問題があるとし、原本調査を行った上で史料を掲出している。著者も国立歴史民族博物館蔵「兼仲卿記」写真帳で確認した上で史料を掲げる。

(62) 森前掲注(61)著二九一～二九二頁。

(63) 『勘仲記』永仁元年十二月巻裏文書、『鎌倉遺文』一七三七三号。

(64) 『鎌倉遺文』三三五八号、三四九五号。

(65) 橋本初子「大和檜牧庄の相伝文書」(『古文書研究』十二、一九七八年)。

(66) 橋本前掲注(65)論文。

(67) 市沢哲「鎌倉後期の公家政権の構造と展開―建武新政への一展望」(『日本中世公家政治史の研究』校倉書房、二〇一一年。初出は一九九二年)。市沢氏は、本章のもとになった旧稿(「七条院領の伝領と四辻親王家―中世王家領伝領の一形態―」『日本史研究』四六一、二〇〇一年)での指摘を受け、この相論を、本家四辻宮善統親王と「領家一円」を主張する領家教令院の間、すなわち職の体系内部で起こったものと記している。

(68) 旧稿では、本家善統親王と領家教令院との相論を、権門内部での対立と記した。しかし、市沢氏より、四辻宮と教令院を「権門」と総括することは通説的な権門概念と齟齬するとの指摘を受けた。本書では、市沢氏に従って、職の体系内部での対立に表現を改めた。

(69) 『鎌倉遺文』一八〇四四号では宮内卿顕世奉書としているが、伏見天皇綸旨としてよいだろう。橋本氏は前掲注(65)論文で、これは道朝にあてた伏見天皇綸旨(勅裁御教書)であり、本家四辻宮への安堵を伝えると解釈している。しかし、これは逆に本家と領家の対立のなかで本家四辻宮に乱妨停止を申し上げたことを領家に伝える勅裁である。

(70) 鎌倉後期の公家社会と治天の君権力については、市沢哲「鎌倉後期公家社会の構造と「治天の君」」(同前掲注(67)著。初出は一九八八年)を参照。

(71) 東寺百合文書ほ函十九号、『鎌倉遺文』二三〇四〇号。

(72) 後宇多院が万秋門院に同じく本家職沙汰を命じている若狭国名田庄の事例がある。藤井雅子氏によると、両統迭立期における皇統領には本家職中にさらに二つの権能が重層的に存在し、その権能の領有者は相互に連絡を取り合いながら所領経営を行っていたという（同「両統迭立期における皇統領の「管領」と「政務」」『史艸』三五、一九九四年）。
(73) 伴瀬前掲注（2）論文。
(74) 東寺百合文書り函二六号、『鎌倉遺文』二五一六七号。
(75) 東宮令旨を受け取った善統親王は、「令旨たしかにたまハり候ぬ、御奉行にてかやうに申御沙汰、ことに悦覚候よし申せと て候」と一七カ所の返付を喜んでいる（東寺百合文書り函二六号、『鎌倉遺文』二五一六八号）。
(76) 東宮令旨で返付された一七カ所は基本的には正応二年に譲進した分（弘安三年に本所を留めた分）と考えてよい。そもそも七条院領三八カ所、正応譲進分一七カ所とはどこを指しているのか。ほ函二七号所収「可被進宮」の注記がある七条院領目録案では井内庄を加えた一七カ所の荘園に合点が付いている。七条院領三八カ所とは上桂庄から殖木庄までの三七庄に井内庄を加えた数と考えられる。井内庄は岩倉宮の管領となったので東宮令旨にはないとみえ、代わって安堵庄が返付されている。ただ、東宮令旨で返付された安堵庄には「可被止本所」・「可被進宮」の注記がなく、正応二年に譲進した分ではなかった（目録案の注記漏れなのであろうか）。
(77) 東寺百合文書り函二六号、『上桂庄史料』九一号（5）。
(78) 暦応二年（一三三九）に書かれたとされる吉田隆長自筆書状（り函二六号）には、「正和令旨ハ為奉行書置候、桂庄・仲庄・殖木庄等子細ハ、以　先院勅定之趣、吉田故内府書出候」とあり、正和の令旨は隆長自身が奉行として書き置いたもので、上桂庄・仲庄・殖木庄の割書は後宇多院宣の内容を書き出したものである（『上桂庄史料』九一号（1）を参照）。
(79) 徳治三年閏八月三日「後宇多上皇御処分状写」（『皇室制度史料』太上天皇一）。
(80) 八代氏は、「英邁なる後醍醐天皇が、皇太子の当時より既に人心を収攬するの策を取り給ひしもの」と推測し（同前掲注（7）論文）、中村氏は「武家は当然口入し得べき権利を保有して居るのであるから、その辺りから出た圧迫の手を考慮する必要」を指摘した（同前掲注（7）論文「吉田定房」）。一方、奥野前掲注（7）論文では両説を否定し、返付の時期自体が正和ではなく正安であるとした。その根拠として、東寺百合文書ヨ函の康永二年（一三四三）二月二十七日光厳上皇院宣案（東寺百合文書ヨ函八六号）を挙げ、院宣案に「七条院御領内十七ヶ所正安三年後宇多院被返付入道親王」とあることから、正安三年（一三〇一）にすでに善統親王は後宇多院から一七カ所を返付されており、正和三年の東宮令旨は厳密な意味の返還ではなく、安堵の令旨と解釈した。さらに【史料8】から、正安三年の返付が幕府の意向をも徴せられたと奥野氏は論じるが、前述したように四辻宮と岩蔵宮との訴訟が幕府に持ち込まれたものである。また、返付の理由については、正安三年正月に後二条天皇が践祚し後宇多院政が開始されたことから、「上皇には人心御収攬の思召によって御還付になったものか」と推測している。しかし、奥野氏が根拠とした光厳上皇院宣案の「正安三年」の部分は「正和三年」の誤記と考えられる（『上桂庄史料』一三〇号では「正安」の部分を「ママ」としている）。というのも、東寺百合文書ヒ函四六号所収の同院宣案では「安」の文字が「和」に訂正されているし、奥野氏自身も指摘しているが、正安三年の返付を裏付ける後宇多上皇院宣等は現存していないのである。以上から、返付の時期はやはり後宇多上皇院宣も現存する正和三年と考えてよいであろう。

(81)　正和の返付後、善統親王が岩蔵宮との訴訟における口入を依頼した様子はない。

(82)　東寺百合文書ほ函二七号、『鎌倉遺文』二五九二五号。

(83)　正和二年十二月七日「後宇多法皇宸筆荘園敷地施入状」（東寺文書御宸翰）によると、上桂庄は山城国拝師庄・播磨国矢野例名・八条院町一三カ所とともに後宇多法皇によって東寺に寄進されている。

(84)　東寺百合文書ほ函二七号、『上桂庄史料』一〇四号（2）。

(85)　善統親王は替地先に不満をもったのであろうか。元亨三年（一三二三）の後醍醐天皇綸旨により、上桂庄の替地であった桂東庄内北方は安楽寿院領のため、吉身庄に立て替えられている（『鎌倉遺文』二八五四〇号）。

(86)　上桂庄の領主権をめぐる複雑な相論に関しては、源城政好「東寺領上桂庄における領主権確立過程について」（『京都文化の伝播と地域社会』思文閣出版、二〇〇六年。初出は一九七〇年）、伊藤一義「東寺領山城国上桂庄をめぐる紛争について」（服藤弘司先生傘寿記念論文集刊行会編『日本法制史論纂』創文社、二〇〇〇年）、上島前掲注（36）論文を参照。

ところで、正応三年の藤原氏女への上桂庄領家職の譲与は、上桂庄相論を複雑にした端緒と言える。正応二年に後宇多院に上桂庄を含む一七カ所を譲進したにもかかわらず、善統親王が氏女に領家職譲状（卜函十九号）を書いたのは矛盾している。しかし、二節でみたように、後宇多院の一七カ所の管領は十分に行われていなかったことから、善統親王が留保していた領家職の譲状を書くといった行為に及んだのであろうか。

(87) 東寺百合文書ほ函、『鎌倉遺文』三〇七一二号。

(88) 曇華院所蔵「通玄寺史」（『皇室制度史料』皇族四）。

(89) 金井前掲注（42）論文。小川剛生「四辻善成の生涯」（『二条良基研究』笠間書院、二〇〇五年。初出は二〇〇〇年）において、善成の事績が考証されている。

第二章　天皇家領の伝領と女院の仏事形態—長講堂領を中心に—

本章の視角

近年、中世前期における女院領の伝領や領有形態に関心が集まるようになり、なかでも八条院領については新史料の紹介とともに多くの成果が発表されている(1)。一方、宣陽門院領（長講堂領）に関しては、先駆的研究が示した伝領過程について、野村育世氏や伴瀬明美氏によって見直しがはかられ、また領有関係については大山喬平氏や菊池紳一氏の分析がある(2)。これら先行研究によって示された論点を発展させ、中世天皇家の実像と天皇家領の実態をさらに解明していくためには、なお多様な視角を提示し検討していく必要があろう。

七条院領に系譜を引く四辻親王家領の伝領形態を論じた第一章では、治天の君が一方的に所領を集積するのではなく、四辻親王家側にこそ、治天の君に対して所領の保護を依頼するという主体的な目的があったことを明らかにした。そこで、本章においても、譲与者側の立場から伝領の背景を探るという第一章の分析視角を継承しつつ、後嵯峨院政期以降、治天の君によって一方的な女院領集積が進むとする先行研究に対し、長講堂領を事例に、治天の君に対し所領を譲与する女院（宣陽門院）側の意思を探っていく。

女院領の伝領をめぐっては、近藤成一氏により、皇位を伝える皇統とは別の、天皇の菩提を弔う行事を継承する「皇統」というものの存在が指摘され、所領の伝領と追善仏事の義務を負うことの不可分の関係が提示されている。(3) そして、長田郁子氏もこの近藤氏の説を継承し、鎌倉期における皇統の変化が菩提を弔う行事に与えた影響について論じている。(4) これら先行研究においては、所領を伝領したことに伴って譲与者の菩提を弔う義務が発生する、という図式が示されているといえよう。(5) このような女院領の伝領と追善仏事の関係性を、女院側の視点からみた場合、先の図式がいかに見直されるのか、検討を加える。

また、女院領が仏事料所としての性格をもつことを指摘した野村氏は、王権をめぐる祭祀について、女院が担うのは「家」的な祭祀であり、院が鎮護国家・宝祚および王権の行使者たる自身の長寿を祈願するのに対し、女院は肉親に当たる院や天皇の菩提を弔うことを主とし、双方がセットになって院の体現する王権を護持していたと論じている。(6) このように女院が天皇家の王権を護持する役割を果たすことが、その後の皇統の変化とどのように関わり、いつまで有効に機能するのかについても言及してみたい。

一方、仏事を中心とした儀礼体系をめぐっては、国家儀礼は国政機関と家政機関の共同執行であるとする、井原今朝男氏の指摘がある。(7) 氏によれば、中世の国家儀礼は執行体制も財政基盤もともに国家機構のみでは完結しえなくなり、各権門の家政機関や家産経済に依存せざるをえなかったという。この井原氏の説を批判的に検討した遠藤基郎氏は、太政官と院庁との共同運営は、六勝寺に代表される官行事の儀礼への院の関与に限定されるものであり、太政官機構からの公権付与の構造ではないと論じている。(8) また、海老名尚氏は、院が御願寺で執行される仏事を公家沙汰あるいは院中沙汰という形で掌握し、院を頂点とした新たな御願寺仏事を創出することで、八講を中心とした追善仏事が国家的仏事に昇華したと論じ、その上で、御願寺仏事と宮中仏事から成る「治天の君」仏事なるものを想定している。(9) このような儀礼体系論にも目配りをしながら、女院の仏事形態を論じる必要があると考える。

本章では、まず宣陽門院領の伝領過程をたどり、宣陽門院の皇位皇統に対する意識を読み解いてみたい。次に、女院が執行する仏事のなかでも、天皇（院）のための追善仏事は、天皇家の王権と密接に関わる最重要な仏事と位置づけられるとの認識のもと、追善供養である法華八講を取り上げ検討していく。具体的には、後白河の追善仏事である長講堂八講と、後鳥羽の追善仏事である安楽心院八講を比較し、女院側の視座に立って論じる。そして、長講堂領の場合、皇統の変化（四条→後嵯峨）を受けて、所領の譲与に伴い菩提を弔う義務が発生するという図式とは逆に、菩提を弔う行事が女院から治天の君に移管されたことを背景に、仏事料所の被譲与者を宣陽門院が主体的に決定した可能性について提示する。さらに、女院領を有する女院が執行する仏事が、天皇家の王権護持に果たす役割についても言及してみたい。

一　宣陽門院領の伝領過程

本節では先行研究をもとに、宣陽門院領の成立から後深草天皇に譲与されるまでの伝領過程を跡付け、宣陽門院の動向を追っていく（【天皇家略系図】参照）。そのさい、猶子関係と皇位皇統の変遷に注目し、長講堂領伝領の背景にある宣陽門院自身の皇位皇統への意識を読み解いてみたい。

後白河院の皇女覲子は、文治五年（一一八九）に内親王、准三宮となり（『玉葉』同年十二月五日）、建久二年（一一九一）には宣陽門院の院号を宣下された。これと同時に母の丹後局（高階栄子）は従二位に叙されている（『玉葉』・『百練抄』同年六月二十六日）。

【天皇家略系図】

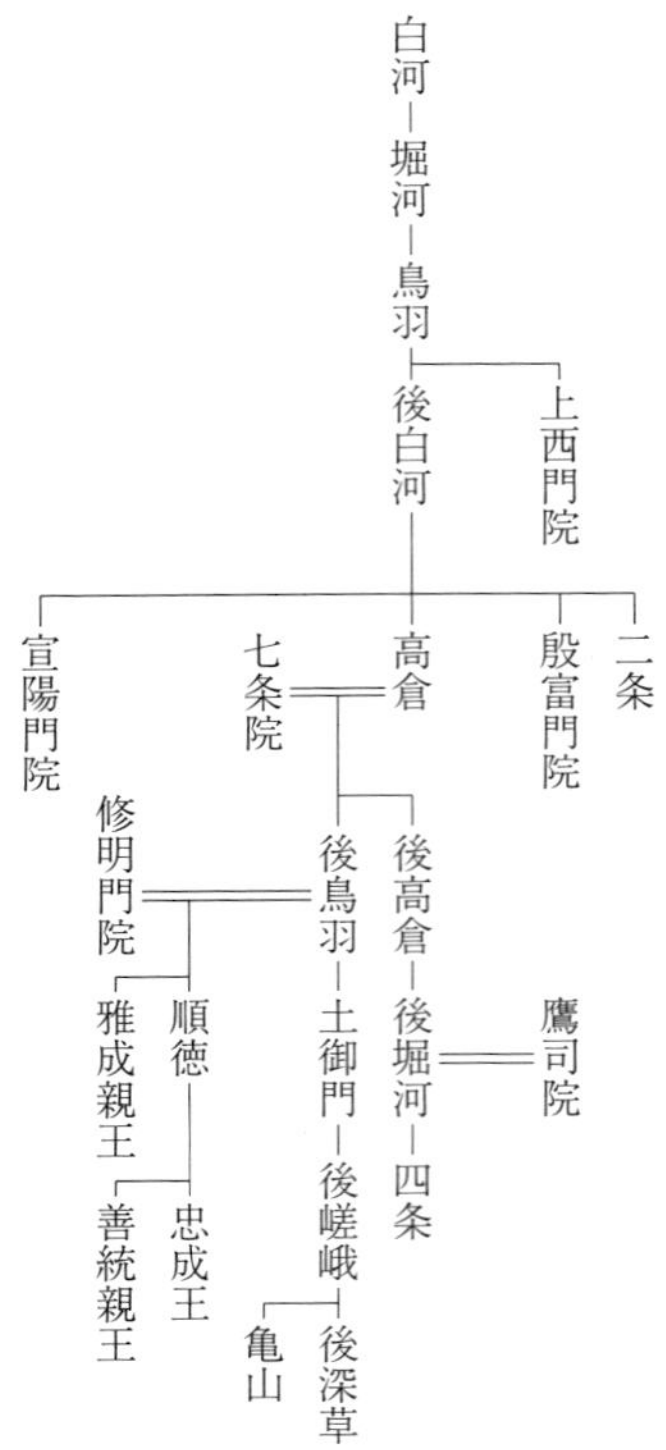

宣陽門院領は、建久三年（一一九二）後白河院の所領処分により成立する（『明月記』同年三月十四日）。これに先行して長講堂領は、建久三年正月日「長講堂定文案」によれば、後白河院が管轄していた荘園のなかから寺用に宛てる荘園を寄付する形ですでに設定されていた[10]。宣陽門院領は長講堂領の他、「御影堂領」、「庁分」、「雖有御領号不済年貢所々」、「女房別当三位家領」、「新御領」（旧上西門院領で法金剛院領とも呼ばれる）、宣陽門院祈願所およびこれに付属する所領などから構成されていたことが知られる[11]。

正治二年（一二〇〇）、宣陽門院は後鳥羽皇子六条宮雅成親王（母は修明門院）を猶子にしている（『猪隈関白記』同年十月八日）。先行研究ではこれまで、後鳥羽院が長講堂領を手中にする目的で、雅成親王を宣陽門院の猶子にしたとし、そのため承久の乱で京方が敗れ、雅成親王が但馬に配流されると、一旦幕府方によって没収され、その後承久四年（一二二二）になって宣陽門院に返付されたものと推定してきた。(12) しかし近年、高橋一樹氏によって、この長講堂領の承久没収説は否定されている。(13)

さて、嘉禄元年（一二二五）、宣陽門院は近衛家実の女長子を猶子にしている（『岡屋関白記』同年十月七日）。八代国治氏は、この背景として、近衛家が家実の父基通の時より、丹後局の恩顧を受けて摂政となり、摂関家領も丹後局の力で半分を安堵されたこと、丹後局が女院別当源通親らと建久九年に九条兼実を退け、家実を関白としたことなどの親密な間柄を挙げて、家実は女院領を長子に伝え勢力を握ろうと謀り、一方の宣陽門院は近衛家により後世の安穏をはかろうとしたと推測する。

宣陽門院と長子が猶子関係を結ぶことによって所領獲得を謀る近衛家側の目的については理解できるが、宣陽門院にとって、近衛家を後ろ盾とすることはあっても、近衛家に後世のことまで依頼することは、天皇家領を領有する宣陽門院側の目的とは考えにくいのではないだろうか。では、宣陽門院が長子を猶子とした真の目的とは何であろうか。『明月記』嘉禄二年（一二二六）一月二十五日条によれば、「宣陽門院養子姫君有入内之儀、后宮父相国惣依不快、可被止女院執事、以後院大臣可被改庄々、皆可改易云々」と、後堀河天皇への長子入内に伴い、中宮有子（後の安喜門院）の父三条公房は、宣陽門院執事を止められ、所領を改易されている。このことは中宮有子の身にも影を落とす。

宣陽門院執事被仰左大臣、前相国年来知行庄々悉被付渡云々、巷説云、后宮不可轉、可被廢云々、罪科何事哉、（中略）心中可察、但入内六月之由披露、大夫実基、権大夫盛兼、亮範輔、権亮無其人、顕基可出仕云々、是又猶卿二品之所構歟、

（『明月記』嘉禄二年三月四日）

宣陽門院執事には左大臣徳大寺公継が補任され、三条公房が年来知行していた所領は全て公継に付されることに

なった。そして、「后宮不可轉、可被廃」と囁かれる中宮有子に関しては、「中宮当時猶無退出之気云々、入内事祇候人々已謳歌、此后宮大略有嘲哢之気歟、尤可退出給歟」（『明月記』嘉禄二年三月五日）という有様であったが、結局、宮中を追われることとなる（『明月記』嘉禄二年三月十七日）。この処遇について、藤原定家は「卿二品之所構歟」とみているのである。

実は、「卿二品」つまり卿二位高倉兼子と徳大寺家には密接な関係が認められる。徳大寺公継の子実基は、卿二位の養女を妻とし、卿二位が自らの所領処分の際、領家職を実基とその妻に譲ったことから、卿二位が実基にとくに目をかけていたという指摘(14)がある。徳大寺公継が宣陽門院執事に、実基が中宮大夫になることについて、定家が「卿二品之所構歟」と記すごとく、宣陽門院主体の長子入内計画には、承久の乱の後にもかかわらず、いまだ宮廷内で勢力を保持していたとみられる卿二位が、宣陽門院と徳大寺家を媒介した可能性を指摘できるのではないだろうか。

このように、わずか九歳の長子入内を強引に進める宣陽門院の行為は「女院之狂事」（『明月記』嘉禄二年三月十日）と評されるにいたる。宣陽門院には、長子を入内させることにより、皇位皇統へ接近し、天皇家内での影響力増大をはかり、長子の産んだ皇子に所領を伝える目論見があったといえよう。つまり、宣陽門院には、近衛家にではなく、天皇家（皇位皇統）の人物にこそ長講堂領と後事を託す意思があったと読み解くことができるのではないだろうか。

しかし、『増鏡』藤衣に「これより先きに三条太政大臣公房のおとどの姫君参り給ひて后だちあり。いみじうときめき給ひしをおしのけて、前の殿家実の御女いまだ幼くておはする、参り給ひにき。これはいたく御覚えもなくて」とあるように、中宮有子を押し退けてまで入内した幼い中宮長子には後堀河の寵愛もなく、結果的に宣陽門院の目論見は失敗に終わる。そして、関白の座が近衛家実から九条道家に交替するとともに、後宮でも長子から竴子（九条道家女、後の藻壁門院）入内へという交替劇が繰り広げられた。これにより、長子は寛喜元年（一二二九）早くも鷹司院の院号を宣下され、宮中を退出し六条殿に戻ることになったのである。

ところが、後堀河皇子四条を生んだ藻壁門院が天福元年（一二三三）に没すると、宣陽門院と鷹司院に再び皇位皇統への接近の機会が訪れる。嘉禎三年（一二三七）七月十七日、宣陽門院と鷹司院がそろって入内するが、これは鷹司院が四条の「被准母儀」ため、宣陽門院も伴って入内したからであった。すでに後堀河院が存命中に四条を宣陽門院の猶子とするよう依頼し、これは宣陽門院も了承していたことであったが、「遺跡事由付鷹司院了」を理由に、鷹司院を四条の「可被准母儀」とする条件であった[15]。

四条が仁治三年（一二四二）に没し、後嵯峨が皇位皇統となって以降の、宣陽門院と皇位皇統との関係は三節で詳述することとし、まず伝領過程のみを跡付けるならば、建長三年（一二五一）宣陽門院は置文[16]のなかで、長講堂領分に関する鷹司院の一期を否定し、内裏（後深草）への譲与を定める。この後、文永四年（一二六七）後嵯峨から後深草へ「長講堂以下文書」が譲渡され[17]、両統分裂以降、長講堂領は持明院統の経済基盤になっていくこととなる。

以上の伝領過程（後嵯峨即位前）から、宣陽門院の意識を読み解くならば、猶子である長子入内の例に顕著に示されたごとく、皇位皇統へ接近する宣陽門院自身の志向性が認められる。この背景として、皇女である宣陽門院が護持する「皇統」の仏事を、後世にわたって退転なく修し続けるためには、皇位皇統へ接近することが有効な一つの手段であったとも考えられるのではないだろうか。では次に、宣陽門院が護持してきた「皇統」の仏事に、このような宣陽門院の志向性がどのように反映されていくのか、検証していきたい。

二　長講堂八講（後白河院忌日）

後白河院一周忌にあたる建久四年（一一九三）三月十三日には、六条殿で曼荼羅供が修されている（『百練抄』）。最初に長講堂で法華八講が修されたのは、建久五年三月二十九日であり、翌建久六年には、三月九日より結願の十三日までの五日間修すことに改められた[18]。

後鳥羽親政期の建久八年（一一九七）、はじめて陣において長講堂八講の僧名定が行われ、翌建久九年の八講二日目には、後鳥羽院が譲位後はじめて御幸している[19]。建仁元年（一二〇一）の八講には「行事弁右中弁長房朝臣遅参」とみえ、長講堂八講における行事弁の存在が確認される（『猪隈関白記』同年三月十日）。また、元久元年（一二〇四）・建暦元年（一二一一）の八講では、後白河院より所領を譲与されている後鳥羽院・殷富門院・宣陽門院（本所）の三者による加布施が行われている[20]。以上から、後鳥羽親政期には陣で僧名定が行われていたこと、後鳥羽院政期になると後鳥羽院の御幸とともに多数の公卿が参列し、行事弁が参仕していたことがわかる。

次に、承久の乱後、後堀河親政期の寛喜三年（一二三一）と翌貞永元年を例に、長講堂八講の詳しい手順を、この八講の蔵人方奉行[21]であった藤原経光の日記『民経記』から追っていきたい。

寛喜三年二月二十四日、経光は殿下（関白九条道家）のもとに長講堂八講の上卿高倉経通・弁平有親の領状を持参し、内覧を経た後、参内して上卿・弁の領状交名を奏聞する。ところが、三月二日、上卿に長講堂八講の僧名定に参陣する刻限を尋ねたところ、先に了承していた上卿・弁がともに参仕できないという事態が起こり、翌三日に改めて上卿徳大寺実基・弁藤原為経の領状について内覧・奏聞の手続きを取る。その後、経光は「土御門殿」（近衛家実）に参上し、決定した上卿・弁を報告しているが、それは「此御八講者鷹司院御沙汰」たる所以であった[22]。

三月九日から長講堂八講が開始され、この時の僧名定は当日早朝に行われたが、「於僧名定者、兼日常事也、而又当日殊流例也、兼日申合上卿、々々参陣刻限所相触官外記也、僧名以弁内覧奏聞事也」と、本来僧名定は兼日に上卿に申し合わせて、上卿が参陣の刻限を官外記に触れ、弁によって僧名の内覧・奏聞を経ておくことが常事であった。結願日にあたる三月十三日には免者が宣下され、これも蔵人方の経光が奉行している。また、結願日にもかかわらず、参列した公卿がわずか四人であったことを「希代之珍事也、行事弁為経朝臣無沙汰之至歟、尤不便」と記し、公卿を催す行事弁の無沙汰を非難している。

翌貞永元年（一二三二）の長講堂八講は、三月五日に陣で僧名定が行われ、九日の八講当日は上卿藤原定家・弁九条忠高らの参仕に加え、本所（宣陽門院）院司藤原宣実が奉行している[23]。

以上から、後堀河親政期には陣で僧名定を行い、行事上卿・弁とともに本所院司により長講堂八講が執行されていたことがわかる。

一方、後堀河院政期の天福元年（一二三三）においても「長講堂御八講始事、蔵人方兼高奉行、官方信盛奉行、」と蔵人方奉行と官方奉行の存在が確認できるが（『民経記』同年三月九日）、この両人は後白河国忌の免者に関する奉行でもあったと考えられる[24]。また、この天福元年は、後堀河の譲位後、最初の長講堂八講であったため、後堀河院自身の御幸が問題にされたことは興味深い。

長講堂御八講、自今日被始行候歟、
法皇御遠忌、代々無等閑御願候、　御幸事、何様にか御評定候覧、天下之事一向　法皇御媒介候覧、　故院御事又
所為御猶子之儀、乍申御同事、子細不浅候之上者、　御幸なとも可候事にもや候覧と覚候、内々為御評定、きと申

入候、毎年可参啓候之由、可令洩奏給、尊性敬言上、

三月九日　　　　　　尊性上

進上　右大将殿

この書状[25]は、後堀河院の長講堂八講への御幸について諮問を受けた、後堀河院の兄尊性が意見を申し述べたものである。後白河の遠忌は代々の御願で、天下の事は全て後白河が執り成したのであり、「故院」（後高倉）は猶子と同じであるとの認識から、後高倉皇子である後堀河の毎年の御幸を勧めている。ここから、後白河の事績が重大であると認識されていた点、また後白河皇統の直嫡系ではなく皇位に就いていない後高倉を、後白河の猶子のごとく位置づけることで、後堀河御幸の正当性の論理を導き出している点が読み取れる。

最後に、後嵯峨院政期における長講堂八講についてみていきたい。『葉黄記』宝治二年（一二四八）三月十三日条によれば、「長講堂御八講、始有御幸、予兼問日次、仰時継朝臣了、御八講事、顕雅奉行之、[26]」と、後嵯峨院がはじめて御幸し、藤原顕雅（左少弁、後嵯峨院司）が八講を奉行している。また、次の【史料A】に注目していただきたい。

【史料A】

長講堂

宗性権大僧都

右、自来九日被始行御八講々師可被参勤者、依　院宣奉請如件、

宝治二年三月四日　　　　公文別当大法師深円

上座法橋隆耀

宝治二年の長講堂八講の請僧が、後嵯峨「院宣」を受けて寺家廻請で行われたことが明らかとなる。つまり、後嵯

峨院が長講堂八講の請僧決定権を掌握していたといえる。

以上から、長講堂八講は、院政期・親政期を問わず、上卿・弁等の太政官機関の運営関与が認められる仏事であり、また、皇位皇統が交替しても譲位後には院の御幸が必ずみられることから、天皇家内でもとくに重要視された国忌八講と位置づけられよう。次に、長講堂八講と長講堂領伝領との関係性について論じていきたい。

三　長講堂領伝領の背景

ここでは、後嵯峨の後白河皇統に対する意識と合わせて、宣陽門院が皇位皇統へ接近する志向性を有していたとする、一節での指摘を念頭に置きながら、長講堂領伝領の背景を探っていきたい。

はじめに後嵯峨の皇統継承意識について確認しておきたい。後嵯峨は、譲位直後の寛元四年（一二四六）三月十三日（後白河院忌日）から、後白河・後鳥羽・土御門三代の上皇の菩提を弔うための千日講をはじめている[27]。これは、自らの継承する皇統の正統性と自身の登位の正当性をアピールする目的のもと営まれたものであり[28]、この時、後嵯峨は、父土御門、祖父後鳥羽に加え、後白河皇統の継承者としても名乗りをあげたのである[29]。

そして、宝治二年（一二四八）の長講堂八講【史料A】では、後嵯峨「院宣」で請僧が決定されたことから、長講堂八講の主催者として後嵯峨が位置づけられ、さらに後嵯峨院自身のはじめての御幸もみられるなど、後白河皇統の継承者として積極的に行動しはじめる。その一方で、後嵯峨は宝治元年、淡路国を宣陽門院分国として長講堂造営料に宛てる[30]といった宣陽門院への配慮も怠っていない。このような状況は、長講堂領の伝領にどのような影響を及ぼしたのであろうか。次に、建長三年（一二五一）二月二十日「宣陽門院置文案」[31]を掲げたい。

故院の御あとのこと〻も、たかつかさの院の御沙汰にて、そののちは、たいりへまいらせらるへきよし申しおきしかとも、院よりおほせらる〻次第、まことにとおほゆれハ、いまハすくに公家の御沙汰にて、御仏事とも〻何事もはからひ御沙汰あるへきになりぬるや、扨たかつかさの院ハ、上西門院の御あとを沙汰ありて、後にはそれもたいりへまいらせるへきよし申をく也、

建長三年二月廿日　　御判

長講堂領に関しては、かつて鷹司院一期の後、内裏（後深草）へ譲与するとしていたが（傍線a）、それを破棄し、ここでは鷹司院一期を否定する。そして院の仰せに同意した宣陽門院は、今後すぐに仏事等も何事も「公家の御沙汰」で行うよう申し置いている（傍線c）。

宣陽門院は、四条の夭折→後嵯峨の登位→後深草への譲位（皇位皇統としての後嵯峨皇統の確立）という一連の動向のなかで、皇位皇統との結びつきを失くした鷹司院にではなく（鷹司院一期の否定）、後白河を皇統の祖と位置づけ、仏事を主催する治天の君後嵯峨（公家は後深草）に対し、すぐに長講堂領を譲与し、後白河のための追善仏事を任せる意向を固めたと思われる。傍線b「院よりおほせらる〻次第、まことにとおほゆれハ」とは、後嵯峨院が所領を譲与するようにと宣陽門院に圧力をかけたのではなく、後嵯峨院が後白河皇統の継承者たることを表明し、長講堂八講を主催するようになったが故に、長講堂領の譲与を決定した宣陽門院の意思と読み取ることが可能ではないだろうか。[32]長講堂領の伝領においても、従来説かれてきたような治天の君側の一方的な所領集積ではなく、譲与者の宣陽門院によって主体的に被譲与者が選定されたといえよう。

これを仏事形態の面からみれば、治天の君側と本所である女院側との共同運営であった長講堂八講の場から、女院が関与しなくなったことを意味する。[33]そして、長講堂八講という「皇統」の仏事が、後嵯峨皇統に完全に移管された

ことから、宣陽門院は女院領のなかより長講堂領分を切り離して、すぐに後嵯峨皇統への譲与を決意したものと思われる。長講堂領の事例では、後白河の追善仏事が後嵯峨皇統に完全に移管されたことから、仏事料所を譲与するという流れが示されているのである。[34]さらにこの背景には、一節で指摘したごとく、宣陽門院の心中に皇位皇統へ接近する志向性が存在していた点も見逃せず、絶えず長講堂という空間において、「皇統」の仏事を後世に渡って退転なく修すという行為を維持するためには、皇位皇統への接近が女院にとって有効な一つの手段であったといえるのではないだろうか。

四　安楽心院八講（後鳥羽院忌日）

ここでは、長講堂八講との比較の対象として、後鳥羽院の忌日に営まれる安楽心院八講を取り上げ、修明門院の仏事への関与形態を検証してみたい。安楽心院とは、卿二位高倉兼子が後鳥羽院祈願所として建立、元久元年（一二〇四）十月に供養が行われた中山堂であり、卿二位の所領処分に際して修明門院に譲与された御堂である。[35]

修明門院は、後鳥羽院一周忌にあたる仁治元年（一二四〇）二月二十二日には曼陀羅供を修している。仁治三年（一二四二）の忌日には、安楽心院で営まれた法華八講に臨幸していることから、この時の八講は修明門院によって沙汰されたものと考えられる。[36]

ところが、安楽心院八講は、後嵯峨親政期の寛元二年（一二四四）に「公家御沙汰」として執行されたことを機に、修明門院庁が一権門として行う権門の仏事から、上卿・弁といった太政官機構が関与する国家的仏事への転換を遂げたといえる。詳しくは次節で取り上げることとし、まず【史料B】『平戸記』寛元二年二月十九日条を掲げ、この年の安楽心院八講の内容を具体的に追ってみたい。

【史料B】

自今日如例被行安楽心院御八講、是為後鳥羽院御聖忌也、自今年為公家御沙汰、仍右少弁時継奉行、催公卿、（中略）殿下、中宮大夫、土御門大納言、帥中納言、吉田中納言、侍従宰相、左宰相中将等参入、(a)堂童子本所之催不合期、仍被申内裏、蔵人侍従催之、（中略）内裏之催猶不叶、本所奉行人前兵部少輔定俊、少納言長明勤堂童子、今日以後猶以闕如、仍被挙申範氏昇殿、仍被聴云々、(b)必不可付殿上、非可被聴、又自修明門院被申之條不可然、有時難等、於法勝寺可被行歟之由有予議、遂於安楽心院被行之、自今年五ヶ日可被行云々、件安楽（心脱カ）院破壊、非可被行如此事、仍被付成功、給靫負尉十人功、彼院執行修造云々、是故人以反唇歟、彼是之沙汰不便々々、

（『平戸記』寛元二年二月十九日）

「公家御沙汰」となったこの年の安楽心院八講では、右少弁平時継が奉行として公卿を催し、関白二条良実以下多数の公卿の参列がみられる。傍線部（a）より、堂童子は本所（修明門院）・内裏が催すもなお叶わず、結局、本所奉行人が勤めたが、今日以後の欠如分に対しては高倉範氏の昇殿が推挙され聴されている。これは堂童子が四・五位殿上人から選ばれるのを慣例としていたための措置と思われるが、傍線部（b）より、平経高は、高倉範氏の昇殿を聴すべきではないとし、さらにそれが（範氏と同じ高倉家出身の）修明門院の推挙で行われたことに対して批判的である。また、安楽心院破壊のため、法勝寺において行うことも検討されていたが、成功によって安楽心院を修造し、結局、安楽心院での開催となった。この時「彼院」（修明門院）が修造を執行したことは人々の反感をかったようである。

このように、修明門院は「公家御沙汰」となってもなお、「本所」として後鳥羽のための仏事に関与しており、安楽心院という空間においては「本所」としての立場を護持し続けることが可能であったといえよう。

次に、後嵯峨譲位直後の寛元四年（一二四六）は、「安楽心院御八講、上卿弁参行、堂童子以下自院被催献、判官代資定奉行云々」とみえ、後嵯峨院によって堂童子以下が催し献ぜられ、院判官代が奉行している（『民経記』同年二月十八日）。この年の修明門院自身の関与は明らかでないが、後嵯峨院側が堂童子を催促するなど積極的であったといえる。翌寛元五年（＝宝治元年）の安楽心院八講では「右少弁奉行、雖無御幸、自院被修御誦経、依吉日也、去年ハ不被行之」とみえ、後嵯峨院の御幸はないが、院によって誦経が修されている（『葉黄記』同年二月十六日）。この年の修明門院の関与を示す【史料Ｃ】[37]を次に掲げたい。

【史料Ｃ】

安楽心院

宗性権大僧都

右、自来十八日被始行御八講々師者、依修明門院令旨奉請如件、

寛元五年二月十三日　　公文従儀師□□

上座法眼栄玄

これは、寛元五年（一二四七）の安楽心院八講の請僧が、「修明門院令旨」を受けて寺家廻請で行われたことを示している。つまり、安楽心院八講では国家的仏事となって以後も、修明門院のもとで僧名定が行われ、修明門院が主体的に八講に参加する請僧を決定していたのである。

ところが、次の【史料Ｄ】[38]により、建長二年（一二五〇）には、修明門院が掌握していた安楽心院八講の請僧決定権は、後嵯峨院によって奪取されていたことが明らかとなる。

【史料D】

安楽心院

宗性法印権大僧都

右、自来十八日被始行御八講々師者、依院宣奉請如件、

建長二年二月八日　　公文法師静暹

上座法眼栄玄

少なくとも建長二年段階になると、後嵯峨「院宣」を受けて寺家廻請がなされており、修明門院の関与は後退したといわざるをえない。

さて、時期は下って文永二年（一二六五）、後鳥羽の追善八講は新たな画期を迎える。『深心院関白記』文永二年二月十八日条によれば、「安楽心院御八講、於　嵯峨殿大多勝院自今年可被行云々」と、文永二年からは大多勝院での開催となる。すでに二月六日には、近衛基平のもとに、「後鳥羽院御八講、自今年於亀山殿大多勝院可被行、初・後之間必可参者、年来於修明門院四辻殿被行也」との報せが届いていた（『深心院関白記』同日）。

この大多勝院とは、後嵯峨院が建長七年（一二五五）に御所の一つとして造営した亀山殿（嵯峨殿）に附属する別院である(39)。つまり、これは年来修明門院の四辻殿で執行されていた後鳥羽の追善八講が、後嵯峨院の大多勝院に場所が移行することによって、修明門院の手から完全に離れ、後嵯峨皇統に接収されてしまったことを意味する。

後嵯峨院の大多勝院で開催されるようになった前年の文永元年（一二六四）八月二十九日、修明門院は八三歳の生涯を閉じており(40)、開催場所の変更は修明門院の死に起因するのであろう。修明門院の死去によって、後鳥羽の追善八講は名実ともに後嵯峨院によって接収されていく。この後、後鳥羽の追善八講は、文永四年（一二六七）まで「安楽

心院御八講」と呼び習わされていたものが、文永五年には「今日大多勝院御八講結願也、仍 上皇御幸于亀山殿」と、開催場所名を取って、大多勝院八講へと呼称を変えているのである(41)。

以上、修明門院が女院庁という一権門として執行してきた後鳥羽の追善八講が、後嵯峨皇統によって吸収されていく過程を跡付けた。修明門院は後鳥羽の追善仏事が国家的仏事となって以降も、関与の程度は減退していくものの、安楽心院・四辻殿という空間で執行される限りにおいては、「本所」として関与し続けたといえる。後嵯峨院は、修明門院の死によって、ようやく大多勝院という自らの空間で、後鳥羽の追善仏事を行うことが可能になったのである。

さて、この節の最後に、修明門院と後嵯峨の関係について触れておきたい。第一章で指摘したように、修明門院は順徳皇子で孫の忠成王と善統親王を四辻殿で養育しており、忠成王は九条道家の後援から、後嵯峨以上に有力な皇位継承者と目されていた人物でもあった。その忠成王を押し退け、皇位に就いた後嵯峨は、忠成王・修明門院にとって宿敵ともいえる人物である。一方、鎌倉幕府によって擁立された天皇である後嵯峨にとっては、皇統の正統性を強く意識せざるをえなかったのであり、自らの皇統の正統性を誇示する手段として追善仏事は重要な意味をもっていたのである(42)。後嵯峨にとって、修明門院（と順徳皇統継承者達）のもとで執行される後鳥羽の追善仏事を、自らの皇統のもとに接収することは天皇家の家長としての長年の課題であり、それは修明門院の死によってようやくもたらされたものであった。後嵯峨による後鳥羽の追善仏事の接収以後も、仏事料所としての女院領は四辻親王家に譲与されていることから、後嵯峨の目的は女院領の集積ではなかったのであり、後鳥羽の追善仏事を修する後鳥羽皇統の継承者として自らを位置づけることこそが目的であったといえよう(43)。

五　女院の仏事形態

二・四節では、長講堂八講と安楽心院八講という、皇位皇統に対する女院側の意識が対照的な事例を取り上げた。宣陽門院は皇位皇統へ接近する志向性を有しており、後白河の追善仏事が、後嵯峨皇統に完全に移管されたことから、女院領のなかより長講堂領分を切り離して、すぐに後嵯峨皇統への譲与を決意したものと思われる。一方、修明門院は、後鳥羽の追善仏事が国家的仏事となって以降、関与の程度は減退していくものの、安楽心院で執行される限りは「本所」として関与し続けたのである。そして、後嵯峨による後鳥羽追善仏事の接収には、後鳥羽皇統の正統な継承者として自らを位置づける目的があったことを明らかにした。ここでは、このような女院の仏事形態の違いについてまとめた上で、女院領を有する女院が執行する仏事が、天皇家の王権護持に果たす役割についても言及してみたい。

はじめに、「公家御沙汰」とされた追善仏事に女院が関わるという点に関して、(44)儀礼体系を論じている先行研究を挙げた上で私見を述べておきたい。海老名氏は「上卿・弁・外記・史による陣における僧名定を初めとした仏事執行を指標とする、公家沙汰で行われた仏事を国家的仏事の基本型」ととらえ、さらに六勝寺等で院が主催する仏事に関しても、上卿・弁等の国家機関による執行である点から、公家沙汰仏事の一つのバリエーションとの理解を示している。ただし、この公家沙汰という概念をめぐっては、井原氏が「権門寺社を会場として行なわれる諸行事でも、公家沙汰とされたものが新たに国家儀礼に組み込まれ執行された」と指摘したのに対し、遠藤氏は「「公家沙汰」なる表記は儀礼主催者（発願者）が天皇であることを単純に示すものでしかない」と述べ、公家沙汰儀礼を国家儀礼ととらえる井原氏の理解を批判している。

例えば、前掲【史料B】によると、「公家御沙汰」となった後嵯峨親政期（寛元二年）の安楽心院八講では、弁が奉行として公卿を催すなど確かに太政官機構の関与がみられるが、これは親政期に限ったことではなく、後嵯峨院政期（寛元四年）においてもみられる。また、前述した長講堂八講の場合も、院政期・親政期を問わず、上卿・弁等の太政官機構の運営関与がみられる(45)。よって、上卿・弁等の太政官機構の運営関与のみをもって、その仏事が公家沙汰で行われたと解釈することはできないだろう。それゆえ、本章では、上卿・弁等の太政官機構が運営に関与する仏事を国家的仏事と称し、国家的仏事のなかでもとくに天皇が遂行主体となる場合に、公家沙汰と表現されるものと考える(46)。そして、この国家的仏事に対置する概念として、太政官機構が運営に関与せず、院庁や女院庁が一権門として執行する仏事を権門の仏事と称する。

さて、女院の仏事形態について、まずは宣陽門院の長講堂八講を取り上げる。二節での検討によれば、長講堂八講は、院政期・親政期を問わず、上卿・弁等の太政官機構の運営関与が認められる国家的仏事ということになる。このような長講堂八講が、寛喜三年（一二三一）に「鷹司院御沙汰」として行われた点の理解をめぐって、国家的仏事における女院の役割をどうとらえるかが問題となろう。

寛喜三年の長講堂八講を、女院（鷹司院）が遂行主体となって行ったのは、女院が本所として長講堂八講を支えてきたからに他ならない。この時は宣陽門院の猶子であり、長講堂領の譲与を約束されていた鷹司院が、本所の役割を代行したものと考えられる(47)。

長講堂八講では、治天の君である院もしくは天皇は、太政官機構（上卿・弁）を動かし、一方の女院は本所院司（女院司）を使って、共同で仏事を運営していたのである(48)。後白河以降、いわゆる六勝寺のような大規模な御願寺は創建されることがなくなった時代において、六条殿に付属する長講堂で修される法華八講とは、治天の君が行う国家的仏事としての性格と、女院が本所として行う仏事という面が融合した形で新たに出現した、治天の君と女院との共同運営仏事であったといえる(49)。

長講堂の本所である宣陽門院(猶子の鷹司院)は、後白河「皇統」の仏事(後白河追善の長講堂八講)を執行することによって、旧後白河皇統を護持していたのである。つまり、天皇家において皇統の断絶・交替が続き、皇位継承が不安定な時期にあっても、本所として「皇統」の仏事を執行することによって、旧後白河皇統を護持し続けてきたのであり、それを通して、女院は、天皇家の王権を護持する役割を果たしていたのである。一方、治天の君は、後白河「皇統」の仏事(後白河追善の長講堂八講)を執行することを通して、自らの皇統の正統性を確保しようとしたのである。

次に、修明門院の安楽心院八講を取り上げ、女院の仏事形態を比較してみたい。

はじめに、法華八講の僧名定と請僧決定権の問題について触れておく。本来、朝廷から法会に召されることを「公請」というが、院政期には上皇により僧名定が行われる法会も公請に含まれ、上皇・女院等の忌日に御願寺で行われる法華八講も公請の対象になっていたという(50)。そこで本章では、僧名定を行い、公請の対象となるような法会の請僧決定権をもつ者こそが、その法会の真の主催者であるとの認識に立って、女院と治天の君(皇位皇統)との関係について追っていきたい。

前述したように、安楽心院八講では国家的仏事となって以降の寛元五年(一二四七)においても、【史料C】「修明門院令旨」によって請僧が決定されている。これは修明門院の意向で僧名定が行われたことを示し、この年の安楽心院八講の真の主催者が修明門院であったことを意味する。ところが、建長二年(一二五〇)には、【史料D】後嵯峨「院宣」を受けて請僧が決定されており、修明門院の関与は減退していく。そして、修明門院が没した翌文永二年(一二六五）には開催場所が大多勝院に変更され、文永五年からは安楽心院八講から大多勝院八講へと呼称を変えている。こうして後嵯峨院が名実ともに後鳥羽追善仏事の主催者へ取って代わったのである。

修明門院は、後鳥羽「皇統」の仏事（後鳥羽追善の安楽心院八講）を執行することによって、旧後鳥羽皇統を護持していたのであり、養育していた順徳皇子達は、皇位を継承する可能性をもった存在だったのである。それゆえ、後嵯峨は、修明門院が行ってきた「皇統」の仏事のうち、後鳥羽のための法華八講を接収したのである。しかし、その仏事料所である七条院領は後嵯峨皇統へは接収されずに、四辻親王家に伝領され、順徳皇統に帰属したままであった。後鳥羽「皇統」の場合、「皇統」を支える女院領と追善仏事が一体となって伝領されていくのではなく、後嵯峨が後鳥羽の追善仏事を接収したため、女院領と「皇統」の仏事が分離する現象が発生したのである。

そして、修明門院が執行したもう一つの追善仏事である、七条院の菩提を弔うための仏事[51]は、四辻親王家によって七条院領とともに継承されている[52]。つまり、自らの王権護持に直接結びつくような、後鳥羽のための仏事は皇位皇統（後嵯峨）が接収し、王権護持という意味合いの薄い七条院のための仏事は、七条院領を伝領した四辻親王家のもとで営まれていくこととなったのである。

このように、後鳥羽のための八講は、「皇統」の仏事と仏事料所の分離により、開催場所を変更し（安楽心院→大多勝院）、治天の君のもとで新たな天皇家追善仏事体系が構築されていくことになる[53]。一方、後白河のための八講は、「皇統」の仏事と仏事料所が一体化したまま継承されていったので、永く長講堂を会場に開催されていくことになる[54]。

最後に、女院領を有する女院が、本所として仏事を修すことで天皇家の王権を護持する役割をいつまで果たすのかについて言及しておきたい。

後嵯峨が皇位皇統となって以降、長講堂・安楽心院において女院が仏事を修すことで天皇家の王権を護持してきた役割は、最終的に後嵯峨皇統によって吸収されていったと結論づけられる。本章が対象とした、女院領を基に「皇統」の仏事を行っていた女院（宣陽門院・修明門院）の場合は、女院領を有し本所として仏事への関与を継続する限りにおいて、天皇家の王権を護持する存在としての機能を保持していたが、皇位皇統の変化を受け、本所の役割を治天の君に吸収された時点で、天皇家の王権を支えてきた役割も終焉を迎える。これは、後嵯峨院政期以降、天皇家の家長である治天の君のもとで天皇家領が再編されていくのと同時に、女院領を有し一権門として本所の役割を担ってきた女院が、「皇統」の仏事と天皇家の王権を護持する役割を喪失していく過程と言い換えることが可能である。しかしながら、全ての女院が仏事を執行することによって天皇家の王権を護持するという属性を失ったわけではなく、鎌倉後期に女院領を有した権門たる女院が姿を消していく一方で、天皇家の一構成員とされた女院（一権門たりえない女院）は、（夫である）院の菩提を弔うことによって天皇家の王権を護持する役割を、天皇家の家長の下で果たしていったのではないかと思われる。(55)

まとめと課題

本章では、女院領の伝領と追善仏事の関係について、長講堂八講と安楽心院八講を例に、女院の仏事形態に注目して論じてきた。

六条殿に付属する長講堂で修される法華八講とは、治天の君が行う国家的仏事としての性格と、女院が本所として行う仏事という面が融合した形で新たに出現した、治天の君と女院との共同運営仏事であった。宣陽門院は皇位皇統へ接近する志向性を有しており、長講堂領の場合、後白河の追善仏事が後嵯峨皇統に完全に移管されたことを背景に、所領と仏事が一体となって継承されていったのである。また、長講堂領の伝領においても、従来説かれてきたような治天の君側の一方的な所領集積ではなく、譲与者の宣陽門院によって主体的に被譲与者が選定されたことを論じた。

これに対し、修明門院が執り行ってきた安楽心院での後鳥羽の八講は、後嵯峨親政期に「公家御沙汰」へと転換を遂げた(56)。修明門院は「公家御沙汰」となってもなお、安楽心院という空間においては「本所」の立場で後鳥羽の追善仏事に関与し続けた。しかし、修明門院の没後、後鳥羽の追善仏事は、後鳥羽皇統の正統な継承者たることを標榜した後嵯峨により接収され、女院領と仏事が分離し、仏事のみが皇位皇統に継承されることになっていったのである。このことは、新たな天皇家追善仏事体系の構築を意味しており、女院領の伝領と仏事の義務を負うことが不可分の関係にあるとする従来の説に再考を迫るものである。

次に、鳥羽の忌日に行われる安楽寿院の仏事に関しても触れておきたい。すでに先行研究によって、鳥羽から所領を譲与された八条院が鳥羽の忌日に安楽寿院で鳥羽の追善仏事を行い、八条院没後は八条院領を継承した安嘉門院によって鳥羽の追善仏事が引き継がれたことが指摘されている(57)。一方、これと並行して鳥羽の忌日を結願日として、鳥羽御願の最勝寺においても法華八講が修されており、鳥羽の忌日には、国家的仏事としての最勝寺八講と、鳥羽の墓所でもある安楽寿院での女院庁による権門の仏事(58)がそれぞれ行われていた。

鳥羽皇統に対する後嵯峨の意識としては、前述したような後鳥羽・後白河に対する意識とは異なり、継承者たることを積極的にアピールするような様子はみられない(59)。それは、後白河が、自身を中継ぎとする二条ら鳥羽皇統に対して、白河皇統を継承する存在として自己を位置づけたとする指摘(60)をふまえるならば、その後白河を皇統の祖とみる後嵯峨(61)にとっても、鳥羽皇統の継承者たる意識は希薄であったといえるのではないだろうか(62)。それゆえ、後嵯峨の時点では鳥羽「皇統」は収斂されなかったのであろう(63)。

ところで、仏事を執行するための費用調達の問題について、井原氏は、建久二年（一一九一）十月日長講堂領目録には仏供料などの一般に諸国所課とされる経費が計上されていないことから、長講堂の領主経済が荘園所課のみでは完結しえなかったと述べる[64]。また、岡野友彦氏は同じ目録に「三月御八講砂」という公事が長講堂領荘園のほとんど全てに賦課されていることに注目し、「公的」な国忌八講の費用は諸国所課・荘園所課として全国に賦課されたとする[65]。仏事のための費用調達の問題は重要であり、今後の課題として提示しておく[66]。

さて、天皇の追善仏事忌避の性格から、父母の菩提を弔う法華八講であっても在位中の天皇の行幸があった形跡は認められないとの指摘がある[67]。しかし、文永七年（一二七〇）十月の土御門院四十回忌における後嵯峨院宸筆八講では、八講二日目に亀山天皇の行幸がみられる[68]。鎌倉後期には、追善仏事を忌避してきた天皇が忌日八講へ行幸するといった新たな展開も見出されることから、さらに南北朝～室町期を視野に変化を見据えて論じる必要があろう。後嵯峨院政期以降の天皇家の追善仏事の変遷については、第五章・第六章において検討を加えたい。

注

（1）女院領の研究史については、本書序章を参照。

（2）八代国治「長講堂領の研究」（『国史叢説』吉川弘文館、一九二五年）。以後、八代氏の所論はこの論文による。奥野高広『皇室御経済史の研究』（畝傍書房、一九四二年）。野村育世「不婚内親王の准母立后と女院領の伝領」（『家族史としての女院論』校倉書房、二〇〇六年。初出は一九八九年）。伴瀬明美「院政期～鎌倉期における女院領について—中世前期の王家の在り方とその変化—」（『日本史研究』三七四、一九九三年）。大山喬平編『京都大学文学部博物館の古文書　第一輯　長講堂領目録と島田家文書』（思文閣出版、一九八七年）。菊池紳一「長講堂領の成立について」（古代学協会編『後白河院』吉川弘文館、一九九三年）。

（3）皇統の存在形態に着目したものに、菊地大樹「宗尊親王の王孫と大覚寺統の諸段階」（『歴史学研究』七四七、二〇〇一年）、栗山圭子「准母立后制にみる中世前期の王家」（『中世王家の成立と院政』吉川弘文館、二〇一二年。初出は二〇〇一年）などがある。
（4）近藤成一「鎌倉幕府の成立と天皇」（『鎌倉時代政治構造の研究』（校倉書房、二〇一六年。初出は一九九二年）。以後、近藤氏に倣い、天皇の菩提を弔う行事を継承する皇統を「皇統」と記すこととする。
（5）長田郁子「鎌倉期における皇統の変化と菩提を弔う行事―仁治三年正月の後嵯峨天皇の登位を中心に―」（『文学研究論集』一五、二〇〇一年）。以後、長田氏に倣い、皇位を継承する皇統を皇位皇統と記す。また、とくに断らない限り、長田氏の所論はこの論文による。
（6）野村育世「女院論」（野村前掲注（2）著。初出は一九八九年）。
（7）井原今朝男「中世国家の儀礼と国役・公事」（『日本中世の国政と家政』校倉書房、一九九五年。初出は一九八六年）。以後、とくに断らない限り、井原氏の所論はこの論文による。
（8）遠藤基郎「天皇家王権仏事の運営形態」（『中世王権と王朝儀礼』東京大学出版会、二〇〇八年。初出は一九九四年）。以後、とくに断らない限り、遠藤氏の所論はこの論文による。
（9）海老名尚「中世前期における国家的仏事の一考察」（『寺院史研究』三、一九九三年）。以後、海老名氏の所論はこの論文による。
（10）『兵庫県史　史料編中世九・古代補遺』。菊池前掲注（2）論文。
（11）島田家文書「宣陽門院領目録」、八代恒治氏所蔵「長講堂領目録案」（『兵庫県史　史料編中世九・古代補遺』）。この「宣陽門院領目録」の年代比定と作成事情については、本書第三章で論じる。
（12）八代前掲注（2）論文、野村前掲注（2）論文。
（13）高橋氏によれば、「宣陽門院と挙兵との関係はもとより、意外にも没収・返付の明確な史料的根拠はなく、承久没収説は宣陽門院の養子となった六条宮雅成親王が乱に荷担し流罪に処されたことからの推測に過ぎない」とされる（高橋一樹「六条殿長講堂の機能と荘園群編成」高橋昌明編『院政期の内裏・大内裏と院御所』文理閣、二〇〇六年）。

（14）五味文彦「卿二位と尼二位」（『お茶の水女子大学女性文化資料館報』六、一九八五年）。

（15）『玉蘂』嘉禎三年七月十七日条に「是日宣陽門院、鷹司院入内、是被准母儀也、故院御存日、主上可為御猶子義（ママ）之由被申、宣陽門院被申領状、但遺跡事由付鷹司院了、以彼女院可被准母儀云々、仍鷹司院入内之次、宣陽門院密々所相伴給也」とある。また、すでに『玉蘂』嘉禎元年正月一日条に「即参内、其後可参宣陽門院、年々令参、主上有御獅子儀、仍所参也」とみえ、四条は嘉禎三年の入内以前に宣陽門院の猶子となっていた。

本章のもとになった拙稿「王家領の伝領と女院の仏事形態—長講堂領を中心に—」（入間田宣夫編『日本・東アジアの国家・地域・人間—歴史学と文化人類学の方法から—』入間田宣夫先生還暦記念論集編集委員会、二〇〇二年）の注において、「野村氏によれば、鷹司院の猶子となるよう宣陽門院が勧めたというが、厳密には鷹司院は四条の准母である」と記した。この注記に対し、山田彩起子氏より、「宣陽門院・四条の擬制的母子関係と鷹司院・四条のそれが異質であるかのように述べられている」、「宣陽門院・鷹司院のケースでも、「有御獅（猶カ）子儀」・「准母儀」の表記から擬制的母子関係の性質の差異を見出すことはできない」との指摘を受けた（同「天皇との猶子関係にみる女性院宮の特質」、『中世前期女性院宮の研究』思文閣出版、二〇一〇年）。

『玉蘂』嘉禎三年七月十七日条において、遺跡事は鷹司院に付していることを理由に、鷹司院を母儀に准えるよう、宣陽門院がいったことに注目したい。四条にはすでに准母として立后した式乾門院がおり、仁治元年正月二日に准母式乾門院への拝礼が行われ、同日には鷹司院への拝礼も行われている（『平戸記』仁治元年正月二日条）。山田氏は、この式乾門院と鷹司院への拝礼をいずれも異例のものと位置づけ、鷹司院への拝礼を「鷹司院の父家実と兄兼経が、異例の准母拝礼に対抗して提案したものと考えるべきであろう。道家もおそらく、鷹司院拝礼は式乾門院への牽制になると考え、あえて反対はしなかったのでないだろうか」と述べる。

しかし、この鷹司院への拝礼は、この時期、「准母儀」鷹司院が影響力をもった存在であったことを示しているように思われる。四条の生母である藻壁門院亡き後、かつて後堀河中宮だった鷹司院を、四条の母儀に准えるよう条件を出したのは、鷹司院の権威を高めようとした宣陽門院の目論見であり、これが成功して、鷹司院への拝礼が行われたのだろう。厳密には、鷹司院は、単なる猶子関係を結んだというよりも、四条の准母としての扱いを受けている。

(16) 建長三年二月二十日「宣陽門院置文案」(宮内庁書陵部所蔵「長講堂由緒書」、『兵庫県史　史料編中世九・古代補遺』)。

(17) 文永四年十月二十九日「後嵯峨上皇譲状案」(宮内庁書陵部所蔵「長講堂由緒書」、『兵庫県史　史料編中世九・古代補遺』)。

(18) 「師光年中行事」(『続群書類従』十輯上)。「執柄家年中行事」(『大日本史料』建久六年三月九日)。

(19) 『猪隈関白記』建久八年三月十日。『猪隈関白記』建久九年三月十日。この後も「密々」の御幸を含め、後鳥羽院は度々御幸している。

(20) 『明月記』元久元年三月十三日。『猪隈関白記』建暦元年三月十三日。

(21) 『民経記』寛喜三年三月九日。以後、寛喜三年の出典はとくに断らない限り、本文で記載した年月日の『民経記』条文による。

(22) 『民経記』寛喜三年三月四日、九日。

(23) 『民経記』貞永元年三月五日、九日。長田前掲注(5)論文。藤原宣実は『明月記』嘉禄二年四月十六日条に「宣陽門院五位判官代宣実」とみえる。

(24) 後嵯峨院政期の例であるが、そのときの検非違使別当葉室定嗣によれば「即参内、蔵人佐下勘文、予兼申定十八、下左尉章宗了、凡参仕官人左尉章宗・職仲・章職、右尉資盛・章澄、左大志宣康、右大志明盛奉行、少志範俊等也、於門下左右相分向獄門歟」(『葉黄記』宝治二年三月十三日)とあり、免者の手続きに関して蔵人および官方奉行が執行している。

(25) 『向日市史　史料編』尊性法親王消息集。

(26) 「春華秋月草抄」二一　紙背文書(平岡定海『東大寺宗性上人之研究並史料』中、臨川書店、一九五九年、二九二頁)。

(27) 『葉黄記』寛元四年三月十三日。

(28) 長田前掲注(5)論文。

(29) また、後嵯峨は寛元三年には天変御祈により、宸筆御書を後白河・後鳥羽・土御門の山稜に献じていることからも、この三代の皇統継承者たる意識が現れている（『百練抄』寛元三年三月十二日）。
(30)『葉黄記』宝治元年三月六日。
(31)「長講堂由緒書」（宮内庁書陵部所蔵『兵庫県史　史料編中世九・古代補遺』）。なお、宮内庁書陵部において「長講堂由緒書」を閲覧し、文字の異同を訂正した史料を掲げている。
(32) 伴瀬前掲注（2）論文。
(33) 本章のもとになった拙稿「王家領の伝領と女院の仏事形態—長講堂領を中心に—」（前掲注（15）論文）では、「治天の君側と女院側との共同運営であった長講堂八講の場から、女院側が排除されてしまったことを意味する」と記した。これに対し、近藤成一氏から、「長講堂八講を後深草天皇の沙汰とすることは、少なくとも宣陽門院の意に反することではなく、むしろ宣陽門院自身の望んだことであったと思われる」との指摘を受けた（近藤前掲注（4）著六八頁）。本章では、「排除」という表現を改め、「関与しなくなった」に修正した。
(34) 一方、上西門院領分に関しては、鷹司院一期分を保障し、没後は内裏（皇位皇統）へ譲与するよう指示しており、後白河の追善仏事料所としての長講堂領とは異なった性格の所領といえる。
(35)『百練抄』元久元年十月五日、『明月記』同日条。『明月記』寛喜元年八月十九日。
(36)『平戸記』（増補史料大成）仁治元年二月二十二日。「後中記」（『大日本史料』仁治三年二月二十一日）。近藤前掲注（4）論文。長田前掲注（5）論文。
(37)「諸宗疑問論義草抄」三　紙背文書（『東大寺宗性上人之研究並史料』中、二二四頁）。
(38)「諸宗疑問論義草抄」五　紙背文書（『東大寺宗性上人之研究並史料』中、三四三頁）。
(39)『国史大辞典』「亀山殿」項。
(40)「女院小伝」（『群書類従』巻六五）。
(41)『深心院関白記』文永四年二月十八日。『同』文永五年二月二十二日。
(42) 長田前掲注（5）論文。

(43)　後嵯峨院没後、後嵯峨の忌日八講も、後鳥羽と同じく大多勝院で行われている。「仁部記」(東京大学史料編纂所影写本)建治元年二月十三日など。詳しくは本書第五章を参照。
(44)　長田氏は、海老名氏の論を参照しつつ、上卿と弁が奉行していることは、「公家御沙汰」であるかどうかを判断する指標の一つと述べた上で、菩提を弔う行事が「公家御沙汰」となってもなお、女院領の伝領者(女院)が本所として関わっている事実に注目している。
(45)　例えば、後鳥羽院政期の例では『猪隈関白記』建仁元年三月十日、後堀河親政期の例では『民経記』寛喜三年三月九日など。
(46)　史料用語としての「公家沙汰」は状況に応じて意味合いが異なるし、時期的な用法の変遷を追うことも必要な作業であるが、本章ではひとまずこのように称しておく。
(47)　近藤氏は、鷹司院は宣陽門院の猶子であり、六条殿に同居していたと思われるから、その関係によって鷹司院は宣陽門院にかわって長講堂八講を沙汰したものと推測している。鷹司院は、院号宣下後に宮中を退出し六条殿に戻っており、宣陽門院と同居し、本所としての役割を果たしていたものと考えられる。
(48)　海老名前掲注(9)論文において、長講堂八講は法勝寺八講と同様な形態で執行されたと考えられるものの、必ずしも治天の君伝領という形態をとっていなかったゆえ、上卿・弁と本所院司との共同執行体制をとっていたとの指摘がある。
(49)　遠藤氏は、長講堂八講は官行事型で運営されたとみる。そのため、宣陽門院は「後高倉皇統に対しては、その膨大な所領を背景に、政治的圧力を加えた」とし、「長講堂八講での宣陽門院の関与とは、同院の政治的優位性の証であった」と述べる(「鎌倉中後期の天皇家王権仏事」遠藤前掲注(8)著三二九頁)。これに対し、近藤氏は「長講堂八講に長講堂を管領する者は一貫して関与し続けたし、公家御沙汰すなわち天皇の主宰で行われる時であっても、長講堂管領者の関与を排除するものではなかったと考えるべきではないか」と述べる(近藤前掲注(4)著四五頁)。
(50)　上島享「中世国家と仏教」(『日本中世社会の形成と王権』名古屋大学出版会、二〇一〇年。初出は一九九六年)。
(51)　七条院領を譲与された修明門院は、七条院の忌日に歓喜寿院にて一日八講を修している(『明月記』寛喜二年九月二十二日)。
(52)　四辻親王家は上桂庄に「七条院御忌日役」を賦課していることから(永仁元年八月日「四辻親王家庁下文案」、上島有編『山城国上桂庄史料』上、一九頁)、七条院忌日の仏事は四辻親王家が執行していたといえる。

(53) 本書第五章を参照。

(54) 本書第六章を参照。

(55) 例えば、正応元年に大多勝院で行われた後嵯峨院八講を大宮院が沙汰している(『実躬卿記』正応元年二月十七日)。

(56) 安楽光院八講においても権門の仏事から国家的仏事への転換がみられる。長田氏によって、年来北白河院の沙汰によって行われていた後高倉院忌日の安楽光院八講が、貞永元年「公家御沙汰」となった際に長講堂八講に摸して行われた点が指摘されている。ここから、長講堂八講自体が上卿・弁等の太政官機構が関与する国家的仏事であった点に加え、後高倉院を後白河の猶子のごとく位置づけること(前掲注(25)尊性法親王書状)で、安楽光院八講を北白河院による権門の仏事から、国家的仏事へ上昇させようとする後堀河側の意向が読み取れるのではないだろうか。この場合の安楽光院八講は、治天の君後堀河(後堀河天皇が遂行主体であるため「公家御沙汰」となる)と、本所北白河院との共同運営形態による国家的仏事ととらえられる(このような形態も長講堂八講と同様である)。

ただし、安楽光院八講では、同じ皇統内(いわば家族内)で本所北白河院と治天の君後堀河との共同運営であったのに対し、安楽心院八講では、本所修明門院(順徳皇統)が行っていた後鳥羽の追善仏事を、治天の君である後嵯峨皇統が接収するために「公家御沙汰」とし関与を強めていった点で大きく異なる。また、長講堂八講に関しても、本所宣陽門院が行っていた後白河追善仏事を、治天の君(後堀河皇統あるいは後嵯峨皇統)側が、自らの正統性確保のために「公家御沙汰」とし、本所宣陽門院と治天の君側との共同運営形態が出現したのである。

(57) 近藤前掲注(4)論文。長田前掲注(5)論文。

(58) 寛元四年を例に「安嘉門院が主宰し、安嘉門院庁が一個の権門の仏事として執行していた」ゆえ、「上卿・弁等の国家機関は関与していない」との海老名氏の指摘がある。建久五年の鳥羽忌日に、後院の経供養と八条院の仏事がそれぞれ行われている(『玉葉』建久五年七月二日)ように、八条院が主催していた時点でも安楽寿院での仏事には太政官機構の関与はみられない。

(59) 『葉黄記』寛元四年七月二日条では、「安嘉門院御沙汰」の安楽寿院仏事に、後嵯峨院が院司を分配し「御仏供養」を行っているが、このような院の仏事は後鳥羽院政期にもみられる（例えば『明月記』承元元年七月二日・六日条）。

(60) 栗山前掲注（3）論文。

(61) 一方、栗山氏は、後鳥羽が春華門院を八条院の養子としたのは、当時鳥羽皇統の後継者として王家内に存在していた八条院との関係を結ぶことで、鳥羽皇統をも一体化させようとした後鳥羽の意思の現れであるとの指摘をしており、後鳥羽自身は猶子関係を利用して分散していた皇統を自己のもとに一本化する動きをみせている。

(62) 例えば、『帝王編年記』（『国史大系』十二）建長元年四月二十三日、後嵯峨院は「白河・後白河・後鳥羽御陵法花堂」に宸筆御書を献じ、天変火災のことを告げているが、このような山稜祭祀のなかにも、白河・後白河・後鳥羽皇統に対しての継承意識が現れているように思う。

(63) 鳥羽「皇統」は八条院を経て安嘉門院へと継承されていたが、皇位皇統となった後嵯峨自身から鳥羽「皇統」が直接的に影響を受けたとはいえず、むしろ後嵯峨皇統が後深草系統と亀山系統に分裂した以降に、亀山系統への鳥羽「皇統」の吸収という事態に至ったといえる。

(64) 井原今朝男「公家領の収取と領主経済」（『日本中世の国政と家政』一九九五年。初出は一九九一年）。

(65) 岡野友彦「法華八講と公家領荘園」（『皇學館史学』一一、一九九六年）。

(66) 岡野氏は、建久二年の長講堂領目録にある「三月御八講砂」を掃除料としての砂と推定している。一方、槇道雄氏（「荘園群編成とその経営形態」『院近臣の研究』続群書類従完成会、二〇〇一年）は、これを法華八講用の砂金と解釈し、京都での交易を通して調達されたものとの理解を示している。これに関しては、「文永七年宸筆御八講記」（『続群書類従』巻七五九、二六輯下）、「宸筆御八講雑事」のなかに「一　敷砂」とあり、八講という儀礼の場には敷砂が必要な用途であったことがわかるので、「三月御八講砂」は砂金ではなく、文字通り砂と解釈すべきであろう。

(67) 長田前掲注（5）論文。

(68) 「文永七年宸筆御八講記」（『続群書類従』巻七五九、二六輯下）。

第三章　宣陽門院領伝領の一側面―宣陽門院領目録の検討を通じて―

問題の所在

宣陽門院領は八条院領と並んでとくに著名な女院領の一つである。また、鎌倉時代後期に皇統が両統に分裂して以降は、宣陽門院領の中核であった長講堂領が持明院統の財政基盤として代々伝領されていったことも、夙に知られているところである。

宣陽門院領（長講堂領）の先駆的研究としては、すでに戦前に八代国治氏の「長講堂領の研究」などによって伝領過程が詳細に示された[1]ほか、奥野高広氏が『皇室御経済史の研究』において室町時代の天皇家の財政実態を論じるなかで、長講堂領荘園についての分析も行っている[2]。その後、近年になって野村育世氏や伴瀬明美氏らによって展開されてきた女院領研究[3]において、宣陽門院領もその検討対象とされ、戦前に示された伝領過程が見直されるに至った。また、荘園研究の立場からの専論には、「島田家文書」の紹介を通じて長講堂領荘園の領有形態を分析した大山喬平氏や、長講堂領荘園の成立期を論じた菊池紳一氏の研究がある[4]。しかし、この後は宣陽門院領を検討対象とした専論はなく、最近多様な視角からのアプローチが相次いで提示されはじめている天皇家領研究（女院領研究を含む）のなかでは、その実態解明は意外に遅れており、検討の余地は十分に残されているといえよう(5)。

ところで、宣陽門院領は父の後白河院から譲与された御願寺領の長講堂領を中核としつつも、数点ある目録によれば他にもいくつかのまとまりをもった荘園群から形成されていることが知られる。すでに先駆的研究において、次の三点の目録（以下、目録Ⅰ～Ⅲと記す）の存在が指摘され、長講堂領を検討する際に用いられてきた。

（1）目録Ⅰ　建久二年（一一九一）十月日　長講堂領目録（「島田家文書」）

（2）目録Ⅱ　応永十四年（一四〇七）三月日　長講堂領目録案（「八代恒治氏所蔵文書」）

（3）目録Ⅲ　応永二十年（一四一三）　長講堂領目録写（「東山御文庫記録」）

また、永原慶二氏は「荘園領主経済の構造」において、目録Ⅰ・Ⅱをもとに作成した表を掲げて、長講堂領荘園群にみられる荘園領主の年貢・雑公事（課役）等の収取形態を論じている(6)。このなかで永原氏は、応永十四年に作成された目録Ⅱの年貢得分等に関する記述は、ほぼ長講堂領成立当時の状況を示すものと考えられるとして、目録Ⅰ・Ⅱをともに平安末～鎌倉初期の内容として同列に取り扱っている。このような史料操作に対しては、すでに槇道雄氏により、時代的相違（時間的経過）をあまりにも度外視しているとの批判がなされている(7)。

以上のごとく、目録を用いた分析は、主として伝領関係・領有体系・収取形態などの解明を目的に進められてきたが、先駆的研究においては用いられていない「宣陽門院領目録」（以下、目録Aと記す）が、「島田家文書」のなかに存在している。そこで本章ではこの目録Aに注目してみたい。目録Aは、『鎌倉遺文』（三二七四号）や『兵庫県史』等の自治体史にも掲載され、現在では周知のところとなった。にもかかわらず、いまだ十分な史料批判をすることなく、祈願所である伊豆国清走湯寺に注記された「貞応三年八月十日」という年紀を根拠に、貞応三年（一二二四）頃に作成された目録と推定し利用されてきたという問題がある。史料の紹介・翻刻がなされ利用が可能となった現時点においては、宣陽門院領を分析する際には用いるべき不可欠な目録といえるのであるが、前後欠の史料ということもあって成立年代を含め不明な点も多い。そこで、まずは他の目録類との比較・関連において、この目録Aの位置づけを考えてみたい。その上で、本章では、この貞応三年頃の作成と推定されている目録Aの基礎的考察として注記人名や成立年代の比定を試みた後に、目録の作成事情を推定し、宣陽門院領の伝領過程の上に位置づけることを目指す(8)。

また、第二章で宣陽門院領の伝領過程について論じた際に、譲与における宣陽門院の主体性に注目し分析を加えたので、本章でもこの視角を導入し検討していくこととする。具体的には、天皇家領の再編が進行する鎌倉時代後期、宣陽門院領は治天の君である後嵯峨の皇統に吸収されるのであるが、このことは従来、天皇家領の分裂を止揚するために治天の君後嵯峨が行った女院領集積の一事例と捉えられてきた。しかし、この事例を宣陽門院側からみた場合、どのように伝領背景を見直すことができるのか、宣陽門院の猶子鷹司院の出家を例に、後嵯峨と宣陽門院をめぐる人々との関係から描き出してみたい。以上の検討を通じ、最終的には、目録Aの作成事情を鑑みた上で、宣陽門院領伝領における宣陽門院自身の主体性を照射できればと考えている。

一　宣陽門院領目録の検討

1　目録類の概要

目録Aの位置づけを考える上で指標となる、他の目録類の概要を、先行研究をもとに示しておきたい。

（1）目録Ⅰ　建久二年（一一九一）十月日　長講堂領目録（「島田家文書」(9)）

目録Ⅰを詳細に分析した大山氏によると、これは建久の原文書そのものではなく、少し後になって、寺役（長講堂への奉仕）と本支配（六条殿そのものへの奉仕）のうち、その後の事情の変化で徴収不能になっている課役を調べ上げ、それらを詳細に書き込んでいったものという。一例として、山城国下桂庄に関する部分を抜き出して掲げる。

下桂庄
元三雑事
御簾二間　　畳二枚 小文一枚 紫一枚　　砂三両
三月御八講砂二両
五月五日菖蒲二駄　付艾
御更衣小文畳一枚　宮御方十月析
臨時召人夫等　御八講　歳末掃除・七月御瓮供昇・行幸行啓等析
不勤之 移花十枚

荘園名に続いて課役の品目「元三雑事」・「三月御八講」等とその数量が細かく記される。荘園名や課役の右肩の朱書の合点は納入が続いている確認のしるしであり、反対に「不勤之」の記載は納入されていない状況を示すもので、いずれも後筆である。(10) 一方、目録A（後掲）では、下桂庄は「庁分」を負担する荘園群のなかに編成され、目録Ⅰのような具体的な課役の品目や数量の表記はない。

（2）目録Ⅱ　応永十四年（一四〇七）三月日　長講堂領目録案（八代恒治氏所蔵文書）(11)

目録Ⅱは、端書に「長講堂領目六　益直注進」、日下に「前筑後守益直」と記されていることから、島田益直が作成した目録の案文であることがわかる。島田氏は、後深草院の時代より院庁の主典代を務める家で、鎌倉時代以来、天皇家の家政に深く関わるようになっていた。(12) 目録Ⅱの荘園群構成は「一　長講堂領」、「一　御影堂領」、「一　庁分」、

「一　雖有御領号不済年貢所々」、「一　女房別当三位家領」、「一　新寄進地」の順で、「一　庁分」から「一　女房別当三位家領」までの荘園名とその記載順は、目録Aの該当箇所のそれにほぼ一致する。次に目録Ⅱの「庁分」の記載例を示す。

一　庁分

山城国下桂庄　　日野入道一位家

年貢米六十石

同国伏見御領

年貢米三百石　　宇治布十段

大和国雨師社　　勧修寺中納言家

年貢緑青七百両　　近来進続 松千把

（以下略）

例えば、下桂庄は目録A（後掲）と同様に「庁分」中に編成されていて、荘園名「下桂庄」の他には、領家名「日野入道一位家」と年貢高「年貢米六十石」のみが記されている。先に掲げた、課役の品目と数量を細かく規定している目録Ⅰとは全く様相を異にするものである。目録Ⅱは、作成された応永十四年までに長講堂領としての来歴がある荘園名を全て列挙していると考えられる、いわば網羅的な目録といえるが、後述するように年貢高は、室町時代の実態を反映しているのではなく、むしろ鎌倉時代中期頃の数量を示していると思われる。いずれにせよ、目録Ⅰとともに長講堂領荘園全体のあり方を考える上で基本になる目録といえよう。

（3）目録Ⅲ　応永二十年（一四一三）長講堂領目録写（東山御文庫記録[13]）

まず、目録Ⅲの最初の部分を掲げる。

「応永廿写　遣武家」
長講堂御領　「八釣庄」
大和国慈光寺　国民等押領
摂津国松村庄
伊勢国豊田御厨《庄》　守護被管（ママ）人知行云々
尾張国野間庄　細河中務大輔
同国内海庄　畠山将監入道
（後略）

目録Ⅲは、文書の端に異筆で「応永廿写　遣武家」とあるのを根拠に、応永十九年称光天皇践祚の翌年室町幕府に宛てた目録とされ、荘園の多くが守護等により押領されていた状況を伝えている。また、称光天皇の践祚直後という作成事情については、「称光天皇は、生母日野資国の女光範門院資子が足利将軍家と濃い血縁関係にあり、そのような背景があってこの目録が「武家」すなわち幕府へ宛てられ、失地回復の目的がこの一通には込められていた」と推定されている。[14] 長講堂領荘園が全て列挙されているわけではなく、室町幕府に提出するという目的のもと、別の荘園目録から一部の荘園名だけを抜いて書き出したものであろう。

（4）「長講堂領年貢注文断簡」（「島田家文書[15]」）

最後に年貢注文ともいうべき目録の断簡を取り上げる。この「長講堂領年貢注文断簡」の存在については、大山喬平編『京都大学文学部博物館の古文書　第一輯　長講堂領目録と島田家文書』のなかですでに紹介され、鎌倉時代中期に書かれたものとされている。この断簡の年代比定の根拠となった年紀が注記されている、美濃国蜂屋北庄に関する部分を掲げる。

二条三位家　左馬頭入道
家光朝臣　貞广三
関東宰相中将家　綾小路中将□入道
右大弁元徳二年
同国蜂屋北庄
此内廿疋景宣給之　貞广三八
十七
年貢絹卅疋　近年無沙汰之
此外成善提院御念仏用途絹糸為本所課進之

蜂屋北庄の絹年貢に関する「此内廿疋景宣給之　貞广三八」という注記から、この断簡が示している年貢納入システムの成立が、貞応三年（一二二四）八月、ないしそれ以前であると大山氏は推定している。さらに、この断簡の年貢品目と数量は、建久の目録Ⅰのそれとは全く一致せず、かえって応永の目録Ⅱのそれに合致しているから、建久目録から応永目録への長講堂領荘園の大きな変化は建久以降、貞応三年以前の三十三〜三十四年の間に起きたものとする興味深い指摘がなされている。この断簡の領家（預所）歴代の変遷を示す人名比定については、大山氏とはやや異なる見解をもっているため、第四章においてその考証を行いたい。(16)

さて、断簡の追筆の年紀には「貞广三八」の他に、「寛喜元」、さらに「元徳二正」・「元徳二年」という年紀まであることから、この長講堂領年貢注文自体は、貞応年間〜元徳二年（一三三〇）頃までのおよそ百年以上にもわたって使用されていたことがわかる。とすれば、目録Ⅰの使用期間に比して、鎌倉中期以降かなりの長期間にわたって使用されていたことになるので、目録Aの作成にあたっては、このような年貢注文の役割をも果たしていた目録がもとになって書かれた可能性が高いのではないだろうか。では次に、その目録Aの検討に入りたい。

2　目録Aの検討―注記の人名比定から―

まず目録Aを掲げ、その構成と全体像を示すことにする（庁分の荘園名の下に人名注記があるものには傍線を引き①〜⑫の番号を付した）。

【目録A】

（前欠）

一　庁分

①山城国下桂庄　三位局
大和国雨師社
②同国慈光寺　経時朝臣
③摂津国志宜寺　卿二位家
④同国生嶋庄　清業女子
伊勢国米守納所
駿河国富士庄
近江国錦部保
同国井家庄
同新庄
同国伏見
同国中村庄
同国平野庄
同国溝杭庄
⑤同国松村庄　中納言局
尾張国藤懸庄
甲斐国波賀■〔利〕庄
加賀国能美庄
能登国上日庄
⑥越中国新保御厨　仲資

⑦丹波国野口牧　別当局　　但馬国木前庄
⑧伯耆国稲積庄　定頼卿　　同国久永御厨
同国矢送庄　　同国宇多河東庄
播广（磨）国松井庄　　備中国宝塔院　両法花□（堂）
⑨安芸国吉茂庄　親範　　⑩紀伊国石垣庄　同
⑪阿波国麻殖御領　清基　　⑫肥前国松浦庄　三位局
同国巨勢庄　　同国安富庄

一　雖有御領号不済年貢所々

相模国山内庄　　尾張国右大臣家
上野国拝志庄　　美作国一宮

一　女房別当三位家領

近江国忍海庄　　美濃国饗庭庄
周防国秋穂二嶋　別当　　阿波国宍咋庄
伊与（予）国弓削嶋

新御領　自上西門院被進之

山城国市辺庄　　同国松井庄
同国銭司庄　　河内国池田庄
摂津国久岐今福御厨　　伊勢国高志御厨

同国御炭山庄
尾張国宮吉御領
上総国玉崎庄
同国筏立庄 南方 北方
同国大榑庄
能登国土田庄
同国中壠社
丹波国石負庄
同国御紙田
播广(磨)国巨智庄
同国豊福庄
阿波国秋月庄
筑前国住吉庄 本庄井庄 埋浜方
筑前国赤馬庄
一　被宛御祈願所御領
河内国冨田庄
近江国兵主社

同国黒部御厨
同国勅旨田
近江国吉田庄
美濃国山田庄 上保 下保
下野国那須庄 上庄 下庄
越後国福雄庄 本庄 二百在之、 人吉
紀伊国東椒庄
但馬国物部庄
出雲国長海庄
美作〇(国)冨美庄
安芸国後三条院勅旨
土左国朝倉庄
同国怡土庄
加賀国北白江庄
武蔵国賀勢庄

越前国脇本庄　　紀伊国切目庄
筑後国広川庄　　因幡国宇倍庄
和泉国後一条院勅旨田　　摂津国服部御領
安芸国生口北庄　　摂津国今南庄
一　御祈願所
竹林寺　　真如院
已上待賢門院御時寄進之、
諸仏護念院　不断念仏所、上西門院御祈祷所米、貞广（応）元ノ依寺供申状、政善法印被補院主職云々、
任寿院　覚成僧正寄進之、　　摂津国神雄寺　能覚法印沙汰、
飛（弾）太国袈裟寺　寺僧寄進之、　　参川国平尾社　藤原家平寄進之、
同国雉鯉鮒社
已上殷富門院御廐祈祷所
能登国石動山
伊豆国清湯走寺　貞广（応）三年八月十日沙弥蓮意・刑部丞大江業康等寄進之、
（後欠）

目録Aの構成および記載の荘園数は、「一　庁分」三四カ所、「一　雖有御領号不済年貢所々」四カ所、「一　女房別当三位家領」五カ所、「新御領　自上西門院被進之」三三カ所、「一　被宛御祈願所御領」十二カ所、「一　御祈願所（後欠）」となっている。とりわけ、旧上西門院領や祈願所領・祈願所名を記した箇所は他の目録には記載がないため貴重

である。

目録Aは前後欠のため目録の全体像が明らかになりにくく、成立年代に関しても「御祈願所」の「伊豆国清湯走寺貞广(応)三年八月十日沙弥蓮意・刑部丞大江業康等寄進之、」という記載を根拠に、『鎌倉遺文』や自治体史ではおおまかに貞応三年頃成立した目録と推定している。この目録について、菊池紳一氏は、宣陽門院は「近衛家実の娘を養女としこれにすべての所領を譲与、これが後堀河天皇の中宮（後の鷹司院）である。この時の所領目録が宣陽門院所領目録（貞応三年八月十日の追記がある）である」[17]と述べ、宣陽門院から猶子の長子（後の鷹司院）に譲与されるにあたって作成された目録とする。しかし、宣陽門院が長子を猶子としたのは嘉禄二年（一二二六）であり、貞応三年（一二二四）に作成されたと推定した場合、猶子となる以前にすでに作成されていたことになってしまう。もし仮にそうであったとしても、後述するように注記人名の生没年が個々に相異している点で、作成事情に整合性がないといえよう。また、槇道雄氏は、目録Aの「女房別当三位家領」中に「弓削嶋」の記載があることから、「弓削嶋荘が東寺に寄進される延応元年（一二三九）十二月以前」[18]に目録Aが作成されたはずと述べる。しかし、応永十四年目録Ⅱにおいても、寄進の有無にかかわらず、荘園名自体の列挙はなされているので、ただちに荘園寄進の事実をもって、寄進の年月以前に目録が作成されていたと断定することはできないであろう。

目録Aの作成時期は、祈願所である「清湯走寺」が寄進された貞応三年八月十日をさかのぼることはありえないので、この年紀以降に作成されたものであることは確実であるが、先述したように、それがいつどのような目的で作成されたものであるかについて、詳しい検討はなされてこなかった。そこで、個別荘園名の下に記された人名を手がかりに、その人物比定を試みることからはじめる（①〜⑫の番号は前掲の目録Aに付した番号に対応している。また、掲載した系図は全て『尊卑分脈』をもとに作成し、人名の右肩には『尊卑分脈』と他の古記録・史料からわかる情報を加筆した)。

①山城国下桂庄　三位局

女房名のみで人物を特定することは困難であるが、下桂庄との関わりでいえば、高階盛章の女で、九条兼実の子良輔の母にあたる八条院女房の三位局(『玉葉』元暦二年九月二十日参照)である可能性が高い。なぜなら、後年の史料ではあるが、正応六年(一二九三)三月十七日九条忠教文書目録(「九条家文書」[19])に、「当時不管領所々」として「下桂」に合点があることから、下桂庄はかつて九条家領でもあったことがわかる。下桂庄は三位局を通じて、一旦九条家に流入したものと推測しておきたい[20]。

②大和国慈光寺　経時朝臣

経時朝臣と慈光寺との接点は未詳であるが、宇多源氏の源経尚(淡路守正五下)が宣陽門院蔵人であるので、その父の源経時である可能性を指摘しておきたい(『尊卑分脈』三篇四〇八頁参照)。

③摂津国志宜寺　卿二位家

志宜寺は、建久三年(一一九二)三月日後白河院庁下文案[21]によって丹後局高階栄子に安堵されている。丹後局から卿二位高倉兼子へ志宜寺が譲渡されたことを直接示す史料はみえないが、例えば、卿二位の所領「嵯峨若狭堂」は、はじめ「浄土寺二位」(丹後局)の所領であったが、藤原教成(丹後局の実子)が参議になる際に卿二位が得たものであった(『明月記』寛喜元年八月十九日参照)。卿二位は、志宜寺についてもこのようにして丹後局から獲得した可能性があるのではないだろうか。よって、「卿二位家」は卿二位高倉兼子を指すと考えられる。

④摂津国生嶋庄　清業女子

生嶋庄は、建長二年(一二五〇)十一月日九条道家初度惣処分状(「九条家文書」[22])にみえ、九条家領でもある。そもそも生嶋庄は源実国が開発し、雅行の時に皇嘉門院に寄進したことによって九条家領となった荘園で、国行・国時は九条家に仕える諸大夫であった。[23] また、国行は上西門院判官代に、重国は宣陽門院蔵人・判官代、国保は宣陽門院判官代、国茂は宣陽門院蔵人になり、一族で宣陽門院に仕えている（『尊卑分脈』三篇一二〇頁）。「清業女子」に該当する人物は『尊卑分脈』に記載はないが、この一族に関係する人物の可能性もあろう（【系図1】参照）。

【系図1】（清和源氏）

⑤摂津国松村庄　中納言局

「中納言局」は、藤原（日野）資実女子で宣陽門院女房の中納言局が該当する。【系図2】にみえる、宣陽門院中納言の父の資実は、建久二年（一一九一）六月二十六日、宣陽門院々号定日に宣陽門院判官代に補任されている。[24] また、家光・頼資は、嘉禄二年（一二二六）四月十六日、近衛長子の従三位叙位の際に宣陽門院院司に補任され（『民経記』同日）、宣実は宣陽門院五位判官代を務める（『明月記』嘉禄二年四月十六日）など、一族で宣陽門院に奉仕していることがわかる（『尊卑分脈』二篇二三五頁参照）。

【系図2】（日野）

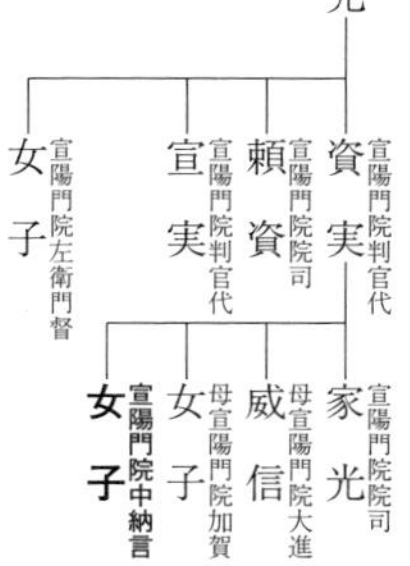

⑥越中国新保御厨　仲資

源仲資の一族中には、宣陽門院蔵人である仲兼・仲清、宣陽門院判官代である仲房・仲忠・仲俊・仲重・仲員、鷹司院蔵人である遠貞・仲益・仲方、鷹司院殿上である仲貞など、宣陽門院と鷹司院に奉仕するものが多い（『尊卑分脈』三篇三九八〜四〇四頁）。よって、「仲資」は宇多源氏の源仲資を指すと考えられる（【系図3】参照）。

【系図3】（宇多源氏）

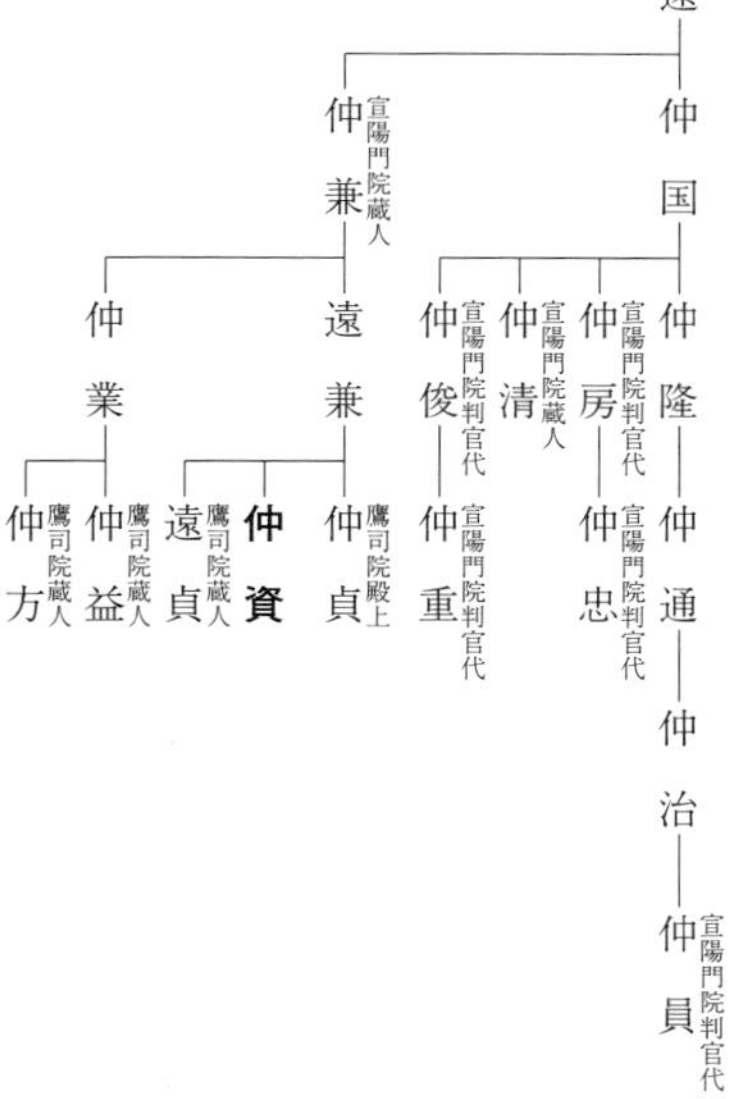

⑦丹波国野口牧　別当局

「別当局」は宣陽門院女房と思われるが、人物を特定するには至らなかった。坊門信清の女子「院女房別当局」（『尊卑分脈』一篇三三二頁）や、源俊隆の女子「皇嘉門院別当」（『尊卑分脈』三篇四九四頁）の可能性もあるが決め手を欠いた。

⑧伯耆国稲積庄　定頼卿

正治二年（一二〇〇）二月二十八日吉田経房処分状案[25]には、「左衛門権佐光親」分として「伯耆国稲積庄民部卿入道領附属彼佐已了」とみえ、経房の孫娘が藤原光親室であった縁から稲積庄が光親に譲与されていることがわかる。その後、稲積庄は、光親女子が藤原資頼室となって資頼のもとに伝わり、さらに藤原定頼が資頼の猶子となった関係から、定頼に伝領されたとみてよいだろう[26]（【系図4】参照）。吉田経房の所領であった稲積庄が、藤原定頼に至るまでの伝領経過は以上のとおりである。よって、「定頼卿」とは藤原定頼を指す（『尊卑分脈』二篇一〇一頁参照）。

【系図4】（顕隆流藤原氏）

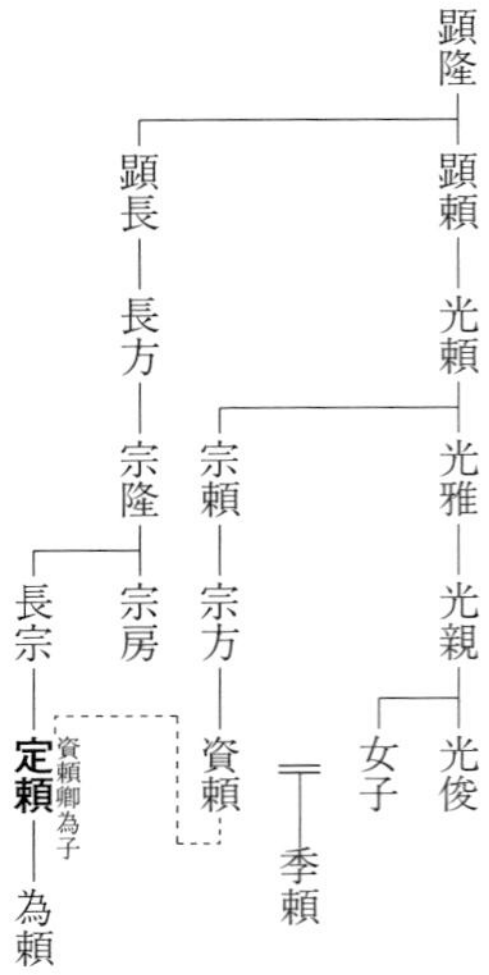

⑨安芸国吉茂庄　親範　⑩紀伊国石垣庄　同

建保二年（一二一四）二月十七日平親範置文案[27]には、この吉茂庄・石垣庄という二庄の他にも、宣陽門院領として加賀能美庄・但馬木前庄・伯耆宇多川東庄・伯耆矢送庄がみえる。また、一族中では、【系図5】にみえるように、棟範が宣陽門院別当（『山丞記』建久二年六月二十六日）に、経高が宣陽門院院司（『明月記』嘉禄二年四月十六日）に補任されている。よって、「親範」とは吉茂庄・石垣庄の領家であった平親範を指す（『尊卑分脈』四篇六頁参照）。

【系図5】（高棟流平氏）

範家―┬**親範**
　　　├行範――経高（宣陽門院院司）
　　　└棟範（宣陽門院別当）

⑪阿波国麻殖御領　清基

『吾妻鏡』貞応三年（一二二四）十月二十八日条によると、麻殖保預所清基と地頭小笠原長経の相論において、承久の乱で院方に与した清基が敗訴している。「清基」とは、麻殖保預所であった左衛門尉清基を指す。

⑫肥前国松浦庄　三位局

肥前松浦庄は、建久三年（一一九二）三月日後白河院庁下文案[28]にみえ、はじめ最勝光院領で領家は丹後局であった。貞応元年（一二二二）六月二十六日付、丹後局の娘顕蓮（浄土寺三位局）の譲状案（「大徳寺文書」[29]）に、「つくしのまつらの庄」が存在しており、これが肥前松浦庄を指すのであろう。浄土寺三位局が母丹後局より譲与されたものである。つまり、「三位局」は顕蓮（浄土寺三位局）に該当する。なお、①山城国下桂庄と⑫肥前国松浦庄の同一の注記人名「三位局」は、それぞれの人物と荘園との関連性をふまえ、現時点では別人を指すと考えておく。

以上、目録Ａの注記人名を検討した結果、おおよそ各荘園の領家・預所であった人物名と考えてよいと思われる。また系譜上、一族中に宣陽門院に奉仕する人物が確認できるものに、②・⑤・⑥・⑨⑩を挙げることができる。

3　目録Aの成立年代

ここでは、目録Ａの成立年代を推定し、作成された背景について考えてみたい。

まず、「一　御祈願所」の「伊豆国清湯走寺」は、貞応三年（一二二四）八月十日、沙弥蓮意・刑部丞大江業康等(30)によって寄進されたとあるので、貞応三年八月以前には「伊豆国清湯走寺」自体もこの目録Ａに存在し得ないことになる。同じく「一　御祈願所」に注記されている人名の内、「覚成僧正」・「能覚法印」の没年は貞応三年よりも前である(31)。これらを勘案すると、祈願所名だけが先に書かれていて、後年徐々に祈願所の注記が書き加えられていった可能性は否定できる。よって、祈願所の各注記は書き継がれていったものではなく、寺社名と注記が一括して同時に書かれたものといえよう。そこでひとまず、目録Ａの成立が貞応三年八月をさかのぼることはあり得ないので、目録の上限は貞応三年に設定できる。

次に、荘園名の下の人名注記には、貞応三年以前に没した人物名（例えば⑨「親範」）もあれば、後述するように建長年間に公卿となった人物名（⑧「定頼卿」）も混在している。これを貞応三年以降に加筆・追記されたものと仮定した場合、祈願所の注記と荘園の人名注記が別々に書かれたことになってしまい整合性がない。それゆえ、この目録Ａは全ての注記も含めて、ある特定の時期に一括して書かれたものであると推定できよう(32)。

では、目録Ａの作成状況を考えてみたい。目録Ａが一括して書かれた場合、作成時以前の伝領状況を整理して記述するために、他に先行する文書類が存在したはずである。この目録の形式上、それがなければ作成し得ないだろう。

その際、公卿の経歴を有する人名の表記の差異は、どのように説明できるだろうか。

例えば、⑨⑩では「親範」と記載されており、平親範には「卿」が付されていない。平親範は、永万元年（一一六五）～承安四年（一一七四）に出家するまで公卿であった人物で、承久二年（一二二〇）に没している（『公卿補任』）。公卿であった人物に「卿」という敬称を付していないのは、他の文書類に、「親範卿」とは記されていなかった故に、（目録Aの執筆者が）そのまま記述したとも考えられよう。目録Aに貞応三年以前に没した人物名が記されている理由とは、その人物以降の伝領者が記載された他の文書類がなく、そのまま記述されたためと解釈しておきたい。⑨平親範には「卿」を付していないにもかかわらず、同じく公卿の経歴がある、⑧藤原定頼には「卿」が付されている。この差異とは、おそらく目録Aの作成時に現任の公卿であった人物のみに「卿」を付したものと解釈することで整合性がつくであろう。

目録Aは、注記も含め、ある特定の時期に、荘園の知行者がわかる年貢注文の役割をも果たした、他の文書類（前掲の長講堂領年貢注文のような目録）をもとに、荘園名を列記した可能性が高いといえる。そして、目録Aは、長講堂領分の記載が欠け、「一　庁分」からはじまっているものの、本来は目録Ⅱのように「一　長講堂領」からはじまっていたと思われる。つまり、宣陽門院領の全てを書き出し把握する必要性が生じた時期こそが、目録Aの作成された時期といえるのではないだろうか。

そこで、⑧「定頼卿」に注目すると、藤原定頼が公卿であった期間は、建長三年（一二五一）正月二十二日〈非参議従三位〉から、没したとされる文永七年（一二七〇）〈非参議従三位〉までである（『公卿補任』）。先述したように、目録Aはある一時期に作成されたものと考えられるので、藤原定頼が現任の公卿であった時期に、その成立年代の上限を設定し直すことができよう。また、目録Aには「新御領」として旧上西門院領荘園群の記載が含まれているが、建長三年二月二十日付の宣陽門院置文案（後掲）によると、宣陽門院の没後に宣陽門院領自体は、公家沙汰の長講堂領と鷹司院沙汰の旧上西門院領に分割されるので、宣陽門院が没した建長四年（一二五二）六月以降に、わざわざ「新御領」が含まれた目録Aが作成されたとは考えにくい。つまり、目録の下限は建長四年六月と設定できる。

以上から、目録Aの検討結果を最後にまとめておく。書き継がれたものではなく、ある一時期に作成されたものである場合、目録Aは、⑧「伯耆国稲積庄　定頼卿」の記載から、藤原定頼が公卿となる建長三年正月二十二日以降、宣陽門院が没する建長四年六月までの間に作成されたものと推定できる。目録Aが作成された時期とは、宣陽門院置文の作成時期とまさに重なっており、目録Aは宣陽門院領処分の前提として作成されたと考えられる。つまり、目録Aは、宣陽門院領全体の処分のために置文と同時期に作成されたものと推定することができよう。さらに、目録Aの形態が、他の目録類のように年貢高を記載せず、ただ単に荘園名・祈願所名などの列記にとどまっていることも、この目録が年貢の徴収を目的としたものではなく、宣陽門院領の全体像を書き出す必要性があったからこそ作成された可能性を示唆するものである。

二　宣陽門院領の伝領事情—鷹司院の出家をめぐって—

前節では、目録Aが建長の宣陽門院領処分の際に、置文とともに作成された可能性を指摘した。これにより、目録Aが宣陽門院領の伝領過程上に位置づけられたので、次に、置文作成に至るまでの、宣陽門院自身の意思とその背景について考えてみたい。

後嵯峨院政期～両統迭立期にかけて、治天の君のもとに女院領が集積されていき、宣陽門院領や安嘉門院領、室町院領といった、女院が本家として所有する大規模な所領群は姿を消していく。伴瀬明美氏は、このような治天の君による女院領集積の背景として、一つには後嵯峨即位時点で天皇家領の大部分が女院達に伝領されていたため、後嵯峨自身の所領が少なく、後嵯峨にとって経済基盤の獲得が最重要課題であったことを指摘する。また、鎌倉後期がいわゆる「職の体系」の解体期にあたることから、治天の君は、天皇家領の分裂を止揚し、分立した女院領を自らのもとへ集積しその支配下におくことで天皇家領の保全を計ろうとしたと指摘する。(33)伴瀬氏の指摘は、鎌倉後期から進行する天皇家領の再編事情を、被譲与者である治天の君の側から読み解いたものであるが、一方、これを譲与者である女院の視点で解明し直した場合、また新しい一面を描き出す事が可能ではないだろうか。

すでに第一章において、七条院領に系譜を引く四辻親王家領を例に、治天の君によって所領が一方的に集積されるのではなく、逆に譲進する四辻親王家側にこそ、治天の君に所領保護を依頼するという主体的な目的があったことを明らかにした。また、第二章では皇位皇統(34)への志向性を有していた宣陽門院自身が、被譲与者を選定していたことを指摘し、長講堂領伝領における宣陽門院の主体性を主張した。その際、治天の君となった後嵯峨が、長講堂八講という後白河の忌日に催される追善仏事に関与することにより、後白河皇統の継承者として自らを位置づけ、後白河―後鳥羽―土御門という自らの継承する皇統の正統性を誇示する目的で祖先祭祀を吸収していった点を指摘した。(35)つまり、後嵯峨は経済基盤の獲得以上に、まずは自らの皇統の正統性のアピールとその安定的な確立を、急務の最重要課題と位置づけていたといえる。

そこで本節では、寛元四年（一二四六）の後嵯峨の譲位、後深草の即位と同時期に行われた鷹司院の出家を例に、宣陽門院領の伝領事情を、後嵯峨と宣陽門院をめぐる人々との関係から描き出してみたい。

次の史料からは、鷹司院の出家にはさまざまな人の思惑が絡んでいたことがうかがえる。

自宣陽門院以小宰相有被仰事、鷹司院今来月間可有落飾之由也、松月上人有夢想事云々、此外又有其故之由加愚推也、主上密被仰下之間、余密々致沙汰参内之由、近日有風聞、此事無益之由被思食歟、

（『岡屋関白記』寛元四年正月十四日）

寛元四年正月十四日、近衛兼経（鷹司院の兄）のもとに、宣陽門院から鷹司院が今来月の間に出家するとの仰せが伝えられる。出家の理由は松月上人（慶政）の夢想によるとされながらも、さらに事情があると兼経は推測を加える。その事情とは、後嵯峨天皇の内々の仰せにより、兼経が密かに鷹司院の参内を沙汰すると、近日噂がたったことを指す。そして、このことを宣陽門院が「無益」と感じたことが、鷹司院の出家へとつながる要因と兼経はみている。ところで、この直前の正月十一日には、後嵯峨が六条殿に行幸し、宣陽門院と内々に対面しているから（『岡屋関白記』寛元四年正月十一日）、あるいは後嵯峨との対面での話の内容を受けて、十四日に宣陽門院から兼経へ鷹司院出家のことが伝えられた可能性もある。また、その翌十五日には、二品（源親子）と宰相典侍（平棟子）が兼経のもとを密かに訪れている。

深更二品相具宰相典侍密々入来、有被仰合事等、鷹司院御出家、相構可申止之由也、其間子細千万不能委記、

（『岡屋関白記』寛元四年正月十五日）

そこでは、兼経に対し、鷹司院の出家を止めるように申し入れが行われた。ところが結局、鷹司院は四月二十日に出家を遂げることになったのである。この間の事情を次の史料からさらに探ってみたい。

入夜参六条殿、鷹司院可有落飾事也、廿九（ママ）自宣陽門院被勧申歟、有子細云々、松月上人夢想ニ、無御出家者、可為重御悩之由見之間、去正月之比申之、又令密参院給、彼風聞時御在位、有世間、此條付惣別宣陽門院被痛思食歟、此趣尤可然、取別御心中ニハ、令恐憚太政大臣給事、過千万事、其故ハ為天下権臣之上、当時一向被馮思食之人也、

（『岡屋関白記』寛元四年四月二十日）

鷹司院の出家は宣陽門院が勧めたことであるが、実は事情があるという。まず一つには、松月上人の夢想として、出家をしなければ病が重くなるとの旨を、去る正月頃申してきたという先述の通りの理由が挙げられる。そして、もう一つには、密かに鷹司院が参内するという噂があり、そのことを宣陽門院がとりわけ気の毒に思ったのではないか、と兼経は推測している。さらに、宣陽門院の別の心中として、太政大臣西園寺実氏を恐れ憚ったことをその要因として挙げ、なぜなら実氏が当時「天下権臣」で、全てを取りはからう人物であったからだと兼経は記している。(36) 以上から、鷹司院出家の背後にはきわめて政治的な要因があったことが想定される。

これまでの話を整理すると、寛元四年時点での宣陽門院の意思は西園寺実氏を恐れ憚って鷹司院を出家させることに向かっているが、一方の後嵯峨は鷹司院の出家を阻止し参内を要請しているのである。さて、この両者の思惑とはどのようなものであったのか、考えてみたい。

さきに後嵯峨の意向を伝えるため兼経のもとを訪れたのは、源親子と平棟子であった。源親子は後嵯峨の乳母であり、寛元四年当時の親子は、重要案件の取次役として後嵯峨の意志を奉じる女房奉書を出すなどその政治的影響力は強大で、後宮内を取り仕切る立場の人物であったことが知られる。(37) また、『岡屋関白記』寛元四年四月二十四日条に、「宗尊親王生年五歳、先出給、二品奉扶持之、容儀神妙也」とあるように、親子は宗尊親王を扶持する後見の立場でもあった。一方、平棟子は宗尊親王の生母であり、「今上寵愛逐日々新(38)」といわれた人物である。この両人が兼経のもとを訪れ、鷹司院の出家を止めるよう伝えたのは、後嵯峨・親子・棟子の三者に、宗尊親王を鷹司院の猶子にするという目的があったからではないだろうか。

後嵯峨にとって宗尊親王は、「仙洞御鍾愛之一宮」であり、母棟子の出自の低さゆえ皇位は望めないものの、母子ともに深い愛情を向けられていたこと、寛元二年（一二四四）には久仁（後深草）誕生後にもかかわらず、宗尊の親王宣下が行われたことが指摘されている[39]。また、この後、宗尊親王は宝治元年（一二四七）、二年と相次いで、式乾門院、室町院との猶子関係を結んでいるが、菊地大樹氏はこれらの状況から、宗尊親王に対して「後高倉王統の後嵯峨王統への収斂の結節点としての役割を期待する後嵯峨の意図を汲み取ることは充分可能[40]」と論じている。

鷹司院出家をめぐる一件での後嵯峨の動きを、式乾門院や室町院との猶子関係を結ぶ前提とみることはできないだろうか。つまり、後嵯峨は、後高倉皇統よりも先に、後白河皇統の後嵯峨皇統への収斂の結節点として、宗尊親王を鷹司院の猶子にしようとしたと考えられる。だが、宗尊親王を鷹司院の猶子にするよう要請する後嵯峨側の働きかけに対し、宣陽門院はこれを望まなかったと思われる。それゆえ、宣陽門院は、鷹司院を参内させるのではなく（猶子を断わり）、出家させたのであろう[41]。

第二章で論じたとおり、宣陽門院は皇位継承者にこそ長講堂領を譲与しようとする志向性をもっていた。鷹司院の出家が話題にのぼった寛元四年正月二十九日には、後嵯峨が譲位、後深草が践祚しており、宣陽門院は、皇位を継承する可能性の低い宗尊親王への譲与を断り、鷹司院一期の後は、皇位継承者（後深草）への譲与の方を選択したのではないだろうか。もし、後嵯峨が要請した鷹司院参内の目的が、後深草との猶子関係を結ぶためのものであるならば、宣陽門院は後深草の外祖父にあたる西園寺実氏（大宮院の父）を恐れ憚る必要などはないはずであり、むしろ西園寺氏にとっても猶子関係を結ぶことで長講堂領の譲与を後深草が約束されたことを歓迎するはずであろう。

後嵯峨の思惑に反して、宣陽門院は鷹司院を出家させたために、後嵯峨は新たに、後白河の追善仏事への関与をきっかけに後白河皇統の後嵯峨皇統への吸収を目指すことになったのである。後嵯峨は宝治二年（一二四八）には、後白河のための追善仏事である長講堂八講への御幸を開始し[42]、後白河皇統の継承者たることを積極的にアピールしはじめる。そして、建長元年（一二四九）三月五日には「今夜為御方違、有行幸六条殿、当代始幸此所也、（中略）主上宣陽門院有御対面、帝外祖母・二品被参候」（『岡屋関白記』同日）と、後深草がはじめて六条殿に行幸している。この行幸は方違が名目であるが、後深草が宣陽門院とのはじめての対面を果たしていることから、むしろこちらが主目的ともいえよう。あるいはこの時、宣陽門院と後深草の間に所領譲与のための猶子関係が結ばれた可能性もあろう。

　ところで、期を同じくして、宣陽門院領荘園の預所職補任に関しても、本家の交替を示唆するような二通の史料α・βが存在する。

【史料α】[43]

鷹司院庁下　　大和国雨師社司等

　定補預所職事

右人為令執行社務、定補彼職之状、所仰如件、社司等宜承知、不可違失、故下

　寛元元年潤七月　日

（以下、署判を略す）

【史料β】[44]

宣陽門院庁下　　大和国雨師社司等

　定補預所職事

右人為令執行社務、定補彼職之状、所仰如件、社司等宜承知、不可違失、故下

　建長二年十月　日

（以下、署判を略す）

大和国雨師社の預所職補任状であるが、寛元元年（一二四三）閏七月の時点では鷹司院庁下文【史料α】によって補任されていた。ところが、建長二年（一二五〇）十月日付で、「鷹司院庁下」が「宣陽門院庁下」に改まっただけの全く同じ文面の同職の補任状が、今度は宣陽門院庁下文【史料β】として発給されているのである。(45)【史料α】から、鷹司院が一旦は長講堂領を支配していたことの証左と解釈することが可能であるが、(46)その後、建長二年に再び宣陽門院庁下文【史料β】が発給された事情はどう考えたらよいだろうか。

前掲【史料α】の通り、寛元元年閏七月の時点では、宣陽門院領を譲与されることが決まっていた鷹司院によって、預所職が補任されたのである。(47)ところが、二度目の補任状が発給される建長二年十月の時点までには、鷹司院の長講堂領一期分が、宣陽門院によってすでに否定されてしまっていたと解釈できないであろうか。つまり、鷹司院自身は長講堂領に対する一期の間の支配権をもはや失っていたがために、宣陽門院庁による預所職の補任状がいま一度発給されることになったのであろう。

では、建長三年（一二五一）二月二十日「宣陽門院置文案」(48)の内容に照らし合わせ、もう一度、処分に至るまでの流れを整理しておきたい。

ⓐ故院の御あとのことゝも、たかつかさの院の御沙汰にて、そののちは、たいりへまいらせらるへきよし申しおきしかとも、ⓑ院よりおほせらるゝ次第、まことにとおほゆれハ、いまハすくに公家の御沙汰にて、御仏事とも、何事もはからひ御沙汰あるへきになりぬるや、扨たかつかさの院ハ、上西門院の御あとを沙汰ありて、後にはそれもたいりへまいらせるへきよし申をく也、

建長三年二月廿日　　御判

まず、傍線部（a）長講堂領に関しては鷹司院の沙汰とし、鷹司院一期の後は内裏へ進めることを申し置いていた

時点とは、寛元四年（一二四六）時を指す。続く傍線部（b）後嵯峨の仰せの旨を承知し、仏事を依頼して、没後すぐに公家（後深草）へ長講堂領を譲るよう、さきの置文の内容を改めたのは、宝治二年（一二四八）の後嵯峨院の長講堂八講へのはじめての御幸を経て、建長元年（一二四九）後深草との対面を果たした後と推定される。宣陽門院は後白河のための仏事を吸収した後嵯峨皇統の確立を確認した後に、処分の内容を改めたものと思われる。それゆえ、建長二年十月の大和国雨師社の預所職補任状は、鷹司院の長講堂領一期分が否定され、本家が鷹司院から宣陽門院へ再び戻ったという過程のなかで、宣陽門院庁下文での発給になったものと考えられる。

以上をまとめておく。第二章で指摘したごとく、後嵯峨にとっては女院領の集積以上に後白河皇統の吸収こそが目的であった。寛元四年時においては、後嵯峨の思惑に反して、宣陽門院の意思によって鷹司院は出家を遂げる。しかし、後白河の追善仏事を通じて後白河皇統の自らの皇統への取り込みをはかった後嵯峨は、その後、皇位皇統への志向性をもつ宣陽門院の意思とも合致して、後白河皇統の吸収に成功する。宣陽門院は後白河の仏事が皇位皇統へ移行したことを背景に、鷹司院へではなく、公家（後深草）への長講堂領の譲与を決定した。つまり、治天の君後嵯峨によって一方的に所領集積がはかられたのではなく、宣陽門院は自らの所領の被譲与者を自らの意思で選定したといえるのである。

むすび

最後に、一節での目録Aの検討結果と、二節で言及した宣陽門院領が後深草へ譲与されるに至った背景を合わせてまとめておきたい。

一節では目録Aを、藤原定頼が公卿となる建長三年（一二五一）正月以降、宣陽門院が没する建長四年六月までの間に作成されたものと推定した。また、目録Aは、その形態から年貢の徴収を目的としたものではなく、宣陽門院領の全体像を書き出す必要性が生じたため作成されたものと考えられる点を指摘した。一節で示した目録Aが作成された時期と、二節で掲げた宣陽門院置文の年紀（建長三年二月二十日）がまさに符合していることから、宣陽門院領全体を示す目録Aは、建長の宣陽門院領の処分に際して、置文とともに作成された目録であると位置づけることができる。つまり、宣陽門院は、後白河のための仏事を吸収した後嵯峨皇統の確立を確認した後に、一旦譲与者に決めていた鷹司院への長講堂領一期分を反故にし、皇位継承者である後深草への譲与を自らの意思で決定し、置文と目録Aを作成したのである。

第二章では、後白河皇統の吸収という後嵯峨の目的が、後白河のための追善仏事の執行を通じて達成されていったことを背景としつつも、宣陽門院から後深草への長講堂領の譲与が、皇位皇統へ接近する宣陽門院の志向性の延線上に位置づけられることを論じた。それを受けて、本章は治天の君後嵯峨と宣陽門院それぞれの立場から、寛元四年（一二四六）の後嵯峨の譲位、後深草の践祚と同時期に行われた鷹司院出家の事例を検討し、第二章での視点を生かしつつ、宣陽門院領伝領をめぐる宣陽門院自身の主体性という一側面を再び照射しようと試みたものである。ただし、目録Aの成立年代を、建長の宣陽門院領の処分とほぼ同時期と推定したが、これに関しては、今後、原文書の閲覧が可能となれば、その料紙や荘園名・注記箇所の筆跡の差異などの調査を経て、新たな知見が加わることになるであろう。

他の目録類との照合を含め、目録記載の個々の荘園についての検討もいまだ不十分であり、残された課題は多い。すでに先学によって指摘されているように、時代を経るにつれ目録の内容と実態が乖離していった状況を念頭に置きつつ、今後、個々の荘園のあり方を検証し直す作業と併行して、天皇家領全体の変遷とその特質についても追究していきたい。

注

（1）八代国治「長講堂領の研究」（『国史叢説』吉川弘文館、一九二五年）。中村直勝「家領の伝領に就いて」（『中村直勝著作集第四巻』淡交社、一九七八年。初出は一九三九年）。

（2）奥野高広『皇室御経済史の研究』（畝傍書房、一九四二年）。すでに奥野氏は目録と室町時代の古記録・文書類を対照し、貢納額の一致しないことが多い点を指摘している。古記録・文書類をもとに目録と当時の実態との乖離を検証する作業は重要であるものの、本章では譲与者である宣陽門院側の視点から伝領の背景を見直すという目的を立てており、古記録・文書類との照合作業は別の機会に改めて行うこととする。

（3）野村育世「不婚内親王の准母立后と女院領の伝領」（『家族史としての女院論』校倉書房、二〇〇六年。初出は一九八九年）。伴瀬明美「院政期～鎌倉期における女院領について―中世前期の王家の在り方とその変化―」（『日本史研究』三七四、一九九三年）など。なお、女院領の研究史については、本書序章を参照。

（4）大山喬平編『京都大学文学部博物館の古文書　第一輯　長講堂領目録と島田家文書』（思文閣出版、一九八七年。以後、『博物館の古文書』と略記する）。菊池紳一「長講堂領の成立について」（古代学協会編『後白河院』吉川弘文館、一九九三年）。なお、以上は長講堂領荘園全般を対象としたものであり、このほか個別の荘園研究については関連するもののみ注で後掲する。

（5）例えば、八条院領に関しては、福田以久生「安楽寿院領荘園について―「安楽寿院古文書」の検討―」（『古文書研究』九、一九七五年）が、「安楽寿院古文書」所収史料について、成立年代の推定や注記の人名比定など詳細な分析を行っている。ほかに安嘉門院領荘園の知行者の系譜をたどった、野口華世「安嘉門院と女院領荘園―平安末・鎌倉期の女院領の特質―」（『日本史研究』四五六、二〇〇〇年）がある。

（6）永原慶二「荘園領主経済の構造」（『日本中世社会構造の研究』岩波書店、一九七三年。初出は一九六五年）。

（7）槇道雄「荘園群編成とその経営形態」（『院近臣の研究』続群書類従完成会、二〇〇一年）。
（8）本来は原本確認の上で行わなければならない作業であるが、目録Aを現在所蔵している京都大学総合博物館に問い合わせたところ、史料が未整理のため、原本の閲覧調査は不可能であった。ただし、『兵庫県史　史料編中世九・古代補遺』では、目録Aは「四　宣陽門院所領目録　京都大学文学部博物館所蔵　島田家文書」（五六六頁）とされていて、（八五五頁の解説によると、東京大学史料編纂所影写本「島田文書」から採録したのは全て播磨国松井荘に関する史料であり、掲載する史料にもその旨注記されているので、）『兵庫県史　史料編中世九・古代補遺』所載の目録Aは影写本ではなく、京都大学所蔵の原本を底本としていると思われる。よって本章では、『兵庫県史　史料編中世九・古代補遺』によることとした。
（9）目録Ⅰの全文は前掲注（8）『兵庫県史　史料編中世九・古代補遺』五三五～五六一頁。
（10）前掲注（4）『博物館の古文書』一八～一九頁を参照。
（11）目録Ⅱの全文は前掲注（8）『兵庫県史　史料編中世九・古代補遺』五八〇～五八七頁。
（12）前掲注（4）『博物館の古文書』一八頁。
（13）目録Ⅲの全文は前掲注（8）『兵庫県史　史料編中世九・古代補遺』五八七～五八八頁。
（14）『皇室の至宝　東山御文庫御物』一（毎日新聞社、一九九九年）嗣永芳照氏執筆の解説。
（15）前掲注（4）『博物館の古文書』に写真（一〇頁）、解説（二一頁）、釈文（三一頁）が掲載されている。
（16）なお、領家にあたる人物をより厳密に特定することにより、この年貢注文の成立時期は貞応年間に限定することが可能である（本書第四章を参照）。
（17）菊池前掲注（4）論文。
（18）槇前掲注（7）論文。
（19）『鎌倉遺文』一八一二七号。
（20）『尊卑分脈』には三位局なる女房名をもつ者が三人記載されているが、このいずれでもなく、本文で指摘したとおり、下桂庄との関係から高階盛章女と比定しておきたい。ただし、宣陽門院女房のなかにも三位局なる人物がいた可能性も否定できない。

(21)『鎌倉遺文』五八四号。

(22)『鎌倉遺文』七二五〇号。

(23)石田祐一「諸大夫と摂関家」(『日本歴史』三九二、一九八一年)。

(24)「山丞記」(『大日本史料』)建久二年六月二十六日。以後、「山丞記」の出典はこれによる。

(25)『鎌倉遺文』補遺三五八号。

(26)なお、藤原定頼は宝治元年に伯耆国の知行国主になっている(『葉黄記』宝治元年三月十六日)。

(27)前掲注(8)『兵庫県史　史料編中世九・古代補遺』五六三頁。

(28)『鎌倉遺文』五八四号。

(29)『鎌倉遺文』二九六九号。

(30)寄進した人物である「蓮意」・「大江業康」についても調べたものの、詳細は不明とせざるをえない。

(31)「覚成僧正」は中山忠親の弟、東寺一長者で保寿院と号したとされる人物(『尊卑分脈』一篇二〇三頁)を指すと思われるが、建久九年(一一九八)に大僧正で没している(『平安時代史事典』)。また、「能覚法印」は平安末期には没していると思われる(『尊卑分脈』三篇四七三頁)。「政善法印」・「藤原家平」については人物を特定するまでに至らなかった。

(32)ただし、目録の本文にあたる部分と注記と思われる箇所の、筆跡の同筆・異筆の確認については、原本の調査が可能になった時に行い、改めて検討を加えたい。

(33)伴瀬前掲注(3)論文。

(34)本章においても、長田郁子「鎌倉期における皇統の変化と菩提を弔う行事—仁治三年正月の後嵯峨天皇の登位を中心に—」(『文学研究論集』一五、二〇〇一年)に倣い、皇位を継承する皇統を皇位皇統と記す。

(35)長田前掲注(34)論文においても、同様の指摘がある。

(36)また、兼経は実氏について、「前右大臣実氏公任太政大臣云々、帝外祖父、朝野恐其威」(『岡屋関白記』寛元四年三月四日)

と記している。

(37) 秋山喜代子「養君にみる子どもの養育と後見」(『史学雑誌』一〇二—一、一九九三年)。

(38) 『平戸記』寛元三年二月十八日。

(39) 菊地大樹「宗尊親王の王孫と大覚寺統の諸段階」(『歴史学研究』七四七、二〇〇一年)。

(40) 菊地前掲注(39)論文。

(41) 伝領した所領をもとに仏事を修す義務を負った女院達は若年で出家する傾向にある。出家時の年齢を示すと、八条院二一歳、宣陽門院二五歳、安嘉門院二七歳、室町院一九歳であり、鷹司院は出家時二九歳である。

(42) 『葉黄記』宝治二年三月十三日。

(43) 「鷹司院庁下文案」(『鎌倉遺文』補一三一三号)。

(44) 「宣陽門院庁下文案」(『鎌倉遺文』補一四七七号)。

(45) これらは、中村直勝氏によって学界に紹介された「御遺言条々」所収の補任状である。二通共に預所職に任ぜられた人物を欠いているが、それは藤原経俊の手に帰するまでに他人が補任されていた事があり、経俊が伝領する事になって以来、この人名を明らかにすることは却って不利な点があるので、後々のために故意にその人名を削って不明としたとの仮説を中村氏は提示している(中村直勝「勧修寺家領に就いて」『中村直勝著作集　第四巻』淡交社、一九七八年、五四四~五四五頁)。

(46) 中村前掲注(45)論文。

(47) すでに宣陽門院領の被譲与者に選定されていた鷹司院は、寛喜三年の長講堂八講において「鷹司院御沙汰」とあるごとく、宣陽門院に代わって仏事を執行する立場にあったが(本書第二章を参照)、寛元元年時点でも宣陽門院領の継承者として所領支配に関わっていたことを示している。

(48) 「長講堂由緒書」(宮内庁書陵部所蔵、『兵庫県史　史料編中世九・古代補遺』)。なお、宮内庁書陵部において「長講堂由緒書」を閲覧し、文字の異同を訂正した史料を掲げている。

第四章　長講堂領の変遷と出羽国大泉庄—奥羽の天皇家領をめぐって—

問題の所在

奥羽ではなぜ全国に先駆けて早い時期に荘園が成立するのかを課題として、奥羽の摂関家領成立の背景を、前九年・後三年合戦との関係から説き明かしたのは大石直正氏(1)である。氏は、陸奥五荘、出羽六荘の摂関家領を検出した上で、全一一荘のうち四荘は十一世紀中頃までに成立、他の荘もほぼ十二世紀初め頃までには成立していたことが確かで、これらのなかにも成立が十一世紀にさかのぼるものがかなり含まれていた可能性が高く、奥羽の荘園成立時期の古さは全国的にも特異であるという。また、奥羽の荘園数は三五ほどあり、そのうち天皇家領は、藤原頼長領が保元の乱ののち没官され後院領に編入された旧摂関家領の五荘を加えても一〇荘、これに対し、摂関家領は全体の三分の一に近い一一荘を数えることから、奥羽の荘園に占める摂関家領の比重の大きさを指摘する。

大石氏は、辺境の奥羽では在地勢力の国衙への結集が未熟で、国衙の規制が比較的弱く荘園化が容易だったことに加え、荘園成立期が前九年・後三年合戦の時期に重なっている点に注目する。そこでは奥羽の摂関家領はみな寄進地系荘園とされ、奥羽の諸郡の領有をめぐる抗争において奥羽の人々と摂関家との間に立ち、荘園寄進の仲立ちを果たしたのが源頼義・義家父子と想定されるのである。また、辺境では郡そのものが荘園化する郡荘の存在が特徴的とされるが、奥羽では、郡の一部を割いて成立する摂関家領形成の大きな波がまず十一世紀に起こり、それは十二世紀初頭までで終わってしまったかのようにみえるという。続いて一郡がそのまま荘園化する郡荘が、天皇家領成立期の十二世紀中頃以降に多く形成されることから、奥羽において中世の荘園公領制の枠組みが定まるのは院政期であったとする。

以上のように、奥羽の荘園成立は摂関家領を中心に論じられており、まず十一世紀に摂関家領形成の波が起こった後に、十二世紀中頃から天皇家領の形成期が訪れることから、奥羽の荘園成立の古さは摂関家領にとくに顕著な特徴であると認められる。しかし一方の天皇家領の成立に関しては、摂関家領との比較のなかで言及されてはいるが、天皇家領の立荘やその後の天皇家領としての変遷については検討の余地が残されているように思われる。

そこで、本章ではまず、奥羽の天皇家領荘園の成立と伝領過程について、先行研究をもとに確認する。次に、院政期に形成されたといわれる天皇家領荘園が、その後いかなる変遷を遂げたのかという考察はいまだ不十分であることから、とくに、奥羽の天皇家領のなかで唯一の長講堂領である出羽国大泉庄に着目し、大泉庄との関わりから長講堂領の変遷について検討していきたい。長講堂領の変遷に関しては、第三章において、従来、貞応三年（一二二四）頃の作成と推定されてきた宣陽門院領目録を取り上げ、注記人名の比定などを通じ再検討した結果、この目録は建長三年（一二五一）正月以降、翌四年六月までの間に作成されたものと推定できる点を指摘した。このように、長講堂領の変遷を検討する際に用いるべき目録類には、基礎的な考察とともにさらなる史料批判を要するものも少なくない。前章での検討をふまえ、本章では、長講堂領の変遷を追うための貴重な原史料である「長講堂領年貢注文断簡」に注目し、具体的にはその作成年代の比定や記載された人名比定などを中心に分析を加えていく。そして、他の長講堂領目録との照合により、長講堂領の成立および変遷を明らかにした上で、最後に出羽国大泉庄の年貢に関しても言及してみたい(2)。

一　奥羽の天皇家領荘園

ここでは奥羽の天皇家領荘園の成立と伝領過程について、先学の研究(3)をもとに概要を示しておきたい。

まず、もとは藤原頼長の所領であったが、保元の乱ののち没官され後院領に編入された（『兵範記』保元二年三月二十九日）五庄を取り上げる。陸奥国の本良庄・高鞍庄、出羽国の大曽禰庄・遊佐庄・屋代庄がこれにあたるが、これらは『台記』仁平三年（一一五三）九月十四日条の、頼長と藤原基衡との年貢増徴交渉の記事が初見である。そこには「久安四年、禅閤以五ヶ庄譲余」と記され、頼長が久安四年（一一四八）に父の忠実から譲り受けた荘園であったことが明らかとなるから、成立は遅くとも十二世紀前半にさかのぼるとされる。摂関家領として立荘した五庄であるが、没官され後院領となって以降の天皇家領としての伝領を示す史料は見当たらない。

次に、八条院領たる明証がある二庄、および八条院領と推測される二庄の計四庄を取り上げる。出羽国大山庄・成生庄は、安元二年（一一七六）二月日八条院領目録(4)に「庁分御庄」として「出羽国大山　成生」と記載されていることから、十二世紀半ば頃までには天皇家領荘園として成立したと考えられる。嘉元四年（一三〇六）六月十二日大覚寺統所領目録(5)にも、庁分として「出羽国大山庄　成生庄」とみえ、他の八条院領庁分と同様に大覚寺統の所領のうちに数えられている。八条院領は、八条院の没後、春華門院を経て順徳天皇、後鳥羽院の管領下に置かれ、承久の乱により一旦幕府が没収、そして後高倉院に返付された後は、安嘉門院、亀山院へと伝領され大覚寺統の所領となる。大山・成生の二庄も同様の伝領過程をたどったものと推定できよう。

これに対し、陸奥国菊田庄・伊具庄は、ともに安元二年の八条院領目録にはみえず、八条院領であった明証はないが、嘉元四年の大覚寺統所領目録には、庁分として「陸奥国菊多庄御管領　伊具庄」とみえ、八条院領である大山庄・成生庄とともに記載されている。安元二年八条院領目録に記されなくとも、他の史料より八条院領であったことが確認できる荘園が存在していることから、菊田庄・伊具庄もかつて八条院領であった可能性があり、他の八条院領と同様に、鎌倉後期には大覚寺統所領となる伝領過程をたどったと想定されよう。伊具庄は、庄名の初見史料が正安三年（一三〇一）「伊具庄斗蔵寺」鐘銘とされ、立荘の時期は不詳である。

菊田庄に関しては、「佐竹系図」（『続群書類従』巻第百二十）の源義光の注記に「六条修理大夫顕季卿。在由緒。東国菊田庄義光被進也」とあり、また、『古事談』・『十訓抄』（『国史大系』）には、六条顕季と源義光が「東国の庄」をめぐって相論になったことがみえる。この時、顕季と義光が相論したのは菊田庄領家職であるとされ、菊田庄は十一世紀後半の院政初期に令制菊田郡の一郡寄進で成立したものと遠藤巌氏によって推定されている。氏は、菊田庄は白河院が六条顕季に命じて造営させた六条院に寄進されることで成立した荘園で、のちに八条院領になったものと推測した上で、菊田一郡の立荘化においてとくに平安忠なる人物に注目している。具体的には、院政初期の頃、「陸奥権守」・「出羽権守」・「菊田権守」という肩書きをもち、「平国香―繁盛―兼忠―維茂―安忠」という系譜に連なる平安忠は、菊田を根拠地として陸奥国の有力在庁の地位を占め、やがて岩城一族の祖と目された人物であるという。前九年・後三年合戦という奥羽の切迫した情勢のなかで、平安忠は根拠地とした菊田の地を院領に寄進することで自らの地位保全をはかったとされている。

最後に出羽国大泉庄を取り上げる。この庄は、建久二年（一一九一）十月日長講堂領目録が初見で、応永十四年（一四〇七）三月日長講堂領目録案にもみえることから、長講堂領荘園として後白河院から宣陽門院、そして後深草院に伝領して以来、持明院統（のち北朝）の所領として応永十四年に至るまで長く存続していったことがわかる。奥羽の天皇家領のなかでも長講堂領は大泉庄ただ一庄であり、天皇家領としての変遷を跡付けることができる荘園は奥羽には他にない。本章がとくに大泉庄の長講堂領としての変遷に着目する所以はこの点にある。さらに、長講堂領の変遷を検討した上で、大泉庄の年貢について後述する。

以上、奥羽の天皇家領として、後院領五庄、八条院領四庄、長講堂領一庄の計一〇庄を確認した。次節では、奥羽に唯一の長講堂領である大泉庄年貢の設定時期を考える前提として、長講堂領荘園の変遷を、年貢注文断簡の分析を通じて明らかにしたい。

二　長講堂領荘園の変遷―年貢注文断簡の分析を通じて―

最初に、長講堂領の変遷を検討する際に用いる目録を四種類提示しておきたい。

Ⅰ　建久二年（一一九一）十月日長講堂領目録（「島田家文書」[9]）：以下、建久目録と記す。

Ⅱ　建長三年（一二五一）正月～建長四年六月頃ヵ宣陽門院領目録（「島田家文書」[10]）：以下、建長目録と記す。

Ⅲ　応永十四年（一四〇七）三月日長講堂領目録案（八代恒治氏所蔵文書「集」[11]）：以下、応永十四年目録と記す。

Ⅳ　応永二十年（一四一三）長講堂領目録写（「東山御文庫記録」[12]）：以下、応永二十年目録と記す。

本章では、上記四種類の目録と対照させながら、「島田家文書」に所収された、【史料1】「長講堂領年貢注文断簡」（年貢注文断簡、あるいは断簡と略記）の分析を通じて長講堂領荘園の変遷を検討していく。

この年貢注文断簡は原文書であることに加え、数多くの注記が追筆されていることから、長講堂領の変遷を知る上で大変貴重な史料といえる。この断簡については、すでに大山喬平編『京都大学文学部博物館の古文書 第一輯 長講堂領目録と島田家文書』（以下『博物館の古文書』と略記）(13)のなかで紹介され、解説も加えられているが、人名比定などに関しては著者と見解を異にする点もあるため、史料の写真・翻刻を掲げた上で分析を加えていき、原文書の作成された年代についても比定してみたい。(14)

1 年貢注文断簡の年代比定

断簡において、遠江国山香庄・伊豆国仁科庄・甲斐国青嶋庄といった長講堂領の荘園名の下に記された「定誉僧都」・「藤原氏女」・「関東沙汰」などは、各荘園の領家（預所）に相当する人物を指し、荘園ごとに絹・糸・綿などの年貢品目と数量が記される。(15)荘園名と領家、年貢品目・数量は、写真によると大きく太字で記され、この年貢注文の原文にあたる箇所である。

大山氏は、蜂屋北庄の絹年貢に関する「此内廿疋景宣給之　貞广三八」という注記から、この断簡が示している年貢納入システムの成立が、貞応三年（一二二四）八月、ないしそれ以前であると推定している。さらに、この断簡の年貢品目と数量は、建久目録のそれとは全く一致せず、かえって応永十四年目録のそれに合致しているという。それゆえ、建久目録から応永十四年目録への長講堂領荘園の大きな変化は建久以降、貞応三年以前の三三、四年の間に起きたものであると指摘している。そこで、断簡として記載が残っている荘園の箇所を、応永十四年目録から抜粋したものが【史料2】である。

【史料1】と【史料2】を対照しつつ、領家（預所）歴代の変遷を示す追筆された人名と年紀を詳細に検討していく

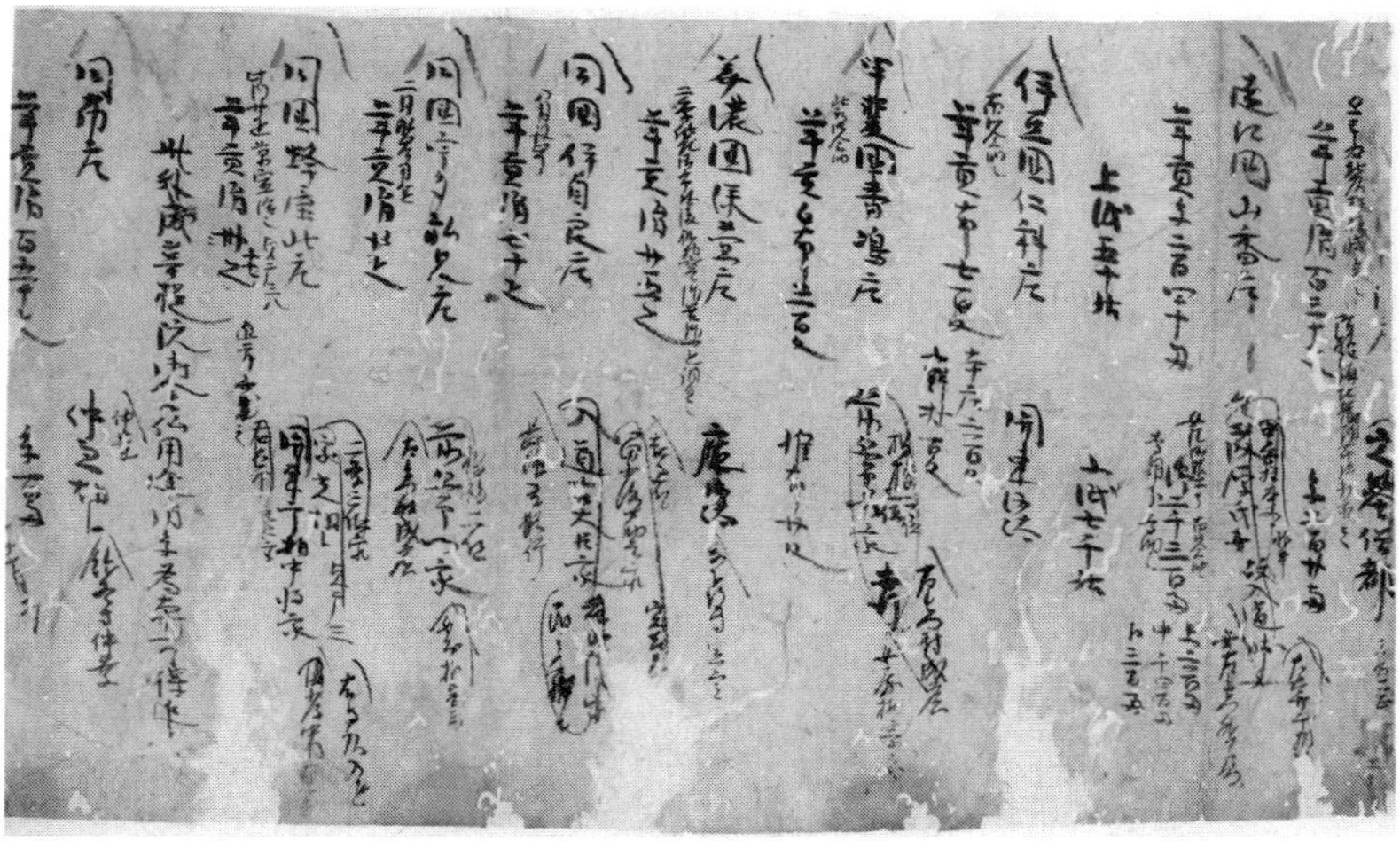

【史料1】　京都大学総合博物館所蔵「長講堂領年貢注文断簡」（大山喬平編『京都大学文学部博物館の古文書　第1輯　長講堂領目録と島田家文書』思文閣出版、1987年より転載）

ことにより、この年貢注文断簡の作成された時期が特定され、さらに使用期間についてもおおよそ推定が可能と思われる（なお、【史料1】の①～⑨、【史料2】の′①～′⑨は引用者による）。

まずは、大山氏も注目した⑧美濃国蜂屋北庄の領家を示す記載について詳しくみていきたい。ここには、この断簡において最も古い年紀である「貞广三八」・「貞广三」が記されている。この年紀を根拠として大山氏は、断簡が示す年貢納入システムの成立を貞応三年八月、ないしそれ以前と推定する。さらに領家にあたる人物「関東宰相中将家」については源実朝との推測が示される。

そこで最初に、領家名の「関東宰相中将家」の人物比定を試みたい。仮に、源実朝とした場合、『公卿補任』によれば、実朝は承元三年（一二〇九）に非参議・右中将に任ぜられて以来、建保四年（一二一六）六月二十日に権中納言・右中将に昇進するまでは非参議であり続け、参議たる時期は存在しない。実朝はそののち建保六年（一二一八）正月十三日には権大納言、同年十月九日には内大臣へと昇進し

【史料1】京都大学総合博物館所蔵「長講堂領年貢注文断簡」

（前　欠）

①□（庄）　定誉僧都元徳二正
近年為地頭押領減申之　阿弥陀講地蔵講布施析所之
年貢絹百三十疋　糸二百廿両

②遠江国山香庄　藤原氏女　中宮権大夫惟平　左大弁宰相□
故入道師女
女左衛門督局
年貢糸二百四十匁　綿二千三百両
女院御服所分　南御倉納之
寺用分寺納也
上六百両
中千四百両
下三百両

③伊豆国仁科庄　関東沙汰
南御倉納之
年貢布七百反
本庄六百反
小野村百反
上紙五十帖　小紙七十帖

④甲斐国青嶋庄　前兵部卿家忠行
楊梅二位
三位
左衛門尉成広
女房按察局
北新御倉納
年貢白布三百反　帷布廿反

ている。そして、右大臣・左大将・征夷大将軍であった承久元年（一二一九）正月二十七日には鶴岡八幡宮社頭において誅されてしまうのである。ここで問題に戻るならば、「宰相中将」とは参議で中将であることを指しているが、前述したように実朝が参議と中将を兼ねた「宰相中将」たる期間は存在していないことが明らかとなった。つまり、「関東宰相中将家」は源実朝ではないのである。

次に、貞応三年という年紀をたよりに、この時期「関東宰相中将家」たる呼称にふさわしい人物を探していくと、一条実雅である可能性に行き着く。一条実雅は『公卿補任』によると、貞応元年（一二二二）八月十六日に参議に任ぜられ、「右中将如元（元讃岐守。在関東）」と記される。参議で右中将、しかも関東に在住しているとなれば、一条実雅は「関東宰相中将家」との呼称に合致する人物であるといえよう。翌貞応二年も参議右中将で関東に在住していた。そして、貞応三年も参議右中将であったが、「八月十日入洛。九月廿日止所職。十月一日遣越前国。安貞二四一沈河死去」との記載がある。貞応三年、一条実雅がこのような状況に

⑤
美濃国深萱庄　庁沙汰前下野守宣実
二季供花御布施綾被物■絹裏絹令調進也
年貢絹廿五疋　■■大納言　富小路中納言家　寛喜元□

⑥
同国伊自良庄　入道右大臣家　花山院家　民部大輔公
八月彼岸
年貢絹七十疋　長講堂修行

⑦
同国宇多弘見庄　前兵部卿家女房按察局　楊梅二位　左衛門尉成広
二月彼岸用途
年貢絹廿疋

⑧
同国蜂屋北庄　関東宰相中将家綾小路中将□入道　二条三位家　家光朝臣　貞广三　左馬頭入道　右大弁元徳二年
此内廿疋景宣給之　貞广三八
年貢絹卅疋　十七　近年無沙汰之
此外成菩提院御念仏用途絹糸為本所課進之

⑨
同南庄　仲兼朝臣能登守仲業　仲業
年貢絹百五十疋　糸百両　□年十月二日
（後　欠）

（注）合点の一は墨を、…は朱を表す。
□は欠損した箇所を、■は判読不能の文字を示す。

あるのは、伊賀氏の変に関係したためと考えられる。伊賀氏の変とは、貞応三年六月、北条義時の急死後、義時の後妻であった伊賀守藤原朝光の娘（通称伊賀氏）が、兄弟の政所執事伊賀光宗と謀り、将軍頼経を廃し、一条能保の子で娘婿にあたる実雅を将軍に立てようとしたものの、失敗に帰した事件である。実雅はこの事件に連座し、八月に京に移送された後、九月には所職停止となり、十月には越前国へと配流になったのであった。この事件に関しては、北条泰時による執権政治展開のための一つの出発点を形づくったものとして、鎌倉幕府史上の意義が認められている。(16)

さらに、「関東宰相中将家」が一条実雅ならば、その右側の「家光朝臣　貞广三」という追筆は、貞応三年に領家が「家光朝臣」に交替したことを示していると思われるから、実雅が貞応三年に所職停止され越前国に配流された点とも符合することになる。

以上から、⑧美濃国蜂屋北庄の領家「関東宰相中将家」は一条実雅に比定できる。すると、この断簡の作成年代を、実雅が参議中将たる期間、つまり貞応元年八月十六日以

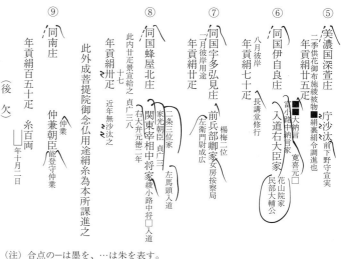

【史料2】　応永十四年三月日　長講堂領目録案（一部抜粋）

①同国野間内海庄
　年貢絹百三十疋　　糸二百二十両
②遠江国山香庄
　年貢糸二百四十両　綿二千三百両
　　上紙五十両　　小紙七千帖
③伊豆国仁科庄
　年貢白布七百段
④甲斐国青島庄
　年貢白布三百段　　帷布二十段
⑤美濃国深萱庄　　藤中納言家
　年貢絹二十五疋　被宛二季供
　　　　　　　　　花被物絹裏
⑥同国伊自良庄　東方　花山院大納言家
　　　　　　　　西方　長講衆
　年貢絹七十疋
⑦同国宇多弘見庄　　鷹司殿
　年貢（絹脱カ）二十疋
⑧同国蜂屋北庄　　西園寺大納言家
　年貢絹十七疋
　　此外成菩提院御念仏用途、絹糸為本所課進之、
⑨同国南庄　　左衛門佐殿
　年貢絹百五十疋　　糸百両
　　綿二百三十両

降～貞応三年八月十日以前の間（貞応年間）に作成されたものと推定することが可能になる。今までは、建久目録以後～貞応三年八月までの間、と作成時期の上限が相当な幅をもって想定されていたが、検討の結果、貞応年間に絞られかなり厳密に作成時期を特定することができた。

2　年貢注文断簡の人名比定

さて、ひとまず⑧美濃国蜂屋北庄の領家を示す記載から、断簡の作成年代は貞応年間に比定できたが、他庄の記載内容と作成年代との整合性についても確認しておく必要があろう。順を追ってみていきたい。

①尾張国野間内海庄

【史料1】は前欠で最初の荘園名については解読不能とせざるを得ないが、【史料2】の荘園名の配列と対照すると、大山氏の指摘どおり尾張国野間内海庄と推定してよいであろう。領家（預所）にあたる箇所に記載された「定誉僧都」に関しては、野間内海庄との直接の関係を示

す史料をみつけることができなかったものの、葉室顕頼の孫で東大寺の権大僧都法印定誉（『尊卑分脈』）である可能性が高い[17]。定誉僧都は『平戸記』寛元二年十一月六日条によると、文暦年間（一二三四）以前の人物と判明し、断簡が作成された貞応年間には生存していることが確認できる。

「定誉僧都」の下の「元徳二正」は後筆と思われる年紀であるゆえ、定誉僧都との直接の関連はないと考える。ただし、この年貢注文が少なくとも元徳二年（一三三〇）正月までは使用されていたことを示す追記として注目される。また、応永二十年目録では、「尾張国野間庄　細河中務大輔」・「同国内海庄　畠山将監入道」と別々の荘園として記載されるようになる。なお、野間内海庄は、康治二年（一一四三）安楽寿院領として立荘されており[18]、安楽寿院領としての存続は嘉元四年の大覚寺統所領目録での「尾張国野間内海」の記載を終見とする。

②遠江国山香庄

領家（預所）の「藤原氏女　故入道帥女左衛門督局」とは、「宣陽門院左衛門督局」と称された宣陽門院女房である藤原兼光の女子にあたる。父の兼光は、大宰権帥・左衛門督を歴任し、建久七年（一一九六）に出家・没しているから、兼光女子が「故入道帥女左衛門督局」と記されたことに合致する。「藤原氏女」の右に追筆された「中宮権大夫惟平」とは、藤原伊平を指すのではなかろうか。伊平は『民経記』嘉禄二年四月十五日条で、宣陽門院院司のなかに「中宮権大夫伊平」とみえており、左衛門督局の姪にあたる藤原資実の女子が伊平の室にあたる（【系図】参照）。そして、右下の追筆「左大弁宰相□」は伊平室の兄にあたり宣陽門院院司でもある藤原家光の可能性があり、一族で宣陽門院に奉仕していたことがわかる。

【系図】

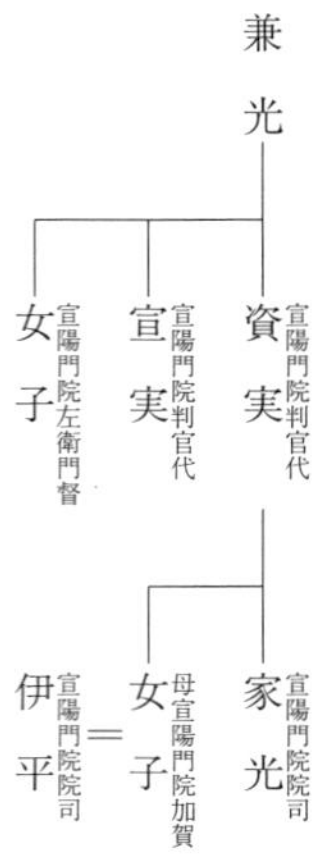

③伊豆国仁科庄

建久目録では「不所課庄々」に分類されていた仁科庄であるが、断簡では領家の位置に「関東沙汰」と記されている。大山氏は、源平内乱期の混乱が東国においても回復されつつあった証拠として、天皇家の荘園である仁科庄を鎌倉幕府が領家として管領していたとみる。ただし、この断簡が貞応年間に作成された年貢注文であることから、むしろ承久の乱後の影響を示すものとの推測もできよう。

④甲斐国青嶋庄・⑦美濃国宇多弘見庄

この二庄は領家名とその追筆がほぼ一致することから一括して取り上げる。青嶋庄には「前兵部卿家」の下に「忠行」とみえる。(19) 領家（預所）の「前兵部卿家　楊梅二位」とは藤原（楊梅）忠行を指す。忠行は、『公卿補任』によると、承久元年（一二一九）八月十三日に兵部卿を辞していて、これ以降であったゆえ、「前兵部卿家」となっているのであろう。また、追筆の領家名「女房按察局」は忠行の女子で、『尊卑分脈』に「猪隈関白家按察局」と記載のある、近衛家実の室で鷹司兼平の母にあたる人物が該当する。青嶋庄・宇多弘見庄は、いずれも正応六年（一二九三）四月日「鷹司兼平処分状案」にみえることから、母按察局より兼平に領家職が譲与されたことがわかる。(20) 宇多弘見庄については、応永十四年目録においても「鷹司殿」（鷹司冬家）とみえ、鷹司家の所有が続いていたことが判明する。

⑤美濃国深萱庄

保元の乱後、藤原頼長領であった深萱庄は没官され後院領となったが、建久目録により長講堂領に編成されたことが判明する。『博物館の古文書』によれば、はじめ「庁沙汰」となっているのは院庁の直接経営だったことを示すという。その後、領家（預所）の地位に就いた「前下野守宣実」[21]とは、宣陽門院五位判官代を務め（『明月記』嘉禄二年四月十六日）、『民経記』嘉禄二年四月十三日条にみえる「前下野守宣実」（藤原宣実）を指す。院庁の経営していた深萱庄の預所に宣陽門院判官代の藤原宣実が任じられたのである。宣実の妹にあたる②山香庄の領家「宣陽門院左衛門督局」のほか、宣実の周辺には宣陽門院院司や女房を勤める者が多く、一族で宣陽門院に奉仕していたことが確認できる（『尊卑分脈』）。

⑥美濃国伊自良庄

領家（預所）にあたる「入道右大臣家　花山院家」は花山院忠経を指している。『公卿補任』によると、忠経は、承元元年（一二〇七）二月十日に右大臣、翌承元二年五月二十八日には上表し前右大臣となり、建保元年（一二一三）には出家しているから、貞応年間に作成された断簡において、忠経が「入道右大臣家」と記されることに合致する。「入道右大臣家」の右側の追筆「富小路中納言家」には、その下の追記にまで合点が及んでいるから、「寛喜元□」という年紀に関連する人物と考えられる。そこで、寛喜元年頃に「富小路中納言家」と称される人物を探していくと、『民経記』寛喜元年（一二二九）六月二十二日条によれば「富小路中納言盛兼卿」という人物が存在することがわかる。この藤原盛兼は宣陽門院院司（『民経記』嘉禄二年四月十五日）であり、長子（のちの鷹司院）の中宮権大夫（『公卿補任』寛喜元年条）も勤めている。花山院忠経が寛喜元年八月五日に没していることを考え合わせると、忠経が没した寛喜元年八月以降、伊自良庄の領家が「富小路中納言家」たる藤原盛兼に交替したことをこの追記が表しているといえよう。

応永十四年目録には「東方　花山院大納言家、西方　長講衆」とみえ、東方はこの時期までには花山院家（花山院忠定）が再び所有するようになり、西方は長講衆が支配していたことがわかる。これは断簡においてすでに「長講堂修行」とみえるように、鎌倉期以来、伊自良庄の年貢が長講堂での修行用途にも割かれていたことに由来するのであろう。ところで、『建内記』正長元年（一四二八）十月十六日条によれば、当時の年貢額は三万疋で[22]、光範門院（日野資子、称光母后）が伊自良庄の管理にあたり、東方の代官は伊自良氏、西方の代官は土岐氏であった[23]。

⑧美濃国蜂屋北庄

前述したように、領家の「関東宰相中将家」は一条実雅に比定され、そのすぐ右側の「家光朝臣　貞广三」の追筆は、実雅が貞応三年に所職停止になって以降の領家が「家光朝臣」に交替したことを示している。「家光朝臣」とは、②遠江国山香庄において「左大弁宰相□」の追筆で推定した藤原（日野）家光を指すと考えられる。『公卿補任』によると、家光は、貞応三年十月十六日に右中弁、十月二十九日には従四位上とあり、貞応三年の時点ではまだ三位になっていないから「家光朝臣」という記載に符合する。そして、②山香庄の「左大弁宰相□」の追筆は家光が左大弁宰相たる期間、つまり嘉禄元年（一二二五）十二月二十二日に左大弁参議になって以降、寛喜三年（一二三一）四月二十六日に権中納言になるまでの間に記されたものということになる。

さて、このの蜂屋北庄の領家は「家光朝臣」から、さらに右隣の追筆「二条三位家」に交替をする。「二条三位家」とは、二条親能の女子で、鎌倉幕府将軍九条頼経の室（頼嗣母）にあたる人物であろう（『尊卑分脈』）。次にその下に追筆された「綾小路中将□入道」についても想定してみたい。『民経記』寛喜三年（一二三一）三月一日条には、「綾小路中将有資朝臣」の名がみえる。源有資は文永九年（一二七二）七月十一日の出家時には前権中納言であり、出家後まもない同二十日には没している。「綾小路中将□入道」は「綾小路中納□入道」とも読めることから、文永九年七月の追記ならば源有資が綾小路中納言入道ということになるが、入道たる期間が短かすぎることからその可能性は低い。むしろ、有資の父時賢は、非参議で中将を極官にし、仁治二年（一二四一）に出家するものの没するのは建長七年（一二五五）であるから、時賢が出家後に「綾小路中将□入道」と称されていた可能性も想定できる。

蜂屋北庄の領家は、「関東宰相中将家」の左側にいって、「関東宰相中将家」→「家光朝臣」→「二条三位家」→「綾小路中将□入道」→「左馬頭入道」[24]と変遷し、さらに「関東宰相中将家」→「家光朝臣」→「二条三位家」→「綾小路中将□入道」→「左馬頭入道」という追記が最後に書き加えられたのであろう。元徳二年（一三三〇）に右大弁と称された人物としては、洞院実世・柳原資明・万里小路季房のいずれかの可能性がある（『弁官補任』[25]）。この年紀も①「元徳二正」と同様、元徳二年時においてもこの年貢注文が使用されていたことの証左となろう。

なお、年貢額に関わる注記「此内廿疋景宣給之　貞广三八」の「景宣」という人物については、高橋一樹氏が紹介する建仁三年（一二〇三）二月日付の文書に、最勝光院政所を構成する公文の大江景宣という名がみえるが、注記の「景宣」がこの人物の可能性もある。大江景宣は、鎌倉中期から修理職年預を世襲する大江氏の一族と考えられ、また大江氏一族は鎌倉幕府との深い関係を有していたという[26]。蜂屋北庄の年貢額ははじめ「年貢絹卅疋」とされ、貞応三年八月にはこのうち二〇疋を景宣が給うという記載があるから、最勝光院公文であった大江景宣が、一条実雅が貞応三年八月に入洛して以降、「家光朝臣」に領家が替わる以前に、一時的に年貢収納に関わっていた可能性も否定できないであろう。年貢額はのち一七疋に改められ、応永十四年目録でも「年貢絹十七疋」と記される。応永十四年当時の領家は「西園寺大納言家」（西園寺実永）であった。

⑨蜂屋南庄

領家（預所）の「仲兼朝臣」は宇多源氏で宣陽門院蔵人の源仲兼、「能登守仲業」はその子息仲業を指している。[27]

以上、個々の荘園の人名比定などを勘案し、記載内容と作成年代との整合性が認められることから、断簡として現存する長講堂領年貢注文の原文書は、貞応年間（一二二二〜一二二四）に作成されたものと結論付けられる。さらに、この年貢注文は追筆の年紀から、貞応年間以降〜元徳二年（一三三〇）頃までの百年以上の長きにわたって、年貢収納の際に用いられ、領家の変更などが書き込まれていったものであることが明らかになった。

三　長講堂領の成立と出羽国大泉庄

1　長講堂領の成立

ここでは、長講堂領の成立について目録の変遷とともに考えていきたい。

後白河院の御所六条殿に付属する持仏堂である長講堂の創建は元暦元年（一一八四）頃と推定されている。[28]その後、六条殿および長講堂は文治四年（一一八八）四月に焼失したものの、その年の十二月には再建、移徙の儀が行われた。菊池紳一氏[29]は、長講堂の造営が院分国である播磨国の所課であったことから、六条殿の再建や移徙の儀式の過程ではまだ長講堂領に付属された荘園群の存在はみられないと指摘する。その上で、後白河院が管轄していた荘園のなかから長講堂の寺用に宛てる荘園を寄付し、長講堂領が成立したとする。

菊池氏が長講堂領成立の指標としたのは、後白河院が没する直前の建久三年（一一九二）正月に定めた長講堂起請[30]

である。この起請の「一　荘園事」には、「右庄々、或多年領掌之地、或往古不輸之領、尋捜子細、寄附仏閣、以其地利定宛寺用、向後牢籠、大小国役、永可随停止之由可被下官符」と記される。つまり、後白河院は「多年領掌之地」や「往古不輸之領」を選び出し、長講堂での仏事用途を捻出したのであり、加えて「大小国役」の停止を官符で下すことを明示しているのである。となれば、菊池氏が指摘するように、長講堂領はすでに立荘を遂げていた後白河院領のなかより、長講堂での仏事用途を捻出する荘園群として集積され、改めて長講堂領として設定されたものということになる。これに先立って、長講堂での仏事用途の調達を目的に荘園の課役を細かく定めて作成されたのが、建久二年十月日長講堂領目録（建久目録）にあたる(31)。

最勝光院領の立荘と仏事体系のリンクを論じる高橋一樹氏(32)によると、後白河院妃建春門院を願主とする最勝光院領は、承安三年（一一七三）の落慶直後から寺用の調達を目的に六荘園がまとめて立荘され、その後も願主の国忌（法華八講）などの国家的仏事の増加に対応して新たに立荘が積み重ねられていったという。これに対し、十三世紀初頭に建立された七条院の御願寺歓喜寿院の場合、願主の女院が管領する既存の荘園を施入することが「佳例」といわれたことから、最勝光院領が次々と立荘された十二世紀との段階差を指摘する。そこでは、最勝光院領の形成をモデルとするような中世荘園の立荘は、寿永以後も引き続き行われるとされるが、果たしていつまでみられ、どの段階で止まるのかといった点についての明確な言及はない。

しかし、十三世紀初頭の歓喜寿院建立の際に「佳例」とされた、願主が管領する既存の荘園を施入するという現象は、すでに十二世紀末の長講堂領の成立時においても該当するように思われる。この時、最勝光院の建立と、長講堂や歓喜寿院の建立との間に段階差が生じた画期となるような要因を探るならば、治承寿永の内乱の影響によって御願寺領の立荘が減少していった可能性を想定できるのではないだろうか。

さて、長講堂起請と同じ建久三年正月には、「新熊野社条々起請[33]」と「最勝光院条々起請[34]」も定められている。それぞれ「一　庄園事」を定めた条規のなかで、新熊野社の場合は「右件庄々相伝領掌、不輸無妨之地、殊尋捜子細、皆所被寄附也、建立之後、大小国役、一切無勤仕」、最勝光院の場合は「右庄々、或多年領掌之地、或往古不輸之所、尋捜子細、寄附寺家、以其地利定宛寺用、向後牢籠、大小国役、永可停止之由、被下官符」と、ほぼ長講堂起請と同内容が記されている。いずれも「相伝領掌」・「多年領掌」の地であることから、落慶に合わせて立荘を遂げたものに加え、すでに立荘された相伝の荘園の寄進も含まれていたことが考えられる。

ここで、中世の所領認定の一つとして立荘を取り上げている上島享氏[35]の見解に注目してみたい。上島氏は、御願寺領は落慶前後に集積されたが、その所領にはその寺院に寄進された荘園とともに、他の天皇家領として立荘された荘園をも含んでいたと指摘する。そして、様々な経緯で集積された所領は官牒・官符などにより一括して不輸権が与えられる、一括免除を受けることで同寺領として確定されるという。

新熊野社の場合、すでに養和元年（一一八一）十二月八日後白河院庁下文案[36]によって所領の一括免除を受けているため「建立之後、大小国役、一切無勤仕」とだけ記されたと思われるが、最勝光院と長講堂の起請には所領の一括免除を受けるため「大小国役」を停止する官符を下す旨の記載が加えられたのであろう。

以上から、長講堂領の成立は、長講堂での仏事用途の調達が目的であったが、御願寺領として新たに立荘を遂げるのではなく、すでに寄進・立荘を遂げた後白河院領のなかから選び出し設定されたものと考えられる。その上で、上島氏の見解を援用するならば、長講堂起請には「大小国役、永可随停止之由可被下官符」とあるから、様々な経緯で集積された所領が官符によって「大小国役」の一括免除を受けることで、長講堂領として確定されたととらえることができる。

ところで、建久目録の末尾には、「不所課庄々」として一三カ所がみえる。この一三カ所の変遷を目録類ごとにまとめたのが【表】である。長講堂領の設定に際し、建久二年に集積されたこれら一三カ所は、院領ではあったが建久二年当時は何らかの事情により所課できない状況にあったと推測される。これに関して、大山氏は、「不所課庄々」を建久二年の時点では院領でありながら、年貢公事の納入が途絶し、早急の回復不能と認定された荘々といい、西国にもこのような荘園が勿論あったとしながらも、とくに東国の荘園が根こそぎ押領されつくしていることに注目し、武士勢力によって完全に制圧されていた坂東の地に源平内乱の影響を指摘する。これに対して、槙道雄氏(37)は、「不所課庄々」がとくに関東に集中しているわけではなく、全国的に分布しているとし、弓削嶋庄などを例に「不所課」とされた理由を、院近臣や女房らへのいわば「給与」とされ、かつ所課が免除されていたからであると分析する。

この「不所課庄々」のうち、とくに「近江錦部」・「生嶋」には「新立」との注記がある点は注目される。錦部は建久目録が初見であるが、生嶋に関しては康治年中に皇嘉門院領としてすでに立荘を遂げている(38)ことから、生嶋は長講堂領設定に際し新たに寄進され、院領（長講堂

【表】　建久目録の「不所課庄々」

荘園名	国名	建久目録	建長目録	応永十四年目録	応永二十年目録
高良社	筑後	不所課	記載なし	長講堂領	記載なし
弓削嶋庄	伊予	〃	女房別当三位家領	女房別当三位家領	記載なし
宍咋庄	阿波	〃	女房別当三位家領	女房別当三位家領	長講堂領
二嶋	周防	〃	女房別当三位家領	女房別当三位家領	記載なし
錦部(新立)	近江	〃	庁分	庁分	記載なし
御紙田	但馬	〃	上西門院新御領	長講堂領	記載なし
松村	摂津	〃	庁分	庁分	長講堂領
山内	相模	〃	雖有御領号不済年貢所々	雖有御領号不済年貢所々	記載なし
青嶋	甲斐	〃	記載なし	長講堂領	記載なし
仁科	伊豆	〃	記載なし	長講堂領	記載なし
富士	駿河	〃	庁分	庁分	長講堂領
生嶋(新立)	摂津	〃	庁分	庁分	記載なし
大泉	出羽	〃	記載なし	長講堂領	記載なし

領）としては「新立」であったため、錦部とともに未だ所課が定まっていなかったものと理解しておきたい。[39]この二庄は建長目録や応永十四年目録では「庁分」に分類され、「錦部保」・「生嶋庄」と記載されている。

また、前節での断簡の分析によれば、「不所課」だった③仁科庄・④青嶋庄は、貞応年間までには長講堂領の年貢額が再設定され、のちの目録ではそのまま「一　長講堂領」という荘園群に分類される。しかし【表】より、建久に集積された「不所課」の荘園は、全てがそのまま長講堂領として目録に記載されていくわけではなく、年貢額が設定し直された後に、「一　庁分」や「一　女房別当三位家領」などのまとまりをもった荘園群ごとに分類化されたかたちで、目録に記載されていることがわかる。これは「不所課庄々」に限らないことで、例えば、山城国下桂庄や伏見御領などは、建久目録では長講堂領として集積されたが、建長目録や応永十四年目録では「一　庁分」に編成されている。

このことは、建久二年に院領のなかより長講堂領として集積したものの、年貢収納に破綻が生じ、建久目録のままでは寺用を維持できなくなり、貞応年間までには再編成され年貢額も新たに定まったことを意味する。そしてこの結果が、建長目録あるいは応永十四年目録にみえるように荘園群ごとに再編成された形といえるのである。ただし、建長目録は再編後の、宣陽門院領処分に際し作成されたものであるから、年貢額は記さず荘園名だけを列記する形となっている。[40]一方、応永十四年目録は、島田益直が作成した目録の案文であるが、[41]はじめに「宣陽門院御領目録」（右肩に「長講堂領目六　益直注進」）とのタイトルが付されているように、目録の原型は鎌倉期の宣陽門院領時代のもので、年貢額も断簡の記載と一致していることから、応永十四年当時ではなく鎌倉期の数量を示しているといえる。

2　出羽国大泉庄の年貢について

最後に出羽国大泉庄の年貢について、長講堂領の成立・変遷を通じて言及したい。

応永十四年（一四〇七）三月日長講堂領目録案によると、出羽国大泉庄は「一　長講堂領」という荘園群に含まれ、次のように記載されている。

出羽国大泉庄

近来国絹二百疋進之、

年貢砂金百両　　御馬二疋

大泉庄の年貢は「砂金百両、御馬二疋」であったが、「近来国絹二百疋進之」と注記されている。大石直正氏[42]は、砂金と馬が年貢に定められたのがいつのことなのかはっきりはしないが、この目録の年貢は一応長講堂領成立期のものといわれていることから、この年貢が十二世紀つまり奥州藤原氏の時代に定められたものとする。しかし、出羽国の海岸部にある大泉庄の土宜が砂金や馬であったはずはないとし、この庄の年貢納入に奥州藤原氏が関わっていたかどうかは明らかでないが、頼長領の諸荘園（高鞍・本良・大曾禰・屋代・遊佐）と同様の経過で、金と馬を年貢品目とすることが決まっていったと推測する。その上で、奥州藤原氏の支配下では、奥羽の土宜はおしなべて金と馬になっていったとし、奥州藤原氏の滅亡後にそれが国絹（出羽国産の絹）になるのは、当然だったと述べる。

応永十四年目録に記載された出羽国大泉庄の年貢に、奥州藤原氏の時代、そして滅亡後の影響を想定するのは妥当であろうか。他の目録と前節での検討結果から、大泉庄の年貢額が定められた時期を推定してみたい。

建久二年（一一九一）十月日長講堂領目録によれば、「不所課庄々」のなかに「大泉」とあり、これが長講堂領大泉庄としての初見である。前述したように、長講堂領はすでに立荘を遂げていた後白河院領のなかより、長講堂での仏事用途を捻出する荘園群として集積され、改めて長講堂領として設定されたものである。よって、「新立」との注記がない大泉庄も建久二年以前にすでに院領荘園として立荘を遂げていた可能性は高い。建久目録の末尾に記された、大泉庄を含む一三カ所が「不所課」とされた理由は、源平内乱の影響や「給与」として所課が免除された可能性など荘園個々の事情が考えられるが、大泉庄の場合には、文治五年奥州合戦により荒廃し、建久二年の時点では未だ回復が見込めない状況にあった可能性も想定できるのではないだろうか。一方、建久の段階で「不所課庄々」に分類されたのは、遠隔地ゆえに所課が免除され、砂金・馬の年貢のみが京進されていた可能性も指摘されているが[43]、年貢注文断簡の分析によって、建久目録のままでは寺用を維持できなくなり、貞応年間までには長講堂領全体が再編成され年貢額も改めて決定されたことが明らかになったので、やはり大泉庄の長講堂領としての年貢額は建久の時点では定まっていなかったとみるべきであろう。

つまり、応永十四年目録に記された「砂金百両、御馬二疋」という長講堂領の年貢額それ自体は、建久二年十月以降に改めて定められたということになる。応永十四年目録に記載された荘園の年貢額は、年貢注文断簡に記載のある荘園のそれによれば、応永十四年頃の実態ではなく、むしろ鎌倉中期頃の年貢額を示しているといえる。大泉庄に関しても同様に、建久目録での徴収が破綻した後に再編成され、貞応年間までに新たに定められた年貢額であると思われる。

よって、鎌倉中期頃の大泉庄の年貢額は「砂金百両、御馬二疋」、応永十四年目録が作成される「近来」の年貢額が「国絹二百疋」ということになろう。それゆえ、「砂金百両、御馬二疋」は、長講堂領成立期の年貢額ではないし、奥州藤原氏の時代にまでさかのぼって定められたものと推定することはできないのである[44]。

まとめと課題

　本章では、奥羽の天皇家領荘園を確認した上で、奥羽の天皇家領のなかで唯一の長講堂領である出羽国大泉庄との関わりから、長講堂領の変遷について論じてきた。とくに「島田家文書」所収「長講堂領年貢注文断簡」に注目し、この断簡の人名比定や追筆の年紀などを分析した。その結果、長講堂領年貢注文の原文書は貞応年間に作成されたものであることを明らかにし、これが貞応年間以降～元徳二年頃までの百年以上にわたって年貢収納の際に用いられていたことを指摘した。また、長講堂領は建久二年に後白河院領のなかから選び出し設定されたが、年貢収納に破綻が生じ、建久目録のままでは寺用を維持できなくなり、断簡の分析結果が示すように貞応年間までには再編成され年貢額も新たに定まったと考えられる。それゆえ、応永十四年目録に記された大泉庄の年貢額「砂金百両、御馬二疋」は、建久二年十月以降、貞応年間までに新たに定められた鎌倉中期頃の年貢額を示すものであることを指摘した。

　ところで、近年の荘園成立史研究においては立荘論が提起され[45]、十一世紀末の白河院政初期の段階から院・女院・摂関と連携した近臣層が主体となって、いわば上から立荘が進められる荘園の存在が明らかになっている。このような立荘論の視座から荘園成立を説く高橋一樹氏によれば、免田や私領を中核にしつつも国衙領の加納・余田を包摂した広大な領域型荘園が立荘されることに重点を置き、従来、荘園成立の指標とされてきた寄進は、立荘に至る前段階としての位置づけに止まり、立荘こそが「中世荘園」の成立の指標ととらえられる[46]。高橋氏によって荘園公領制にかわる「中世荘園制」概念が提起された現段階においては、寄進地系荘園の先駆けとされる奥羽の荘園成立に関しても、立荘論の視座からの再検討が必要であるように思われる。

また、「辺境からのうねり」のなかで「日本の中世」が生み出されるという石井進氏[47]の問題提起を受けて、入間田宣夫氏は辺境からの「荘園化のうねり」について、立荘論をふまえた行財政史の観点から論じている。[48]入間田氏は、天皇家領・摂関家領として構立された荘園は、国府に対する所当官物（年貢）の納入を免除された「免税特区」であると同時に、国家的に承認された特定の用途に充当する財源を捻出するために設定された民間活力導入の「経済特区」であるととらえ、そのような姿を、摂関家領の高鞍・本良・栗原の三荘に見出すことができるか、という論点を提示している。従来、寄進地系荘園の先駆けとされる奥羽の摂関家領にみられた辺境からの荘園化の萌芽を、荘園成立史研究において改めて位置づける作業が今後求められよう。

一方、天皇家領の変遷に関しては、近年、榎原雅治氏によって八条院領荘園を例に、[49]鎌倉期以前の本家と室町期の本家を統一的にとらえる研究が行われている。このように荘園制を軸に中世を一貫してとらえる視角は、長講堂領荘園の分析においても必要であり、中世前期と後期の差異が認められる側面（例えば目録の年貢額が当時の実態と乖離するようになってくる状況）や、継続的にとらえられる側面を把握した上で、中世天皇家領の変遷をトータルに追究していくことも今後の課題となろう。

注

（1）大石直正「奥羽の摂関家領と前九年・後三年合戦」（原題は「奥羽の荘園と前九年・後三年合戦」、初出は一九八六年。のち『奥州藤原氏の時代』吉川弘文館、二〇〇一年に収録）。

（2）本章では、個別荘園名には史料表記上の「庄」の文字を、一般的な叙述には「荘園」・「立荘」の文字を用いている。

（3）大石前掲注（1）論文以外の、奥羽の荘園に関する主な先行研究を掲げる。豊田武「東北の荘園」（『歴史』三、一九五一年）。豊田武編『東北の歴史』上巻（吉川弘文館、一九六七年）。高橋富雄『奥州藤原氏四代』（吉川弘文館、一九五八年）。同「藤原氏と荘園」（『奥州藤原氏—その光と影』吉川弘文館、一九九三年。原題「奥州藤原氏と荘園の問題」、初出は一九五七年）。大石直正「中世の黎明」（小林清治・大石直正編『中世奥羽の世界』東京大学出版会、一九七八年）。同「奥羽の荘園公領についての一考察—遠島・小鹿島・外が浜」（高橋富雄編『東北古代史の研究』吉川弘文館、一九八六年）。同「陸奥国の荘園と公領—鳥瞰的考察—」（『東北学院大学東北文化研究所紀要』二二、一九九〇年）。勝野雄大「宮城の開発と庄園」（渡邊信夫編『宮城の研究』第二巻、清文堂出版、一九八三年）。奥野中彦「東北における荘園の成立とその特質」（『米沢史学』三、一九八七年）。『山形県史』第一巻、第八章（入間田宣夫氏執筆）。『講座日本荘園史5　東北・関東・東海地方の荘園』（吉川弘文館、一九九〇年）、「陸奥国」（遠藤巌氏執筆）、「出羽国」（伊藤清郎氏執筆）など。

（4）石井進「源平争乱期の八条院領—「八条院庁文書」を中心に—」（永原慶二・佐々木潤之介編『日本中世史研究の軌跡』東京大学出版会、一九八八年）には安元二年目録の全体が掲載されている。

（5）従来、「昭慶門院領目録」と呼称された目録の所領群は大覚寺統天皇家領の全容を示すものであることが、金井静香「中世における皇女女院領の形成と伝領—昭慶門院領を中心に—」（『中世公家領の研究』思文閣出版、一九九九年）により明らかにされた。この目録の名称を「大覚寺統所領目録」とすることについては、野口華世「安嘉門院と女院領荘園—平安末・鎌倉期の女院領の特質—」（『日本史研究』四五六、二〇〇〇年）を参照。

（6）遠藤巌『遥かなる流れ　上遠野家系図　上』（上遠野達三郎編集発行、非売品、一九八六年）九一頁。

（7）前掲注（3）『講座日本荘園史5　東北・関東・東海地方の荘園』所収「陸奥国」。

（8）遠藤前掲注（6）著。一方、吉井功兒「陸奥国菊田庄についての二、三の考察」（『福島史学研究』四七号、一九八七年）では、六条顕季にはたらきかけ菊田庄立庄を実現させたのが源義光であるとの見解が示されている。

（9）『兵庫県史　史料編中世九・古代補遺』。

（10）『兵庫県史　史料編中世九・古代補遺』。この目録の作成時期を、建長三年正月〜建長四年六月頃に比定することに関しては、本書第三章を参照。

（11）『兵庫県史　史料編中世九・古代補遺』。

(12)『兵庫県史　史料編中世九・古代補遺』。

(13) 大山喬平編『京都大学文学部博物館の古文書　第一輯　長講堂領目録と島田家文書』(思文閣出版、一九八七年)。以後、大山氏の所論は同書の解説による。

(14) なお、年貢注文断簡については、二〇一二年に京都大学総合博物館にて原本調査をさせていただく機会を得た。この時の調査をもとに、誤植等の箇所は訂正を施した上で翻刻を掲げる。

(15)『博物館の古文書』。

(16)『国史大事典』「伊賀氏の変」の項(石井進氏執筆)を参照。

(17)『尊卑分脈』によると、源通親の孫(あるいは子)にも定誉なる人物が存在するが、「僧正」との注記があり、僧都たる期間は判然としない。葉室顕頼孫の定誉の場合、『尊卑分脈』には「権大僧都法印」の注記、『平戸記』寛元二年十一月六日条には「定誉僧都」との記載があることから、その可能性を指摘した。

(18) 康治二年八月十九日太政官牒案(『安楽寿院古文書』『平安遺文』二五一九号)。

(19)『博物館の古文書』では、「安行」と翻刻しているが、原本調査した結果、「忠行」と判読した。

(20) 正応六年四月日「鷹司兼平処分状案」(『鎌倉遺文』一八一八二号)。なお、両庄に共通して追筆がみられる「左衛門尉成広」については、応永まで鷹司家の所有が続いていたことを考え合わせると、鷹司家に関係し両庄に権利を有する人物と思われるが、人物を特定するまでには至らなかった。

(21)『博物館の古文書』では、「前下野守定実」と翻刻しているが、原本調査した結果、「前下野守宣実」と判読した。

(22) 応永十四年目録によれば伊自良庄は「年貢絹七十疋」と記されるが、これは断簡が示す通り鎌倉期の年貢額であり、応永十四年当時の実態を表すものではないことがここからも確認できる。

(23)『建内記』正長元年十月十七日、同二十二日、同二十六日。

(24)「左馬頭入道」についてはこれ以上の手がかりがなく、人名比定までに至らなかった。

(25) 元徳二年、洞院実世は参議で右大弁だが三月一日には左大弁に転じる。柳原資明は三月一日に右大弁に任じられたが、三月二十二日には左大弁に転じる。万里小路季房は三月二十二日に右大弁・蔵人頭・中宮亮、四月七日には参議に任じられる。断簡では、弁官で参議の人物には「左大弁宰相□」のように記しており、ここでは単に「右大弁」とだけ記されている点に注目すれば、この追筆は、柳原資明が右大弁の期間（三月一日～二十一日）、あるいは万里小路季房が右大弁で参議になる以前（三月二十二日～四月六日）に追記された可能性が高い。

(26) 高橋一樹「院御願寺領の形成と展開―中世前期の最勝光院領を素材に―」（『国立歴史民俗博物館研究報告』一〇八、二〇〇三年）。

(27) 『博物館の古文書』。

(28) 八代国治「長講堂領の研究」（『国史叢説』吉川弘文館、一九二五年）。菊池紳一「長講堂領の成立について」（古代学協会編『後白河院』吉川弘文館、一九九三年）。

(29) 菊池前掲注（28）論文。

(30) 『鎌倉遺文』五八〇号。

(31) ただし、この目録は建久二年の原文書そのものではなく、少し後になって課役の納入状況が加筆されたものである（『博物館の古文書』）。

(32) 高橋前掲注（26）論文。

(33) 『鎌倉遺文』五七九号。

(34) 高山寺典籍文書総合調査団編『高山寺古文書』。

(35) 上島享「庄園公領制下の所領認定―立庄と不輸・不入権と安堵―」（『ヒストリア』一三七、一九九二年）。上島氏によれば、院政期に盛んに行われた立荘は、後鳥羽親政・院政期になるとその事例は大幅に減少し、承久の乱後には六例が確認できるにすぎないという。

(36) 『平安遺文』四〇一三号。

(37) 槇道雄「荘園群編成とその経営形態―荘園領主経済の実態分析―」（『院近臣の研究』続群書類従完成会、二〇〇一年）。

(38)『図書寮叢刊　九条家文書二』摂津国生嶋荘関係文書。
(39)一三カ所が「不所課」とされた理由は一概にはいえず、個々の荘園事情を考慮に入れなくてはならないと考える。
(40)本書第三章を参照。
(41)奥野高広『皇室御経済史の研究』（畝傍書房、一九四二年）ではすでに、応永十四年目録が原本や古写本でなく、寛政四年の謄写本であり、応永十四年の年貢額が当時の記録文書の記載と一致しないことが多いと指摘している。なお、東京大学史料編纂所所蔵の八代恒治氏所蔵文書「集」により謄写であることを確認した。
(42)大石直正「十二世紀の奥羽における地域の形成と交通」（『奥州藤原氏の時代』吉川弘文館、二〇〇一年）。
(43)『山形県史』第一巻、五〇八頁。
(44)ただし、大泉庄が長講堂領となる以前の院領荘園時代に、金・馬が年貢品目であった可能性自体を否定するものではない。
(45)川端新『荘園制成立史の研究』（思文閣出版、二〇〇〇年）。高橋一樹『中世荘園制と鎌倉幕府』（塙書房、二〇〇四年）。丸山仁『院政期の王家と御願寺』（高志書院、二〇〇六年）。川端氏と高橋氏は院・女院・摂関家の近臣層を実質的な立荘推進勢力とし、丸山氏は王家の御願寺領荘園の立荘主体は御願寺願主であるとする。
(46)高橋前掲注（45）著。
(47)石井進『日本の中世1　中世のかたち』（中央公論新社、二〇〇二年）。
(48)入間田宣夫「北から生まれた中世日本」（『中世の系譜　東と西、北と南の世界』高志書院、二〇〇四年）。
(49)榎原雅治「近年の中世前期荘園史研究にまなぶ」（『歴史評論』六五四、二〇〇四年）。

第五章　承久の乱後の天皇家と後鳥羽追善仏事

本章の視角

承久の乱によって後鳥羽—順徳皇統が、四条天皇夭逝によって後高倉—後堀河皇統が、それぞれ皇位を伝える皇統として断絶する。しかし、これらは皇位を伝える皇統としては断絶したが、天皇の菩提を弔う行事を継承する「皇統」としては存在し続け、それぞれの所領を基盤に分立し、所領の伝領とともに譲与者である天皇のための仏事の義務を負ったことが指摘されている。(1) 具体的には、後高倉・後堀河の菩提は、後高倉流の所領群を伝領した室町院、その後は室町院領の伝領者によって弔われていく。そして、本章で対象とする後鳥羽の菩提は、七条院領の伝領者、つまりはじめは修明門院（後鳥羽院妃・順徳生母）、その後は四辻宮善統親王（順徳皇子）によって弔われていくとされてきた。

しかし、後鳥羽の「皇統」に関しては、第二章において、後嵯峨の即位後に、修明門院が修していた後鳥羽追善仏事(2)が、後嵯峨によって徐々に接収されていった点を指摘した。ただし、後鳥羽の仏事は後嵯峨皇統に接収されたが、その仏事料所である七条院領は、後嵯峨によって接収されることなく、修明門院から孫の善統親王に伝領されていき、いわば順徳皇統に帰属したままであった。つまり、後鳥羽「皇統」の場合、後鳥羽の仏事だけが切り離されて後嵯峨皇統に吸収され、従来指摘されているごとく所領と仏事が一体となって伝領されていくのではなく、所領と仏事が分離して伝領されるという現象が発生したのである。しかし、その一方で、修明門院が執行したもう一つの仏事である、七条院の菩提を弔う仏事は、七条院領の伝領とともに四辻親王家によって継承されている。第二章では、この二つの現象について、後嵯峨が治天の君として、自らの王権護持に直接結びつくような後鳥羽のための仏事は接収したが、もう一方の、王権護持という意味合いの薄い七条院のための仏事は、そのまま七条院領を伝領した四辻親王家のもとで営まれていくことになったと結論づけた。

中世前期における天皇家の存在形態を解明する分析視角の一つとして、近年、皇統の変遷に注目した研究がみられる[3]。上述したように、皇位を伝える皇統のみならず、所領の伝領と仏事を一体化させて存続する「皇統」にも着目した場合、後鳥羽の「皇統」は所領と仏事が分離するという、一種特異な現象を示しているといえよう。ただし第二章では、後鳥羽の仏事が後嵯峨以降どのように行われていったのかについては、十分に論じることができなかった。そこで、本章では、承久の乱後の天皇家と後鳥羽追善仏事（とくに忌日に行われる法華八講[4]）のあり方について、とりわけ後嵯峨以降の変遷に着目しつつ論じてみたい。

ところで、中世後期における天皇家の追善仏事については、光厳院以降の法華八講の推移を追った曽根原理氏[5]や、室町期に開催された宮中八講や仙洞での追善儀礼に着目した三島暁子氏[6]の研究がある。曽根原氏の掲げる「室町時代の御八講」一覧によれば、十二世紀以来の伝統を誇る白河院追善のための法勝寺八講は、応安元年（一三六八）の二三九回忌を数えるまで継続して開催されている。氏は、白河・後白河の国忌八講は中世王権の確立者として敬されていたことを示すと述べるが、とくに「国王の氏寺」（『愚管抄』）たる法勝寺においてかくも長きにわたって開催されてきた白河の八講は、中世天皇家にとって大きな意義を有する仏事であったといえよう。白河のごとくとくに重視された追善仏事とは、その天皇が中世天皇家にとって画期となるような重要な祖先と認識されていたことを示唆している。ならば、自らの王権護持に直接結びつく祖先祭祀として、治天の君たる後嵯峨によって皇位皇統に収斂されることになった後鳥羽追善仏事にも、如上の認識を見出すことが可能であるか、注目してみる必要があろう。

また、天皇家の追善儀礼の特徴については、最近、天皇家固有の問題として、皇統の正統性を誇示する意味と結びつけて論じられているところであるが、(7)後鳥羽追善仏事を追うさいにもこの観点を踏襲したいと考える。また、後述するように、後鳥羽供養の背景に存する後鳥羽怨霊説との関わりにも十分留意する必要がある。以上の点を鑑み、本章では、後嵯峨以降の天皇家にとって、後鳥羽の追善仏事がどのような意義を有していたのかについて、具体的には、後鳥羽怨霊の鎮魂という目的と皇統の正統性誇示という意味の両側面を想定しつつ分析を加えていくことになろう。さらに、両統分立以降の治天の君による事例、あるいは南北朝期の広義門院の事例から、後鳥羽追善仏事が、まずは祖先祭祀を目的としてはじまっていき、その後祖先たるか否かにかかわらず治天の君が行う仏事として定着していったことを論じた上で、天皇家に固有の、皇統の正統性誇示という側面の歴史的意義を展望していきたい。

一　承久の乱後の天皇家

承久の乱後、新たに後高倉を始点とする皇統が治世に就くことにより、後鳥羽皇統は皇位を伝える皇統としての資格を一旦喪失する。しかし、隠岐に配流された後鳥羽自身はもちろん、後鳥羽皇統を継承する者達の動向は、常に公家・武家ともに注視するところであったといえよう。例えば、但馬に配流されていた六条宮雅成親王に関して、但馬より六条宮が黒衣を着し逃亡したとの噂が流れると、幕府は京中での黒衣法師を停止するなど敏感な反応を示している（『明月記』嘉禄二年十月十一日）。また、嘉禎元年（一二三五）には、九条道家がすでに没した土御門を除く後鳥羽・順徳の帰京を申し入れたものの、幕府によって拒否されるという出来事があった[8]。

このような状況下、仁治三年（一二四二）に四条が急死したことにより事態は一変する。後高倉―後堀河―四条と続いてきた皇位皇統の断絶により、すでに皇位とは無縁と思われた後鳥羽皇統の復権の可能性が一気に高まることになったのである。この時点で、後鳥羽皇統継承者としては、後鳥羽を継承する正統であった順徳皇統の忠成・善統、土御門皇統の邦仁、後鳥羽皇子六条宮雅成等が存在していた[9]。結局、周知の通り、幕府は次の天皇に、道家が推した順徳皇子忠成ではなく、土御門定通の推す土御門皇子邦仁（後嵯峨）を擁立した。

だが、公家勢力のなかにはこれに不満をもつ道家・平経高らの勢力が存在していたことは確かであろう[10]。例えば、後嵯峨即位四年目の寛元三年（一二四五）には、平経高が六条宮御所に度々参上しており、このころ道家による六条宮擁立の動きがあったことを指摘する見解もある[11]。一方、敗北を喫したものの、後嵯峨以上に有力な皇位継承者と目されていた順徳皇統であったゆえ、後嵯峨に不慮の事態が起これば、いま一度順徳皇統を担ぎ出すことを企図する公家勢力もいまだ存在していたであろう。順徳皇統は、後嵯峨皇統が確立するまでは、天皇家において皇位を継承する可能性をもった皇統として後嵯峨に脅威を与え続ける存在であった。

このように、皇位を継承したばかりの後嵯峨は、順徳皇統継承者に対する警戒心を常に抱いたままの船出であったから、天皇家のなかで自らの皇統を確立していくためには、その正統性を誇示することが必要不可欠であったと思われる。後嵯峨即位時点で、後鳥羽追善仏事は修明門院（と順徳皇統継承者）のもとにあったが、これをそのまま順徳皇統のもとに残すことは、後鳥羽の正統な継承者が順徳皇統たることを意味しており、皇位皇統として未確立な後嵯峨にとっては危険因子を残すようなものであった。つまり、後嵯峨にとって祖父にあたる後鳥羽の追善仏事は、自らの皇統の正統性誇示に重要な意味を与えるものであり、そのため後嵯峨は、順徳皇統復活の芽を摘み取るかのごとく、後鳥羽追善仏事を自らのもとに接収していったのであり、そこには、後鳥羽を継承する正統は順徳皇統であるとする認識を払拭し、後鳥羽―土御門―後嵯峨皇統こそが正統であると位置づけ直す目的があったといえよう(12)。

一方、後嵯峨のこのような思惑とは別のところで、後鳥羽の怨霊が災いを起こすとの噂が、後鳥羽の生前より囁かれていたが、後鳥羽が延応元年（一二三九）二月二十二日、帰京を果たせぬまま隠岐に没して後は、なおいっそう怨霊説が高まっていくことになる。

後鳥羽怨霊説に関して、川合康氏(13)は、仁治三年（一二四二）に「顕徳院」から「後鳥羽院」へ諡号変更を強行したのが土御門定通であったことに注目し、後嵯峨の践祚を実現させ、外戚として自己の地位を確立した定通にとっては、後嵯峨の擁立を疑問視し、順徳皇統の復活を促す怨霊説の広がりは、幕府と同様都合の悪い問題であり、定通は諡号を改めることによって、後鳥羽が怨霊の主体であること自体を否定し、北条泰時の死を契機に高まりが予想された怨霊説の矛先をかわそうとしたとする。その上で、これ以後、後鳥羽の怨霊は後嵯峨皇統の定着ともあいまって政治的意義を喪失し、鎌倉末期までにはむしろ後鳥羽は不徳の君主として定着していくという。また、持明院統にせよ、大覚寺統にせよ、両統とも後嵯峨を起点とする皇統であり、後嵯峨の即位はいずれにせよ正当視されねばならなかったとした上で、後嵯峨即位の正当視は、承久の乱の結果と幕府による戦後処理政治を正当化するところから生じると述べる。

【系図1　天皇家略系図Ⅰ】

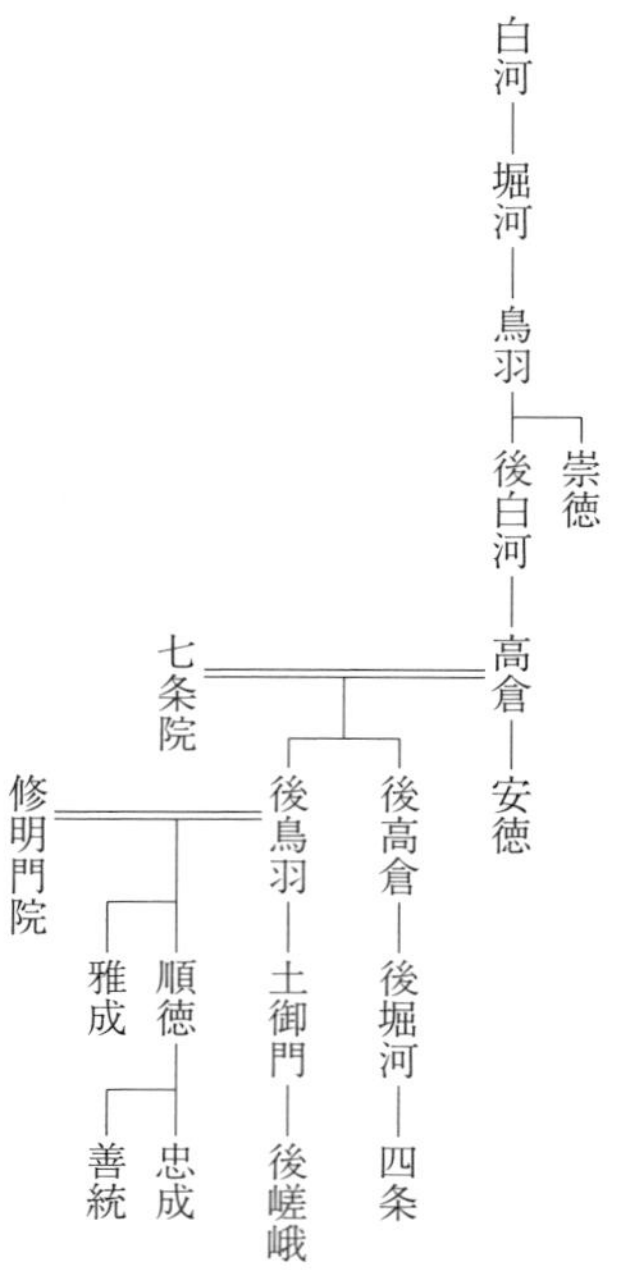

つまり、川合氏は、鎌倉幕府の天皇観を検証していくなかで、後嵯峨即位の正当性を、承久の乱を起こした後鳥羽に対する帝徳批判にみていて、後嵯峨を、承久の乱に否定的であった土御門皇統継承者としての立場（順徳皇統に対立）からとらえているといえるのではないだろうか。また、後鳥羽は鎌倉末期までには不徳の君主として定着していくというが、ならば不徳の君主と認識されはじめるのは誰によっていつからなのか、という問題は残っているように思われる。

確かに、後嵯峨は鎌倉幕府によって擁立された天皇であったから、その即位の正当性は幕府によって保障されざるを得なかった。しかし、幕府による即位の正当化だけでは、後嵯峨皇統の確立に十分な根拠を与えるものにはならなかったのであり、後嵯峨は、天皇家のなかで対立する順徳皇統を抑え、自らの皇統の正統性を確立する必要に迫られていたのではないだろうか。

後嵯峨自身が、天皇家の皇位継承者の立場から、後鳥羽をどのように意識していたのか、という観点でいま一度、後鳥羽を再評価する余地が残されていよう。さらに、天皇家内での後鳥羽の位置づけは、後嵯峨皇統の定着に伴ってどのように変容していくのか、また、後嵯峨は確かに、承久の乱に否定的であったとされる土御門の皇子であるが、後鳥羽の孫でもあるという点はどのように評価するのかといった点も、十分に分析されているとは言い難い。そこで本章では、後嵯峨および両統分立以後の治天の君が天皇家内で後鳥羽をどう位置づけていたのか[14]という視点で、後鳥羽の再評価を試みたい。そのさい、後鳥羽の追善仏事にこそ、後嵯峨およびそれ以後の治天の君の、後鳥羽に対する意識が現れているとの見通しから、次節では具体的に後鳥羽追善仏事の変遷を追っていくことにする。

二　後鳥羽追善仏事の変遷

後鳥羽怨霊説の拡大と後鳥羽追善仏事の因果関係については、すでにいくつか指摘されているが、ここでは怨霊鎮撫という側面からは一旦離れて、後嵯峨即位以後に変容を遂げる後鳥羽追善仏事を具体的に検討していきたい[15]（【表1】後鳥羽追善仏事を参照）。

1　後鳥羽没後～後嵯峨院政期

後鳥羽の一周忌にあたる仁治元年（一二四〇）二月二十二日には修明門院が曼陀羅供を行い（表1№1）、仁治三年（一二四二）の忌日にも、安楽心院で営まれた法華八講に修明門院が臨幸している（表1№2）ことから、これらの仏事は修明門院の沙汰により修されたものと考えられる。

修明門院の沙汰で営まれてきた後鳥羽追善仏事に明確な変化が現れはじめるのは、後嵯峨即位後の寛元二年（一二

【表 1】 後鳥羽追善仏事

No.	年	西暦	年忌	開催場所	備　考	出　典
1	仁治元	1240	1 回忌	安楽心院ヵ	修明門院が曼荼羅供を修す	『平』仁治元・2・22
2	仁治 3	1242	4 回忌	安楽心院	修明門院臨幸	「後」仁治 3・2・21
3	寛元 2	1244	6 回忌	安楽心院	今年より「公家御沙汰」として開催	『平』寛元 2・2・19
4	寛元 3	1245	7 回忌	安楽心院	八講開催	『宗性』167 頁
5	寛元 4	1246	8 回忌	安楽心院	後嵯峨院が堂童子以下を催促	『民』寛元 4・2・18
6	宝治元	1247	9 回忌	安楽心院	後嵯峨院の御幸はないが院の誦経が修される。「修明門院令旨」により請僧決定	『葉』宝治元・2・18、『宗性』224 頁
7	宝治 2	1248	10 回忌	安楽心院	八講開催	「諸宗」(『大』宝治 2・2・22)
8	建長元	1249	11 回忌	安楽心院	左大臣以下公卿参入	『岡』建長元・2・22
9	建長 2	1250	12 回忌	安楽心院	「後嵯峨院宣」により請僧決定	『宗性』343 頁
10	弘長 2	1262	24 回忌	安楽心院	八講開催	「仁」弘長 2・2・18
11	文永 2	1265	27 回忌	大多勝院	今年より開催場所が大多勝院に変更	『深』文永 2・2・6、同・2・18
12	文永 4	1267	29 回忌	大多勝院	八講開催	『深』文永 4・2・18
13	文永 5	1268	30 回忌	大多勝院	「大多勝院御八講」と呼称	『深』文永 5・2・22
14	文永 7	1270	32 回忌	大多勝院	関白以下参入	『帝王』文永 7・2・22
15	建治元	1275	37 回忌	大多勝院	八講開催	「仁」建治元・2・21
16	弘安 2	1279	41 回忌	大多勝院	亀山院御幸	『勘』弘安 2・2・22
17	弘安 5	1282	44 回忌	×	神木事により八講を停止。22 日に仏事を行う	『勘』弘安 5・2・22
18	弘安 6	1283	45 回忌	大多勝院	八講開催	『実』弘安 6・2・18
19	弘安 10	1287	49 回忌	大多勝院ヵ	亀山院御幸	『実』弘安 10・2・18
20	正応元	1288	50 回忌	?	後深草院の沙汰は政務による。後深草院御幸	『公』正応元・2・18、『実』同日
21	正応 2	1289	51 回忌	亀山殿ヵ	八講開催	『勘』正応 2・2・18
22	正応 4	1291	53 回忌	?	八講開催	『実』正応 4・2・18
23	正応 5	1292	54 回忌	×	八講を停止し経供養のみ行う	『実』正応 5・2・22
24	永仁 2	1294	56 回忌	大多勝院	後深草院御幸。亀山院・後宇多院と会合	『実』永仁 2・2・18
25	永仁 3	1295	57 回忌	?	八講開催ヵ	『続』永仁 3・2・22
26	正安 2	1300	62 回忌	亀山殿	法皇一院(後深草院)御幸	『続』正安 2・2・18
27	乾元元	1302	64 回忌	大多勝院ヵ	後宇多院御幸	『実』乾元元・2・18

28	嘉元元	1303	65 回忌	亀山殿	八講開催	『続』嘉元元・2・18
29	徳治 2	1307	69 回忌	大多勝院	八講開催	「実（写）」徳治 2・2・18
30	応長元	1311	73 回忌	?	八講の結願	『園』応長元・2・22
31	正和 2	1313	75 回忌	×	免者あり。八講は無しヵ	『花』正和 2・2・22
32	正和 3	1314	76 回忌	嵯峨殿ヵ	八講開催。免者あり	『続』正和 3・2・22
33	正中元	1324	86 回忌	?	行法あり	『花』元亨 4・2・22
34	正中 2	1325	87 回忌	?	行法あり	『花』正中 2・2・22
35	元弘 2	1332	94 回忌	六条殿	後鳥羽院御影前で御経供養。八講の結願	『花』元弘 2・2・22
36	康永 3	1344	106 回忌	長講堂	八講の結願。免者あり	『園』康永 3・2・22
37	観応元	1350	112 回忌	×	免者あり。八講は無しヵ	『園』観応元・2・22
38	文和元	1352	114 回忌	?	御仏事ありヵ	『続』文和元・2・22
39	文和 2	1353	115 回忌	長講堂	経供養のみ開催。「広義門院御沙汰」として行う	『園』文和 2・2・22

（出典凡例）『平』:『平戸記』（増補史料大成）、「後」:「後中記」（大日本史料）、『宗性』: 平岡定海『東大寺宗性上人之研究並史料』中巻（臨川書店、1959 年）、『民』:『民経記』（大日本古記録）、『葉』:『葉黄記』（史料纂集）、「諸宗」:「諸宗疑問論義抄」（『大日本史料』宝治 2・2・22)、『岡』:『岡屋関白記』（大日本古記録）、「仁」:「仁部記」（東京大学史料編纂所影写本）、『深』:『深心院関白記』（大日本古記録）、『帝王』:『帝王編年記』（国史大系）、『勘』:『勘仲記』（増補史料大成）、『実』:『実躬卿記』（大日本古記録）、『公』:『公衡公記』（史料纂集）、『続』:『続史愚抄』（国史大系）、「実（写本）」:「実躬卿記」写本（東京大学史料編纂所所蔵、山科頼言・同忠言の写、明和 1～安政 3 年）、『園』:『園太暦』（続群書類従完成会）、『花』:『花園天皇宸記』（史料纂集）。
（注）開催場所の「×」は八講を停止した場合、「？」は仏事の開催場所に関する記載がなく不明な場合を示す。

四四）が最初である（表1№3）。後嵯峨親政期のこの年、はじめて「公家御沙汰」として執行され、関白二条良実以下多数の公卿の参列がみられるようになる。ただし、この時、安楽心院破壊のため法勝寺で行うことも検討されたが、結局、安楽心院において営まれたことは注目される。つまり、修明門院は「公家御沙汰」となってもなお、自ら所有する安楽心院という空間においては「本所」としての立場で後鳥羽の追善仏事に関与していたのである。

次に、後嵯峨譲位直後の寛元四年（一二四六）は、「安楽心院御八講、上卿弁参行、堂童子以下自院被催献、判官代資定奉行云々」（『民経記』同年二月十八日）とみえ、後嵯峨院によって堂童子以下が催し献ぜられ、院判官代が奉行している（表1№5）。この年の修明門院自身の関与は明らかでないが、後嵯峨院側が堂童子を催促するなど積極的であったといえる。翌宝治元年の安楽心院八講では「安楽心院御八講、右少弁奉行、雖無　御幸、自院被修御誦経、依吉日也、去年ハ不被行之」（『葉黄記』同年二月十八日）とみえ、後嵯峨院の御幸はないが、院によって誦経が修された（表1№6）。これに対し、八講の請僧は、「修明門院令旨」を受けて寺家廻請で行われている。つまり、宝治元年の安楽心院八講においては、修明門院のもとで僧名定が行われ、修明門院が「本所」として主体的に八講に参加する請僧を決定していたのである。

ところが、建長二年（一二五〇）には、後嵯峨「院宣」を受けて寺家廻請が行われるようになり（表1№9）、修明門院が掌握していた安楽心院八講の請僧決定権は、少なくとも建長二年までには後嵯峨院によって奪取されていたことが明らかとなる。後鳥羽追善仏事への修明門院の関与は徐々に後退していったといえよう。

さらに文永二年（一二六五）になると、後鳥羽の追善仏事は新たな画期を迎える（表1№11）。『深心院関白記』同年二月十八日条によれば、「安楽心院御八講、於　嵯峨殿大多勝院自今年可被行云々」と、文永二年からは大多勝院で開催されるようになる。すでに二月六日には近衛基平のもとに、「後鳥羽院御八講、自今年於亀山殿大多勝院可被行、初・後之間必可参者、年来於修明門院四辻殿被行也」との報せが届いていた（『深心院関白記』同年二月六日）。つまり、文永二年には、年来修明門院の四辻殿で執行されていた後鳥羽八講が、後嵯峨が造営した嵯峨殿（亀山殿）に付属する大多勝院に場所を変更することによって、修明門院の手から完全に離れ、後嵯峨の修す仏事として接収されてしまったのである。

後嵯峨の大多勝院で開催されるようになった前年の文永元年八月二十九日、修明門院は八三歳の生涯を閉じており、開催場所の変更は修明門院の死に起因すると思われる。修明門院の死去によって、後鳥羽追善仏事は名実ともに後嵯峨の手中に収められたのである。

この後の後嵯峨院政期の後鳥羽追善仏事は、文永四年まで「安楽心院御八講」と呼び習わされていたものが、文永五年（一二六八）には「今日大多勝院御八講結願也、仍　上皇御幸于亀山殿」（『深心院関白記』同年二月二十二日）と、開催場所名を取って「大多勝院御八講」へと呼称を変えていく（表1№13）。

以上、後鳥羽没後〜後嵯峨院政期の後鳥羽追善仏事は、修明門院が女院庁という一権門として執行してきた後鳥羽八講が、後嵯峨皇統によって吸収されていく過程であった。修明門院は、安楽心院・四辻殿という空間で執行される限りにおいては、「本所」として関与し続け、一方、後嵯峨は修明門院の死によって、ようやく大多勝院という自らの空間で、後鳥羽追善仏事を行うことが可能になったのである。後嵯峨にとっては、自らの皇統の安定的な確立を危うくする順徳皇統のもとに、後鳥羽追善仏事を留め置くことを阻止し、逆に自らの皇統の仏事として取り込み吸収することで、後鳥羽―土御門―後嵯峨と続く、後鳥羽の正統な継承者たることを、天皇家内そして公家社会に対してアピールすることが目的であったといえよう。

2　後嵯峨没後、両統分立〜南北朝期

ここでは、後嵯峨が文永九年（一二七二）二月十七日に没して以降の、後鳥羽追善仏事の変遷を追っていきたい。そのさい、比較として後嵯峨追善仏事についても合わせて検討する（【表2】後嵯峨追善仏事を参照）。というのも、この二つの八講は、後述するように「後嵯峨・後鳥羽両院御八講は他に異なる」ものと公卿によって認識された、天皇家の追善仏事のなかでも特異なものと位置づけられるからである。以下、後鳥羽と後嵯峨の追善仏事を、治世（政務）の交替に留意しながら検証していく。なお、後嵯峨の八講は二月十三日から忌日の十七日まで、後鳥羽の八講は二月十八日から忌日の二十二日まで、通常それぞれ五日間開催されている。

（1）治世の交替と追善仏事

まず、後嵯峨没後の亀山親政期には、後鳥羽追善仏事に関する記録がないため、後嵯峨の仏事にのみ言及しておく。後嵯峨一周忌にあたる文永十年二月には、六日に蓮華王院にて御法事が修され、忌日の十七日には亀山殿にて六十僧供養が行われている（『続史愚抄』同年二月六日、十七日）。

次に、亀山院政（後宇多天皇）期の後鳥羽追善仏事は、【表1】より、建治元年（一二七五）・弘安二年（一二七九）・弘安六年・弘安十年に大多勝院での八講の開催を確認できる。この間、弘安二年と弘安十年には後鳥羽八講への治天の君亀山院の御幸がみられる。一方、同時期の後嵯峨追善仏事は、文永十一年（一二七四）の三回忌に、後深草院は長講堂で、亀山院は嵯峨殿でそれぞれ仏事を行っている（『増鏡』草枕）。また、弘安六年（一二八三）に亀山殿で開催された後嵯峨八講の初日には、亀山院の御幸がみられ、翌十四日には八講終了後に「両院御会合、聊有盃酌御会、中御門大納言経任・権中納言師親・洞院中納言公守・家君・宮内卿経業等祗候御前、大略及終夜、今夜儀異他御会、殊勝儀也」（『実躬卿記』同年二月十四日）と、亀山院と後深草院が会合している様子がうかがえる。そして、後嵯峨十三回忌にあたる弘安七年には、八講に加え大宮院の沙汰で曼陀羅供も行われた（『勘仲記』同年二月十三日）。

以上、亀山院政期における後鳥羽追善仏事は、治天の君亀山院の御幸がみられることからも亀山院の沙汰で八講が開催されたものと思われる。一方、後嵯峨追善仏事は、亀山院沙汰の八講に加え、後深草院・大宮院の沙汰による仏事も行われている。

さて、弘安十年（一二八七）十月、治世（政務）は大覚寺統亀山院政から持明院統後深草院政に交替する。そこで、治世の交替による追善仏事の変化に着目してみたい。まず、交替後最初に行われた正応元年（一二八八）の後嵯峨追善仏事からみていく。

伝聞、今日後嵯峨院御八講初日也、近年万里小路殿御沙汰也、而依世間事、自今年無御沙汰、仍大宮院御沙汰云々、最初ハ即彼女院御沙汰云々、仍如此歟、権弁雅藤朝臣奉行女院自元御座亀山殿、院自北山今日白地幸彼御所、事了還御有栖川殿、毎日自彼御所可幸云々、万里小路殿今年無御幸、依世間事歟、但結願可有御幸云々、

（『公衡公記』正応元年二月十三日）

後嵯峨八講は近年、「万里小路殿」（亀山院）が沙汰してきたのだが、「依世間事、自今年無御沙汰」と、治世が亀山院政から後深草院政に交替したことにより、今年からは、亀山院の沙汰で行われなくなったのである。今回大宮院の沙汰となったのは、最初は大宮院が沙汰していたからであり、「女院自元御座亀山殿」とあるように、大宮院は亀山殿に住する「本所」として沙汰したと考えられる。また、八講初日には後深草院の御幸があり、結願の日まで毎日御幸が続けられた。これに対し、亀山院は今年、御幸がなかったが、それは「依世間事歟」とあるごとく治世の交替によるためであった。ただし、結願には亀山院も御幸する予定だという。

実際、結願の十七日には、亀山院・後深草院がともに亀山殿に御幸し、対面を果たしている。この時は、「世間転変之後、今日始所有御対面也」（『公衡公記』二月十七日）とあるとおり、治世の交替後はじめての対面であった。また、八講の布施は「先本所女院御布施、次本院御加布施、次院御加布施等也」と、大宮院・後深草院・亀山院の三者が用意していた。この時、大宮院は「本所」として後嵯峨八講を沙汰していたことが確認できる。

つまり、後嵯峨追善八講は近年、亀山院の沙汰として行われてきたが、それは亀山院が治天の君であったためであり、治世が亀山院政から後深草院政に交替した直後の正応元年は、「本所」である大宮院の沙汰で行われることになったのである。後嵯峨八講は治天の君が行うべき仏事と認識されていたこと、ただし治世の交替により、この年は後家である大宮院が「本所」の立場で仏事を主催したことがわかる。

【表 2】 後嵯峨追善仏事

No.	年	西暦	年忌	開催場所	備　考	出　典
1	文永 10	1273	1 回忌	蓮華王院、亀山殿	6 日に蓮華王院で法事。17 日に亀山殿で六十僧供養	『続』文永 10・2・6、同・2・17
2	文永 11	1274	3 回忌	長講堂、嵯峨殿	後深草院は長講堂で、亀山院は嵯峨殿で仏事	『増鏡』草枕
3	建治元	1275	4 回忌	大多勝院	八講開催	「仁」建治元・2・13
4	弘安 2	1279	8 回忌	亀山殿	八講開催	『勘』弘安 2・2・15
5	弘安 3	1280	9 回忌	亀山殿	本院（後深草）御幸	『続』弘安 3・2・13
6	弘安 5	1282	11 回忌	×	神木の事により八講を停止	『勘』弘安 5・2・13
7	弘安 6	1283	12 回忌	亀山殿	亀山院御幸	『実』弘安 6・2・12、同・2・13
8	弘安 7	1284	13 回忌	亀山殿	13 回忌にあたり大宮院沙汰で曼荼羅供	『勘』弘安 7・2・13
9	弘安 10	1287	16 回忌	亀山殿	亀山院御幸	『実』弘安 10・2・13
10	正応元	1288	17 回忌	亀山殿、大多勝院	近年は亀山院沙汰。今年は大宮院沙汰、亀山院・後深草院御幸	『実』正応元・2・15、『公』同・2・13～17
11	正応 2	1289	18 回忌	亀山殿	八講開催。亀山院御幸	『勘』正応 2・2・12、同・2・13
12	正応 3	1290	19 回忌	亀山殿	亀山院御幸。後深草院逆修	『実』正応 3・2・13
13	正応 4	1291	20 回忌	亀山殿	後深草院が初日と結願日に御幸。 亀山院・後宇多院は 16 日に御幸	『実』正応 4・2・13～17
14	正応 5	1292	21 回忌	×	神木の事により八講を停止。忌日に供養	『実』正応 5・2・13、同・2・17
15	永仁 2	1294	23 回忌	大多勝院	後深草院臨幸	『実』永仁 2・2・12、同・2・13
16	永仁 3	1295	24 回忌	×	神木の事により八講を停止	『実』永仁 3・2・17
17	正安 2	1300	29 回忌	亀山殿	新院（伏見）御幸	『続』正安 2・2・13
18	乾元元	1302	31 回忌	亀山殿	後深草院・亀山院・後宇多院・伏見院・後伏見院が御幸	『実』乾元元・2・17
19	嘉元元	1303	32 回忌	亀山殿	亀山院・伏見院・後宇多院が御幸	『続』嘉元元・2・17
20	嘉元 3	1305	34 回忌	亀山殿	亀山院・後宇多院御幸	『続』嘉元 3・2・13
21	徳治 2	1307	36 回忌	亀山殿	上皇（後宇多）御幸	「実（写）」徳治 2・2・13
21	延慶 3	1310	39 回忌	亀山殿	伏見院御幸	『続』延慶 3・2・17
22	応長元	1311	40 回忌	？	八講開催	『園』応長元・2・13

23	正和3	1314	43回忌	×	免者あり	『花』正和3・2・17
24	文保2	1318	47回忌	亀山殿	八講開催	『続』文保2・2・13
25	元応元	1319	48回忌	亀山殿	八講の結願。後伏見院御幸	『花』元応元・2・17
26	元弘2	1332	61回忌	？	八講開催。御幸なし	『花』元弘2・2・17
27	貞和5	1349	78回忌	安楽光院	八講開催	「松」貞和5・2・17
28	貞和6	1350	79回忌	？	八講開催	「宸筆御八講記」
29	観応2	1351	80回忌	？	八講はなく経供養か	『園』観応2・2・17
30	文和元	1352	81回忌	？	御仏事ありヵ	『続』文和元・2・17
31	文和2	1353	82回忌	安楽光院 or 長講堂	八講はなく経供養	『続』文和2・2・17
32	正平21	1366	95回忌	荘厳浄土寺	南朝後村上天皇主催	「新葉和歌集」

（出典凡例）『続』:『続史愚抄』（国史大系）、「仁」:「仁部記」（東京大学史料編纂所影写本）、『勘』:『勘仲記』（増補史料大成）、『実』:『実躬卿記』（大日本古記録）、『公』:『公衡公記』（史料纂集）、「実（写本）」:『実躬卿記』写本（東京大学史料編纂所所蔵、山科頼言・同忠言の写、明和1～安政3年）、『園』:『園太暦』（続群書類従完成会）、『花』:『花園天皇宸記』（史料纂集）、「松」:「松亜記」（『大日本史料』貞和5・2・17）、「宸筆御八講記」:『続群書類従』巻758（26輯下）、「新葉和歌集」:『大日本史料』正平21・2・17
（注）開催場所の「×」は八講を停止した場合、「？」は仏事の開催場所に関する記載がなく不明な場合を示す。

次に、同じ正応元年の後鳥羽追善仏事についてみていきたい。

今日後鳥羽院御八講初日也、本院御沙汰也、就御治世歟、左少弁仲兼朝臣奉行、
（『公衡公記』正応元年二月十八日）

後嵯峨八講のみならず、後鳥羽八講にも治世の交替による変化が現れる。「本院御沙汰也、就御治世歟」とあるごとく、後鳥羽八講は治天の君である後深草院が沙汰することになったのである。また、『実躬卿記』同十八日条には、「今日後鳥羽院御八講初日也、富小路殿　有御幸、後日沙汰云々、奉行左少弁仲兼朝臣」とあり、後深草院は後鳥羽八講を沙汰するとともにこれに御幸していたことがわかる。

さらに、前掲『公衡公記』正応元年二月十八日条の頭書に、「抑後嵯峨・後鳥羽両院御八講異他之間、先々も雖宮司不相憚、立行香取布施也、沙汰事旧了」と記されているごとく、後嵯峨と後鳥羽の八講は他に異なる行事であると、参仕する公卿によって認識されていた点は注目すべきことである。

以上から、後鳥羽の仏事は、後嵯峨の没後は後嵯峨のための追善仏事と並んで、治天の君が自ら行うような、他とは異なる特別の追善仏事として、天皇家のなかでむしろ重視されていく

ようになったといえよう。

次に、正応三年（一二九〇）二月から持明院統の伏見親政がはじまると、後鳥羽と後嵯峨の追善仏事はどのように行われていくのか、追っていきたい。正応四年の後鳥羽八講は、「自今日後鳥羽院御八講也、日来左少弁光泰中沙汰、而俄中子細之間、顕家今日許奉行云々」（『実躬卿記』二月十八日）とだけ記され詳細は不明である（表1No.22）。一方、同年の後嵯峨八講は、初日の十三日と結願の十七日に後深草院の御幸がみられ、十六日には亀山院と後宇多院の臨幸があった（『実躬卿記』二月十三～十七日）。翌正応五年は「依神木事藤氏公卿不出仕、南都・山門等僧綱等又不相従公事之間、不被行之」（『実躬卿記』二月十三日）との理由で、後鳥羽・後嵯峨ともに八講は行われず、忌日に経供養のみ開催されている。永仁二年（一二九四）の後鳥羽八講には、「自今日又於大多勝院被行　後鳥羽院御八講、右中弁顕家朝臣奉行之、上皇有御幸云々」（『実躬卿記』二月十八日）とみえ、「上皇」後深草院の御幸があり（表1No.24）、また同年の後嵯峨八講には後深草院の臨幸があったことから（『実躬卿記』二月十三日）、後鳥羽八講および後嵯峨八講が、後深草院（あるいは持明院統）主導で開催されたとみてよいであろう。

以上から、伏見天皇親政期には、追善八講に天皇自身の行幸はなく、治世にある持明院統の後深草院が御幸していたことがわかる。天皇自身は仏事を忌避するために行幸しないものと思われ[16]、天皇に代わり院が追善仏事を行う役割を果たしていた。後鳥羽・後嵯峨の仏事は、天皇親政期の場合、治世にある皇統の院が御幸し、主導していたのではないだろうか。

続く永仁六年（一二九八）七月から開始する伏見院政（後伏見天皇）期に行われた後鳥羽・後嵯峨八講については、これを記録した同時代史料が現存していない。しかし、正安二年（一三〇〇）二月十三日の後嵯峨八講始には「新院」（伏見院）が御幸し、同十八日の後鳥羽八講始には「法皇一院」（後深草院）が御幸したことが『続史愚抄』に掲載さ

【系図2　天皇家略系図Ⅱ】

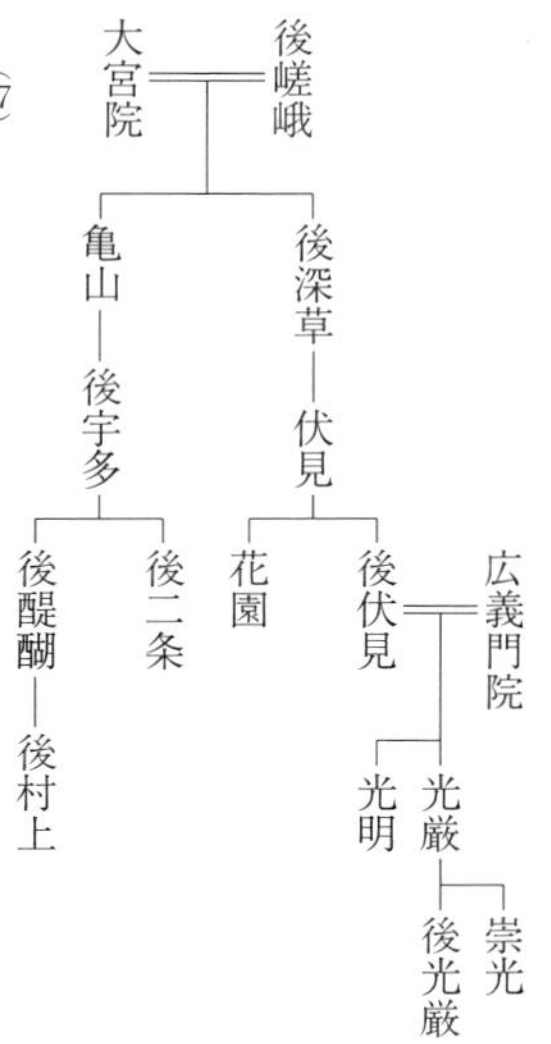

れている。[17]『続史愚抄』記載の後鳥羽・後嵯峨八講という限定付きで、[18]治世に就いている皇統の院の御幸がみられる点を指摘しておく。

では次に、治世が大覚寺統に交替し、後宇多院政（後二条天皇）がはじまる正安三年（一三〇一）正月以降の後鳥羽・後嵯峨追善仏事について取り上げる。まず、乾元元年（一三〇二）の後嵯峨八講には「後嵯峨御八講結願也、御忌日、仍御所々御幸亀山殿」、「今日両　法皇・三上皇各御烏帽子直衣、御座、希代事歟」（『実躬卿記』同年二月十七日）と記されるごとく、後深草・亀山両法皇と後宇多・伏見・後伏見の三上皇が亀山殿に御幸している。五人の院が一堂に会するのは「希代事」であった。このことは、両統の起点である後嵯峨のための追善に、この時期、両統ともとくに熱心であったことの現れと考えられる。

一方、同じ乾元元年の後鳥羽八講は、「今日後鳥羽御八講初日也、参仕公卿、中御門宰相宗冬、予、高倉宰相経守也、権右中弁光定奉行、上皇有御幸」（『実躬卿記』同年二月十八日）とあり、「上皇」後宇多院の御幸がみられる（表1№27）。治天の君である後宇多院の御幸は、治世が大覚寺統に交替したことに起因するのであろう。後鳥羽の仏事は、治天の君が行うべき仏事であった点がこの年からも読み取れる。

再び治世が持明院統に戻る徳治三年（一三〇八）八月からの伏見院政（花園天皇）期には、応長元年（一三一一）に後鳥羽・後嵯峨の八講がそれぞれ開催されたことが『園太暦』（同年二月十三日・二十二日）より確認できるが、詳細は不明である。

次に、治世が大覚寺統に交替した第二次後宇多院政（後醍醐天皇）期には、後嵯峨追善仏事の開催しかみられない。元応元年（一三一九）の後嵯峨八講には「今日依御八講結願、御幸亀山殿也、朕不参」（『花園天皇宸記』同年二月十七日）とみえ、後伏見院の御幸があったものと思われる。乾元元年同様、後嵯峨の仏事には治世に就いていない皇統の院（後伏見院）の御幸がみられた。後嵯峨の仏事は治天の君の沙汰で行われたものと思われるが、八講の開催される亀山殿には治世の有無にかかわらず、後嵯峨を起点とする両統の院の御幸がみられるという特徴がある。

（2）後鳥羽供養の盛行

元亨元年（一三二一）十二月よりはじまる後醍醐親政期には、後鳥羽追善仏事の開催が確認できる。正中元年（一三二四）と翌正中二年の後鳥羽忌日には、密教の修法である行法が行われている。

彼岸初日也、仍斎食別行、渡院行法、依後鳥羽院聖忌也、有慇懃御遺誡、仍近年如此、

（『花園天皇宸記』元亨四年二月二十二日）

入夜行法、依後鳥羽院御忌也、依遺誡之旨、毎月致勤行、今日故依為正日、令行法也、

（『花園天皇宸記』正中二年二月二十二日）

これまで後鳥羽の忌日には八講が開催されるか、もしくは八講を停止した場合でも経供養が行われてきた。密教の修法である行法が行われた記事はこれが初見であるが、『花園天皇宸記』によると「慇懃御遺誡」により近年は行法が

修されていたという。また、正中二年に至っては、「遺誡之旨」により毎月勤行しているが、正日ゆえ殊更に行法が修された。この時の「慇懃御遺誡」が何を指すのかが問題となろう。

さて、後醍醐の挙兵が失敗に帰し、元弘元年（一三三一）九月には、幕府の奏請により光厳天皇が践祚し第二次後伏見院政がはじまった。実は、この時期を前後して『花園天皇宸記』のなかに、これまでほとんど触れられることのなかった後鳥羽に関する記事が頻出するようになる。

　於御持仏堂、被供養後鳥羽院宸筆名号三尊一幅、澄俊僧都為導師、弁説尤神妙、事了取女院御衣、自簾下上皇直給之、仰云、楚忽啓白無所遣、殊随喜々々、歓喜退出、

（『花園天皇宸記』元亨二年閏五月二十二日）

元亨二年（一三二二）閏五月の忌日には持仏堂で「後鳥羽院宸筆名号三尊一幅」の供養が行われたが、それは「上皇」後伏見院の主導であったことがうかがえる。また、光厳践祚後間もない元弘元年（一三三一）十一月には、「行法等如例月、今日参御影《後鳥羽院》御前、読法華経序品、是自去比被渡此御所也、仰慈快、令読法華一部」（『花園天皇宸記』十一月二十二日）、「自今日、於後鳥羽院御影御前、毎日行法一座可懃仕之由、仰慈快了」（『花園天皇宸記』十一月二十三日）と、後鳥羽御影前において法華経の読誦や毎日の行法が修されるなど、後鳥羽の供養が盛んに行われた様子が明らかとなる。そして、第二次後伏見院政になって最初の後鳥羽忌日となる元弘二年には、「入夜於後鳥羽院御影前、行法法花、不懸別本尊、一座」（『花園天皇宸記』二月二十日）と、二十日と翌二十一日に後鳥羽御影前で行法が修され、忌日の二十二日には次のような仏事が営まれた。

　今日於後鳥羽院御影前、有御経供養事、憲守為導師、法花経一部外、宸筆阿弥陀経被副之、啓白了下座之間、自簾下上皇令押出紅梅二衣給、憲守取之退下、（中略）入夜行法如昨日、

今日御八講結願如例、無御幸、依世間不静也、今年於六条殿被行之、是先度政務之時例也、今日無免者、依即位以前也、是先例也、十七日又如此云々、

（『花園天皇宸記』元弘二年二月二十二日）

後鳥羽御影前にて経供養が修され、夜には昨日のごとく行法も行われた。また、八講も開催されたが、世上の騒乱により後伏見院の御幸はなかった。この年は六条殿での開催となったが、「是先度政務之時例也」と、以前持明院統が政務に就いていた時の先例によっていたことがわかる。また、光厳の即位以前であったため先例によって免者がなかったが、「十七日又如此云々」とあるように後嵯峨の忌日も同様であった。さらに、十七日条の頭書「今日後嵯峨院御八講、無御幸、如例云々」によると、後嵯峨の八講へも同様に後伏見院の御幸はなかったことがわかる。

この時期、これまで年忌仏事として八講が行われてきたのに加え、月忌にも行法が修されるなど、後鳥羽の供養は盛んになっていく。その背景にはどのようなことが想定されるであろうか。

両統の対立の激化、そして後醍醐の挙兵失敗と相前後して、治世にないにもかかわらず持明院統内において後鳥羽の供養が重視されてくるのは、この時きわめて皇統の安定性を欠いた状況にあったことが影響していると考えられる。月忌にも盛んに行法を行い、後鳥羽供養に勤めるといった姿勢には、後鳥羽に皇統の安定を祈念する意図があったのではないだろうか。

『花園天皇宸記』元応二年（一三二〇）十二月二十日条によると、「今日自院御方、後鳥羽院文永御託宣記七巻給之、有恐之間、着大口披見之、殊以厳重也、尤可信事歟」とあり、花園院は後伏見院のもとより「後鳥羽院文永御託宣記」なるものを賜わっていたことが知られるが、この内容を「尤可信事歟」と記すほど、花園院が後鳥羽に対して強い関心を抱いていたことは確かであろう。(19) 先に、正中元年（一三二四）と翌二年の後鳥羽忌日に修された行法においては、

「慇懃御遺誡」を守って勤仕していた点を指摘したが、この「慇懃御遺誡」とは後鳥羽の遺誡を指すのではないだろうか[20]。この時期、後鳥羽の供養が盛行したのは、皇統の存続がきわめて不安定な状態にあったことを反映していると思われるが、一方でそれだけ後鳥羽が皇統の安定のために威力をもつ先祖と認識されていたことを示していよう[21]。

（3）南北朝と追善仏事—小括—

最後に、南北朝期の後鳥羽・後嵯峨追善仏事について言及した上で、後嵯峨没後から南北朝期を通しての小括をしておきたい。

まず、後鳥羽追善仏事は、北朝の光厳院政（光明天皇）期にあたる康永三年（一三四四）、後鳥羽忌日に長講堂において八講の結願が行われている（表1No.36）。こののち後鳥羽追善仏事は、文和二年（一三五三）に「広義門院御沙汰」で営まれた経供養を最後に行われなくなるが、これに関しては次節3項で詳述する。一方、後嵯峨追善仏事は、北朝の光厳院政（崇光天皇）期にあたる貞和五年（一三四九）、貞和六年、観応二年（一三五一）に八講あるいは経供養が行われている。後嵯峨の仏事に関して興味深いのは、正平二十一年（一三六六）、南朝の後村上天皇主催により、荘厳浄土寺において後嵯峨追善八講が開催されている点である（『新葉和歌集』）。南北両朝とも後嵯峨の仏事を行っているが、それは両統の祖にあたる後嵯峨の八講を開催することにより、自統の正統性を誇示する目的があったためである[22]。

以上、後嵯峨没後、両統分立〜南北朝期までの後鳥羽追善仏事の変遷を、治世（政務）の交替に留意しながら、後嵯峨追善仏事と比較する視点で検討してきた。後鳥羽の八講は、後嵯峨の没後、後嵯峨の八講とともに治天の君が行う他とは異なる特別の仏事として位置づけられ、天皇家のなかで重視されていくようになる。とくに後鳥羽の仏事の場合、治世の交替とともに治天の君である院が仏事を主催するようになる点が顕著である。ただし、天皇親政期には天皇自身の仏事への行幸はなく、治世にある皇統の院が御幸していた。また、両統の対立の激化、そして後醍醐の挙兵失敗など、皇統の安定性を欠いた状況にあって後鳥羽の供養が重視された点についても指摘し、後鳥羽が皇統の安定のために威力をもつ先祖と認識されていた可能性を示唆した。

一方、後嵯峨の仏事は、亀山院政から後深草院政に治世が交替すると、それまで治天の君であった亀山院が沙汰してきた八講が大宮院の沙汰へと替わった。このように後嵯峨八講は治天の君が沙汰する仏事であったが、後家である大宮院が「本所」として沙汰をする場合もあった。また、後嵯峨八講に特徴的な点は、治世にかかわらず、両統の院の御幸がみられることである。とくに乾元元年、両法皇・三上皇が一堂に会した後嵯峨八講はまさに「希代事」であった。そして南北朝期になると、後嵯峨追善仏事は、後嵯峨が両統の起点であることから、南北両朝がそれぞれ別に仏事を開催し、各皇統の正統性を誇示するようになる。

さて、本節での検討をふまえると、鎌倉末期までには不徳の君主として定着していくとされる後鳥羽への評価とは裏腹に、天皇家のなかではむしろ後鳥羽追善仏事の重視が看て取れる。徳治主義の高揚、天命思想に基づく後鳥羽の帝徳批判が公武を問わず定着していたという鎌倉末期の情勢が指摘される(23)一方で、後鳥羽の供養を決して怠らない天皇家の意識をどのように解釈すべきか。次節では、後鳥羽怨霊の鎮魂と皇統の正統性誇示の両面から、後鳥羽追善仏事の意義を考えていきたい。

三　後鳥羽追善仏事の意義

本節では、後鳥羽追善仏事の意義について、崇徳院怨霊との比較や後鳥羽院御影堂領の事例を通じ後鳥羽怨霊の鎮魂という側面を考察し、さらに「広義門院御沙汰」による後鳥羽追善の事例から皇統の正統性誇示の側面を検討していきたい。

1　崇徳院怨霊との比較

後鳥羽怨霊に関しては歴史学に加え、国文学的な観点からもすでに検討があり[24]、後鳥羽追善仏事の意義の一つとして、後鳥羽怨霊鎮魂の目的があった点は首肯できることであろう。ところで、中世天皇家の怨霊鎮撫といった場合、保元の乱で敗れ、後鳥羽と同様に帰京できぬまま配流先の讃岐で没した崇徳院の怨霊が、まず想起される。崇徳院怨霊を中心に検討した山田雄司氏によると、「国家と関わる怨霊の鎮魂は、王権にとっては欠かすことのできない行為」であるという[25]。

後白河院が治承元年（一一七七）の崇徳の忌日に、成勝寺（崇徳御願）で法華八講を行って以来、成勝寺は崇徳の菩提を弔うための寺へと性格を変えていき、寿永三年（一一八四）には崇徳を祀った粟田宮が建立されるなど、崇徳院怨霊説の高まりとともにその鎮魂が為政者の政治課題でもあった。山田氏によると、ひとたび鎮まったかにみえた崇徳院怨霊は、後鳥羽怨霊の発生と展開のなかで、後鳥羽怨霊と絡み合って形を変えて再登場してくるという。そして、崇徳院怨霊を描く『保元物語』が作成されたのは、後鳥羽の怨霊が跳梁している時期であったので、これをもとに崇徳院怨霊の虚像が創造されたと指摘する[26]。後鳥羽怨霊の跳梁が崇徳院怨霊にも影響を与えたことに注目するならば、後嵯峨以降に後鳥羽追善仏事が重視されてくるのと同時期に、崇徳はどのように追善されていたのか、検討してみる必要がある。もし両者の追善に相違がない場合は怨霊鎮魂という共通の目的が想定されるが、両者に相違がある場合は後鳥羽には崇徳にない特別の意義が付せられていたことの証左となろう。

まず、後嵯峨即位直後の状況からみていきたい。『平戸記』仁治三年（一二四二）五月七日条によると、後高倉の忌日に修す安楽光院八講を公家沙汰で行うべきか否かについての勅問御教書が、平経高のもとに到来した。近年、後高倉の八講は、孫の四条が公家沙汰として行ってきたが、皇位皇統が四条から後嵯峨に交替したことの影響を受けて、公家（後嵯峨）の沙汰で行うことの是非が問題となったのである。というのも、後嵯峨にとって後高倉は「非継体之君」、つまり直接の先祖ではないからであった。(27) 中世天皇家の祖先祭祀は、皇統が異なる先祖に対する仏事は行わず、皇統を継承する直接の先祖のみを対象に、「皇統」（所領と仏事が一体化）を単位として行うのを基本としていた点がうかがえる。この時、『平戸記』同日条に引用されている官申状と外記状の文言に注目したい。官申状には「成勝寺御八講者、崇徳院御国忌候、代々被行之」、外記状には「安楽光院御八講、当代何様可有沙汰哉事、如此御八講、無相違被行例、成勝寺御八講（崇徳院御料）之外、不詳歟、但頗難被准據歟」と記されている。ここから、崇徳追善の成勝寺八講は、国忌に代々行われるものではあったが、今回問題となった公家沙汰の是非に対し、崇徳の八講は、準拠しがたい先例とみなされていた点が読み取れる。中世天皇家は「皇統」ごとに直接の先祖を対象とした追善仏事を修しているが、崇徳の八講は、祖先祭祀とは性格の異なる仏事であったといえよう。

　次に、文永十年（一二七三）の粟田宮八講に関する史料を掲げる。

　粟田宮御八講、今年為後院沙汰被行之、予可参行之由被仰下、近年為院中沙汰之時、無院司参行之儀云々、予可参行之由有別仰、

（『吉続記』文永十年八月十九日）

　今日粟田宮御八講初日也、後院々司可参行之由、有沙汰、予可参行者、着束帯、先参内、次参宮、（中略）軽服可有憚之由申之、御八講非神事之間申領状畢、而講演於神前拝殿被行之、仍不及着座退出、凡十餘年無院司参行之例之由、庁申之、依興行、可参行之由、有時議、僧名十口（社家請定）、布施社家沙汰、仏具供物庁沙汰云々、

（『吉続記』文永十年八月二十二日）

後嵯峨没後の亀山親政期にあたるこの年は「後院沙汰」として行われ、興行により後院院司の参行が命じられた。しかし、後嵯峨院政期であった近年は「院中沙汰」として行われ、その間十年余り院司の参行もなかったのである。

一方、後嵯峨院政期の後鳥羽追善仏事には、公卿院司の参行がみられることから、後鳥羽と崇徳の追善はそれぞれ異なる意義を有していた可能性がある。つまり、後嵯峨にとって祖父である後鳥羽は祖先祭祀の対象であり、さらに後鳥羽の仏事は後嵯峨皇統に正統性を付与する役割を果たしていたのである。これに対し、崇徳の八講には後嵯峨院司の参行がみられず、また布施は崇徳を祀った粟田宮の社家沙汰であった点などから、直接の子孫でない後嵯峨にとって、崇徳は自らの皇統に正統性を付与する存在ではなかったのである。

成勝寺や粟田宮は崇徳院怨霊鎮魂のための施設であり(28)、そこで営まれる崇徳の追善八講は、為政者にとって怨霊の鎮魂という一点の目的において重要な行為であったと考えられる。後嵯峨以後の治天の君によって後鳥羽の仏事が重視されているのに比べ、崇徳の追善が重視されていた様子はみられない。とくに崇徳の仏事に、両統分立以降、治天の君の交替に伴って仏事の主催者が交替するような現象がみられない点は、後鳥羽の仏事と決定的に異なる事象といえる。つまり、崇徳の場合は、その怨霊の発生が意識されていたために、国家に災いが及ばないよう鎮撫するという意味合いが非常に強いものであったが、追善仏事自体に中世天皇家の皇統の正統性を誇示するといった意義は含まれていなかったのである。これに対し、後鳥羽の追善仏事は、二節で検討したごとく、政務の交替ごとに仏事の主催者が交替するような、皇統の正統性を強く意識した、治天の君が行う重要な仏事であったといえる。

2　後鳥羽院御影堂領の保護

さて、後鳥羽怨霊が国家に災いを及ぼすことのないよう鎮撫する目的で為政者が行ったことに注目した場合、旧水無瀬殿の地に建てられた後鳥羽院御影堂に対する所領保護等[29]にこそ、怨霊鎮魂の意味が強く込められていたと思われる。例えば、永仁二年（一二九四）には井内庄に「後鳥羽院暦仁御手印之趣、不可被召放」由の伏見天皇綸旨が発給され[30]、また正和三年（一三一四）には水無瀬・井内両庄に「後鳥羽院御手印之地、異他之間」、後伏見院宣によって住吉社段米が免除される[31]など、代々の治天の君による知行安堵や所領寄進[32]が行われている。

この「後鳥羽院暦仁御手印」とは、暦仁二年（一二三九）二月九日「後鳥羽院御手印置文[33]」を指すが、そこには「於水無瀬・井内両方、無相違知行して、我後生をも返〱とふらふへし。（中略）たとひさりとも、このをして《押手》をそむきてこの領々をもをしとる《押取》ほどのことは、いかてかあるへきとこそ存すれ」と記載されている。後鳥羽の菩提を弔う水無瀬の地を侵すといった、「をして」つまり後鳥羽の手印が押してある置文に背く行為は後鳥羽の怒りを買い、祟りをなす怨霊の発動を招くことになると畏怖されていたのであろう。

また、その翌日、水無瀬信成に宛てた置文[34]には、「いつも只水無瀬に居住して、我後生を訪はん外、又他事あるへからす、ゆめ〱をこたる事なかれ、所詮我子孫の治天にあらすハ、信成・親成か後葉、一たひ朝庭に不可仕よし存也、ふかく此分を心得て、子孫にも申置へきなり」と記されている。後鳥羽は水無瀬信成・親成に代々、自らの菩提を弔うことを強く求め、さらに自分の子孫が治天に就く場合でなければ朝廷に出仕してはならないと遺詔している。このことは裏を返せば、後鳥羽は「我子孫の治天」を実は強く願っていたようにもとらえられるのである[35]。

ところで、後鳥羽の菩提を弔う水無瀬御影堂には、治天の君のみならず、幕府からも手厚い保護が加えられている[36]。そして、水無瀬御影堂に対する所領保護や寄進は、この後も中世を通じて行われていく[37]。これら天皇家・武家を問わず行われた所領の保護や寄進には、後鳥羽怨霊の発動を怖れた為政者による鎮魂の意味が深く込められていたといえよう(38)。

これに対し、後鳥羽の忌日に治天の君によって行われる八講には、後鳥羽怨霊の鎮魂とは全く別の論理で、天皇家に固有の、皇統の正統性誇示という意味が込められていたと思われるが、その点に関しては次項で詳述したい。

3「広義門院御沙汰」による後鳥羽追善仏事

後鳥羽の孫の後嵯峨が追善仏事を接収して以来、代々の治天の君にとっても後鳥羽は直接の先祖であったから、後鳥羽追善仏事には、祖先祭祀としての一面が内包されていた点を指摘することができる。さらに本項では、後鳥羽追善仏事が、皇統を継承する直接の先祖ゆえ追善するという意味だけではなく、治天の君が行う仏事としての意義を有していた点を最もよく示す、文和二年（一三五三）の事例を検討していきたい。

今日後鳥羽院聖忌、御八講有無事、綱所相遍何《昨カ》日来之時尋之、被行御経供養云々、

後鳥羽院御国忌、御経供養僧名、（中略）

於長講堂被行之、広義門院御沙汰云々、公卿不参、奉行右衛門佐高邦茂、

（『園太暦』文和二年二月二十二日）

後鳥羽の忌日に、八講ではなく「御経供養」が長講堂で修されたが、これは「広義門院御沙汰」によるものであった。そこで、この時の広義門院の立場を、今谷明氏が指摘した(39)、女院の「政務」との関係をもとに考えていきたい。

今谷氏によれば、広義門院（後伏見中宮西園寺寧子）は、観応三年（一三五二）六月、弥仁（後光厳天皇）践祚に先立って「政務」に就任し、治天の君のごとき役割を果たしたとされる女院である。この時、広義門院に期待された

権限とは、単に皇位の決定ではなく、皇位継承に正統性を与える、白河上皇以来の院政下践祚儀の主宰者としての行動であるが、それにとどまらず、弥仁にかわり、治天の君として国家の大権を行使するというものであったという。そして今谷氏は、広義門院の裁定事項として、弥仁の皇位、二条良基の関白職安堵および「天下政務」内々御計、以下観応三年末に至るまでの一〇項目を掲げ、広義門院が国制・儀礼の判断につき総てに最終決定者として臨んでいたことを指摘する。そのなかには、次の史料に掲げる、長講堂領の処分も含まれる。

諸国事、長講堂領事者女院御沙汰也、女院御沙汰事、経顕・資明・長光・宣明等、可被尋所存沙汰之云々、諸国事、禁裏御世務之由也、〻《(マ丶)》各別歟、尤不審事也、

（『園太暦』文和元年九月八日）

これは、持明院統（北朝）の主要な経済基盤として代々持明院統の家長に伝領されてきた長講堂領が、広義門院の管領するところとなったことを示す。ゆえに、翌文和二年二月に長講堂を開催場所とし、後鳥羽追善仏事が広義門院の沙汰として行われたのも、広義門院の治天の君（天皇家の家長）[40]としての行動と考えてよいのではないだろうか。

さらに、弥仁践祚のさいには継体天皇の先例が採用されたのであるが、この点についても注目してみたい。弥仁践祚時、神器は南朝方へ接収されていて、北朝方は神器を欠いていた。実は、このように神器を欠いた史上最初の践祚例は、寿永二年（一一八四）の後鳥羽の皇位継承であった。この時、神器は都落ちし西国へと向かった安徳の手中にあったため、後鳥羽は無神器の践祚となった。その際、九条兼実が用いた先例とは『日本書紀』を典拠とする継体即位＝無神器の践祚の例であった[41]。

つまり、弥仁と後鳥羽の践祚にあたっては、ともに継体天皇を先例とせざるを得なかった変則的なものであって、ここに弥仁と後鳥羽との践祚の共通性が認められる。とするならば、広義門院が、弥仁践祚後最初の後鳥羽忌日に追

善仏事を主催した背景には、弥仁の践祚に正統性を与える地位にある広義門院の、治天の君としての役割とともに、北朝皇統の安定を後鳥羽に祈念するという意図もあったのではないだろうか。よって、広義門院の沙汰で行われた後鳥羽追善仏事とは、治天の君（天皇家の家長）にとって、非常に重要な意義をもつ仏事であったととらえられる。[42]

また、広義門院の沙汰であったことに注目するならば、それは後鳥羽の子孫が行う天皇家の祖先祭祀としての意義を超えて、後鳥羽の子孫たるか否かにかかわらず、治天の君（「政務」）が行う王権護持の性格が強い仏事であったといえる。それは、広義門院自身は西園寺氏出身であり（皇女でない）、広義門院にとって後鳥羽は直接の先祖ではないにもかかわらず、後鳥羽追善仏事を沙汰している点から読み取れよう。広義門院の場合、後鳥羽が自らの祖父にあたる後嵯峨や、後鳥羽を先祖とするそれ以降の両統の治天の君が、自らの祖先祭祀の対象として後鳥羽を意識してきたのとは異なる意義をもつ。

広義門院の天皇家の祭祀に関わる立場とは、女院の地位にあったことが大きく影響しているように思われる。なぜなら、女院とは院政期以来、院とともに王権を護持する存在であったからである。[43]光厳・光明・崇光の三上皇が賀名生に連れ去られた状況下で、院に代わって、皇統の正統性を保障し、王権にも関わる後鳥羽追善仏事を主催する権限を、西園寺氏出身にもかかわらず広義門院が有したのは、院と並んで王権を護持する役割にあった女院の地位に由来するものである。このように、後鳥羽追善仏事とは、天皇家の祖先祭祀としての意義を超え、王権護持のために治天の君が行う重要な意義をもつ仏事であった。

さて、後鳥羽追善仏事は文和二年広義門院の沙汰で行われたのを最後に、史料上からその姿を消す。曽根原氏によると、室町時代には白河・後嵯峨など代々の治天の君の忌日仏事も消失し、直近の先祖の追善しか行われなくなってくることが指摘されている。[44]これは用途負担の問題や室町殿の武家八講の影響も絡んでくると思われる。しかし、後鳥羽追善仏事が用途を負担する所領（七条院領）と分離したにもかかわらず、かくも長きにわたって行われてきたことは重視すべきである。長講堂領を伝領してきた持明院統の代々の家長である、後白河・伏見・後伏見のための追善仏事は、所領とともに菩提を弔う行事を継承してきた事例であるが、いずれも長講堂領の被譲与者（持明院統・北朝）によって仏事が修されており、治世の交替によって仏事主催者が交替するような現象は生じていないのである。[45] このような、所領と仏事が一体となって継承する事例を除いた場合、長く追善の対象となっていたのは、白河・後鳥羽・後嵯峨という三人の治天の君であった。[46] 中世天皇家にとって、院政の創始者である白河、両統の起点となった後嵯峨とともに、後鳥羽の追善が重視されてきたことの意義は大きい。それは、後鳥羽怨霊鎮撫の目的のみならず、後鳥羽が白河・後嵯峨とともに、中世天皇家にとって皇統の正統性および王権の確立において重要な意義を付与する治天の君として崇敬され、長く追善の対象となっていたことを示しているのである。

むすび

最後に、後鳥羽追善仏事の変遷とその意義をまとめておく。

後鳥羽追善仏事は、はじめ修明門院により安楽心院で営まれていたが、皇位皇統となった後嵯峨によって、修明門院の有していた請僧決定権が奪取され、さらに大多勝院へと開催場所を変更することにより、完全に後嵯峨の修す仏事として接収されるに至る。後嵯峨には、順徳皇統のもとにあった後鳥羽の仏事を自らの皇統に取り込むことで、後鳥羽の正統な継承者として後嵯峨皇統を位置づける目的があった。

後嵯峨の没後、後鳥羽と後嵯峨の八講はともに治天の君が主催する、他とは異なる特別の仏事として天皇家のなかで重視されていくようになる。とくに後鳥羽の八講には治世の交替とともに仏事の主催者も交替する現象がみられ、治天の君である院が仏事を主催していた。ただし、天皇親政期には天皇自身の行幸はなく、治世に就いた皇統の院が御幸している。また、両統の対立の激化や後醍醐の挙兵失敗など、皇統の安定性をきわめて欠いた状況にあって後鳥羽の供養が重視された点についても言及し、後鳥羽が皇統の安定のために威力をもつ先祖と認識されていた可能性を示唆した。

後鳥羽追善仏事の意義については、後鳥羽怨霊の鎮魂と皇統の正統性誇示の両側面から検討を加え、まず崇徳院怨霊との比較から、後鳥羽の仏事には、怨霊を鎮撫する目的だけではなく、後嵯峨以降の皇位皇統に正統性を付与する意義も込められていた点を指摘した。また、天皇家・武家を問わず中世を通じ行われた後鳥羽院御影堂領の保護には、後鳥羽怨霊鎮魂の意味が強く込められていたのに対し、後鳥羽の忌日に治天の君の沙汰で行われる八講には、後鳥羽怨霊の鎮魂とは別の論理で、天皇家に固有の、皇統の正統性誇示という意義が付与されていたのである。

さらに、「広義門院御沙汰」による後鳥羽追善仏事の事例からは、天皇家の祖先祭祀としての意義を超え、後鳥羽の直接の子孫たるか否かにかかわらず、治天の君が行う王権護持の性格が強い仏事であった点を指摘した。院に代わって、皇統の正統性を保障し、王権にも関わる後鳥羽の仏事を主催する権限を、皇女でもない西園寺氏出身の広義門院が有したのは、王権護持の補完機能を果たす女院の地位に由来するものである。後鳥羽追善仏事は、院政の創始者である白河、両統の起点となった後嵯峨とともに重視される仏事であり、中世天皇家にとって、後鳥羽は白河・後嵯峨とともに、皇統の正統性および王権の確立に重要な意義を付与する治天の君の一人として長く崇敬され、追善の対象となっていたのである。

以上から、後鳥羽追善仏事は、後鳥羽の鎮魂と皇統の正統性誇示という両方の意義を有していたといえるが、後鳥羽怨霊鎮魂の側面に関しては、仏事の他にも、その怨霊の発生が意識されるたびに、為政者による所領保護という形での鎮魂が中世を通じて行われていく。これに対し、後鳥羽の仏事に皇統の正統性を付与する役割が込められたのは、その仏事が後嵯峨によって順徳皇統から切り離されたことにはじまり、後嵯峨の没後から南北朝期に至るまで皇統の分立が続くという特殊な状況のなかで特徴的に見出された、歴史的な意義を有する現象であると述べることが可能であろう。

ところで、後鳥羽の評価について、鎌倉末期までには不徳の君主として定着していくとされるが、これとは裏腹に、天皇家のなかではむしろ後鳥羽追善仏事の重視がみられる点をどのように解釈すべきかという問題がある。後鳥羽の帝徳批判とは、すなわち承久の乱を起こしたことへの批判であったと思われるから、皇統に正統性を付与する先祖として後鳥羽を意識していた天皇家、厳密には治天の君側の評価とは別次元であったと解釈しておきたい。この矛盾した後鳥羽に対する評価に関しては、今後さらに掘り下げて検証していく必要がある[47]。

さて、本章のはじめに述べたように、後鳥羽「皇統」は、所領と仏事が一体となって継承されていくのではなく、仏事だけが治天の君のもとへ接収され、所領は七条院領を継承した四辻親王家に帰属したままであった。これは、天皇の菩提を弔う行事を継承する「皇統」を支えてきた他の女院領が、持明院統と大覚寺統の両極に統合され、皇位を伝える皇統と合体した[48]のとは大きく異なる現象である。となれば、後鳥羽の仏事用途をどのように拠出していたのかが、次に問題となろう。仏事用途の問題は、今後の課題として提示するに留め、後考を期したい。

注

(1) 近藤成一「鎌倉幕府の成立と天皇」(『鎌倉時代政治構造の研究』校倉書房、二〇一六年、初出は一九九二年)。

（2）本章では、後鳥羽の忌日に行われた法華八講・経供養・行法などを総称して後鳥羽追善仏事と記す。

（3）近年の研究では、長田郁子a「鎌倉期の八条院領と天皇家―播磨国矢野荘と摂津国野鞍荘を中心に―」（『古文書研究』五一、二〇〇〇年）。同b「鎌倉期における皇統の変化と菩提を弔う行事―仁治三年正月の後嵯峨天皇の登位を中心に―」（『文学研究論集』一五、二〇〇一年。長田氏に倣い、皇位を継承する皇統を皇位皇統と記す。氏は、後嵯峨の登極が菩提を弔う行事に与えた影響を論じるなかで、後鳥羽の菩提を弔う安楽心院八講についても言及している）。菊地大樹「宗尊親王の王孫と大覚寺統の諸段階」（『歴史学研究』七四七、二〇〇一年）。栗山圭子「准母立后制にみる中世前期の王家」（『中世王家の成立と院政』吉川弘文館、二〇一二年、初出は二〇〇一年）。松薗斉『日記の家』（吉川弘文館、一九九七年）「第六章　天皇家」。河内祥輔『中世の天皇観』（山川出版社、二〇〇三年）などがある。また、服藤早苗「山稜祭祀より見た家の成立過程―天皇家の成立をめぐって―」（『家成立史の研究』校倉書房、一九九一年。初出は一九八七年）では、天皇家における家永続の要件としての祖先山稜祭祀の成立を論じている。

（4）法華八講を素材に祖先祭祀から「家」の成立過程を論じたものに、高橋秀樹「祖先祭祀に見る一門と「家」―勧修寺流藤原氏を例として―」（『日本中世の家と親族』吉川弘文館、一九九六年）や、佐藤健治「摂関家行事の成立―葬送と追善仏事を中心に―」（『中世権門の成立と家政』吉川弘文館、二〇〇〇年。初出は一九九四年）などがある。

（5）曽根原理「室町時代の御八講論義」（『南都仏教』七七、一九九九年）。

（6）三島暁子a「南北朝・室町時代の宮中御八講」、同b「南北朝・室町時代の追善儀礼と公武関係」（『天皇・将軍・地下楽人の室町音楽史』思文閣出版、二〇一二年。初出は二〇〇二年、二〇〇三年）。

（7）長田前掲注（3）b論文。本書第二章。曽根原前掲注（5）論文。三島前掲注（6）a論文。

（8）『明月記』嘉禎元年四月六日、同年五月十四日。

（9）近藤前掲注（1）論文。

（10）平経高は九条道家に近侍し、その政権を支えた人物であり、幕府の隆盛には常に批判的で、六条宮雅成親王の後見人になっていた（本郷和人『中世朝廷訴訟の研究』東京大学出版会、一九九五年、二五三頁参照）。

(11)『平戸記』寛元三年正月十八日、同年十月十五日など。本郷前掲注(10)著一〇四～一〇五頁。今谷明「国難きたる」(『創造の世界』一〇四、一九九七年)。
(12)長田前掲注(3)b論文。本書第二章。
(13)川合康「武家の天皇観」(『鎌倉幕府成立史の研究』校倉書房、二〇〇四年。初出は一九九五年)。
(14)政治史的な視座からは、白根靖大『中世の王朝社会と院政』(吉川弘文館、二〇〇〇年)において、後嵯峨院政の発足時、院殿上人の精選や御幸始など至るところで後鳥羽院政が先例として意識されていた、という指摘がある。また、文学的な視座からは、田渕句美子「鎌倉時代の歌壇と文芸」(近藤成一編『日本の時代史9　モンゴルの襲来』吉川弘文館、二〇〇三年)において、後嵯峨院歌壇が後鳥羽院時代を憧憬し模倣した点や、後嵯峨の孫の伏見も父祖である後鳥羽を少なからず意識していた点が指摘されている。
(15)後鳥羽追善仏事の全体像を示す目的で、その変遷を最初から追っていくため、第二章と重複する記述がある点をお断りしておく。
(16)海老名尚「中世前期における国家的仏事の一考察―御願寺仏事を中心として―」(『寺院史研究』三、一九九三年)。
(17)『続史愚抄』は江戸時代に編纂された編年史であり、記事には出典が注記されている。本章は後鳥羽・後嵯峨追善仏事を網羅するために『続史愚抄』の記載も一覧表に加えているが、『続史愚抄』に注記された出典の現存伝本にはその記事がない場合もあり、その扱いには慎重を期す必要があろう。
(18)ただし、いずれも『続史愚抄』が典拠としている『実躬卿記』の現存伝本にはその記載を確認できなかったので、八講が開催された確証とはならないであろう。しかし、『続史愚抄』編纂時には典拠となった史料が実在していた可能性もある。
(19)これとは別に、南北朝期の託宣書である『後鳥羽院御霊託記』(『続群書類従』巻九六四、三三輯上所収)が存在する。
(20)嘉禎三年八月二十五日後鳥羽院置文案には、「ましてわかちからをもて、よをしらせ給はん君、我菩提のほかの事をおこなはれんは、一こに御見のたゝりとなるへきこと也」との文言がみえ、後鳥羽は自らの菩提を弔うよう強く念じていた(山田雄司『崇徳院怨霊の研究』思文閣出版、二〇〇一年、二〇九頁を参照)。

(21) 同右後鳥羽院置文案には、「千万に一我子孫世をとる事あらハ、一かう、わかちからと思へし」との文言がみえる。後鳥羽が置文に、自分の子孫が治天の君になることがあれば我が力と思うべしと記している点は非常に興味深い。この置文の真贋については山田前掲注（20）著二一一～二一二頁を参照。

(22) 曽根原前掲注（5）論文。三島前掲注（6）a論文。

(23) 川合前掲注（13）論文など。

(24) 龍粛「承久聖挙の遺響」（『鎌倉時代の研究』春秋社、一九四四年）。藤井貞文「後鳥羽上皇御意志の成立—怨霊思想の解明の一として—」（『神道宗教』一三、一九五六年）。同「後鳥羽上皇怨霊の発動」（『神道宗教』三二、一九六三年）。松林靖明「この世の妄念にかかはられて—後鳥羽院の怨霊—」（『帝塚山短期大学紀要』人文社会科学編一八、一九八一年）。同「『承久記』と後鳥羽院の怨霊」（『日本文学』三四—五、一九八五年）。山田前掲注（20）著。田渕前掲注（14）論文など。

(25) 山田前掲注（20）著一〇一頁。

(26) 山田前掲注（20）著二二二頁。

(27) 近藤前掲注（1）論文。長田前掲注（3）b論文。

(28) 山田前掲注（20）著「第四章　崇徳院怨霊の鎮魂」。

(29) 後鳥羽怨霊の鎮魂を目的として建立された祠堂としては、旧水無瀬殿を解体して大原に移築された後鳥羽院法華堂や、鎌倉幕府が鎌倉鶴岡山麓に後鳥羽の御霊を勧請して建立した新若宮がある（山田前掲注（20）著二〇三、二一〇頁参照）。

(30) 「水無瀬神宮文書」九号（『島本町史　史料編』）。

(31) 「水無瀬神宮文書」十号（『島本町史　史料編』）。

(32) 例えば、文保二年、後伏見院宣により後鳥羽院御影堂料所として熱田社領尾張国大腋郷古布矢梨子袁田が寄進されている（「水無瀬神宮文書」十一号、『島本町史　史料編』）。

(33) 「水無瀬神宮文書」七号（『島本町史　史料編』）。

(34) 暦仁二年二月十日「被下信成卿勅書案」（「三条西実義氏所蔵文書」『大日本史料』延応元年二月九日条所収）。

(35) 後鳥羽の子孫である後嵯峨やその後の治天の君が、後鳥羽院置文の存在をどのように意識していたかは定かでないが、後醍醐は、後鳥羽院の「御置文正文」を水無瀬より取り寄せ、行法の壇上に置き祈念していた（永和二年五月「勅書注進状写」、「水無瀬神宮文書」六七号、『島本町史　史料編』）。

(36) 例えば、暦応二年、後鳥羽院水無瀬御影堂供僧等の訴えにより守護の兵糧譴責を停止する室町将軍家御教書が出されている（「水無瀬神宮文書」二二号、『島本町史　史料編』）。

(37) 「水無瀬神宮文書」（『島本町史　史料編』）を参照。

(38) 為政者による怨霊の鎮魂という点では、森茂暁『後醍醐天皇』（中央公論新社、二〇〇〇年）第六章において、後醍醐怨霊の跳梁と鎮魂について取り上げている。

(39) 今谷明「観応三年広義門院の「政務」について」（『室町時代政治史論』塙書房、二〇〇〇年、初出は一九九七年）。

(40) 治天の君としての広義門院の立場は、天皇家（持明院統）の家長と「政務」を合わせもつものと考える。

(41) 今谷前掲注（39）論文。

(42) 広義門院が政務に就いていた文和二年には、後鳥羽の仏事とともに後嵯峨の仏事も行われており（表2No.32）、この時、後鳥羽・後嵯峨の両仏事が重要な意義をもっていたといえよう。

(43) 野村育世「女院論」（『家族史としての女院論』校倉書房、二〇〇六年。初出は一九八九年）。本書第二章参照。

(44) 曽根原前掲注（5）論文。

(45) 曽根原前掲注（5）論文の「室町時代の御八講」一覧によると、後白河は延文二年の一六六回忌（中止）、伏見は観応二年の三五回忌、後伏見は貞和四年の一三回忌まで確認できる。

(46) 白河追善の法勝寺八講も代々の治天の君が沙汰する仏事であったと思われる。海老名前掲注（16）論文によれば、治天の君は、六勝寺等の伝領により、そこで行われる仏事も管領していたという。

(47) 本章は、羽下徳彦編『中世の地域と宗教』（吉川弘文館、二〇〇五年一月）に掲載された論文「承久の乱後の王家と後鳥羽追善仏事」を改訂したものである。この拙稿が出版された直後の四月に、徳永誓子「後鳥羽院怨霊と後嵯峨皇統」（『日本史研究』五一二、二〇〇五年四月）が発表された。徳永氏は、「後嵯峨の崩御後、両統の分立に伴い、皇統の正統性を後鳥羽との連続性に求める必要がなくなる。そのため、後鳥羽の祟りが否定されなくな」ったと論じる。そして、「鎌倉末期の天皇・上皇は、後鳥羽を未だ鎮められない祟りをもつ、隔たった世の偉大な父祖とみなした」と指摘し、後鳥羽怨霊の政治性に注目する。

徳永氏が、後嵯峨の没後は皇統の正統性を後鳥羽との連続性に求める必要がなくなった、ととらえるのに対し、拙論では、後嵯峨の没後、後鳥羽と後嵯峨の八講は治天の君が主催する、他とは異なる特別の仏事として天皇家のなかで重視されるようになり、治世の交替に伴って仏事を主催する皇統も交替する現象がみられることを指摘した。そして、後鳥羽の仏事には、怨霊を鎮撫する目的だけではなく、後嵯峨以降の皇位皇統に正統性を付与する意義が込められていたことを論じている。

（48）近藤前掲注（1）論文。

第六章　中世天皇家における追善仏事の変遷――鎌倉後期～南北朝期を中心に――

本章の視角

中世天皇家の追善仏事をめぐっては、近藤成一氏により、所領を伝領することと仏事の義務を負うこととの不可分の関係が示されて以降(1)、女院領の伝領と追善仏事との関連を深化させる方向で研究が進展してきている(2)。また、女院領研究への関心の高まりとは別に、仏事を中心とする儀礼体系論において、追善仏事に限定されることなく、儀礼運営のあり方や広く王権を論じるなかで、天皇家の御願寺で行われる追善仏事に関しても分析が加えられている(3)。とくに近年、遠藤基郎氏によって、十一世紀～十四世紀初頭までの王朝仏教儀礼の展開が通史的に検討されるなかで、追善仏事を含めた天皇家王権仏事の全体像が示された(4)。ただし、以上の先行研究においては、中世前期、特に院政期～鎌倉期までが主たる対象時期であった。

その一方で、中世後期における天皇家の追善仏事については、光厳院以降の法華八講の推移を追った曽根原理氏(5)、南北朝・室町期に開催された宮中八講や仙洞での追善儀礼に着目した三島暁子氏(6)、後光厳院以降の追善供養の分析から皇統意識を探った久水俊和氏(7)による研究がある。

このように、天皇家の追善仏事に関しては、中世前期と後期で別個に論じられるため、中世前期から後期への展開・移行の過程が見過ごされ、十分に検討されてこなかったといえる。中世前期と後期を見通し、その移行期の変化を意義づけようとする視角からの分析は未だみられないのが現状である。そこで、本章では前章の検討を受け、天皇家の追善仏事について、鎌倉後期～南北朝期を中心に、より特徴的な事例を抽出し、その変遷を跡付けてみたい。

ところで、鎌倉後期～南北朝期は、天皇家が持明院統（北朝）天皇家・大覚寺統（南朝）天皇家の二つに分裂し、さらに各天皇家のなかでも皇統が分立するといった状況にある。それゆえ、天皇家が分裂した鎌倉後期においては、各統の天皇家にそれぞれ家長が存在するようになる。

この時期の天皇家をめぐっては、院政期における専制君主たる治天の君とは区別して、後嵯峨院政以降、院政の制度化が確立するのに伴い、就くべき地位としての治天が成立するという見解が提示されている(8)。これによれば、院政期には、治天の君は天皇家の家長の地位と一致しているが、鎌倉後期には、持明院統・大覚寺統それぞれに家長がおり、とくに皇統内に複数の院が存在する場合、治世の院（もしくは天皇）を意味する治天と、家長が一致しないという現象もみられることになる。

本章では、如上の点に留意しながら、鎌倉後期～南北朝期の皇統の継承意識、いわば皇統の祖先観に着目し分析を加えることとする。そのさい、皇統において直系先祖の忌日追善仏事は、祖先祭祀として重要な意義をもったと考えられるが、皇統の分立に伴い治世の交替が見られる当該期、治天として、あるいは各統の家長として、とりわけ重視した先祖の追善仏事とはいかなるものだったのかについても明らかにする。その上で、中世前期と後期を一貫して見通し、その移行期に消失する仏事、あるいは移行期を経てもなお継続する仏事を見究め提示してみたい。

一　鎌倉後期の追善仏事

まず、前章で論じた、後鳥羽・後嵯峨両院の追善仏事について、後嵯峨即位後から後嵯峨院没後の状況を中心に、その変遷をまとめておきたい。

1　後鳥羽・後嵯峨両院の追善仏事

治天となった後嵯峨には、自らの皇統の安定的な確立を危うくする修明門院（と順徳皇統）のもとに、後鳥羽院の追善仏事を留め置くことを阻止し、逆に自らの皇統の仏事として取り込み吸収することで、後鳥羽―土御門―後嵯峨と続く皇統こそが正統であると位置づけ直す必要性があった。また、後嵯峨院が文永九年（一二七二）二月十七日に没して以降、後鳥羽・後嵯峨両院の追善仏事は、治世の交替とともに治世にある皇統が仏事を主導するような、他とは異なる特別の仏事として位置付けられていた点を明らかにした。ただし、後嵯峨院の追善仏事は、治天が沙汰する仏事であったが、後家である大宮院が「本所」として沙汰をする場合もあった。

次に、両統分立期、皇統内に複数の院が存在する場合、つまり、治世の院（もしくは天皇）を意味する治天と、家長が一致しない状況下での、後鳥羽・後嵯峨両院の追善仏事について取り上げる。

第一次後宇多院政（後二条天皇）期における後嵯峨院八講の主催者を示す、次の史料に注目したい。

上皇今日　御幸亀山殿、後嵯峨院御八講正日也、於浄金剛院被行之、（中略）自今年　上皇御沙汰也、

（『実躬卿記』徳治元年二月十七日）

これによれば、徳治元年（一三〇六）二月、浄金剛院で行われた後嵯峨院八講の忌日には、「上皇」（後宇多院）の

御幸があった。しかも、その後嵯峨院八講は、この年から、後宇多院の沙汰で行われるようになったのである。

徳治元年になって、後宇多院の沙汰により後嵯峨院八講が行われはじめたのは、その前年の嘉元三年（一三〇五）九月に、亀山院が没したことに起因するのであろう。つまり、大覚寺統の治世がはじまった正安三年（一三〇一）正月以降、治天は後宇多院であったが、後嵯峨院八講の主催者は亀山院だったのであり、亀山院の没後になって、後宇多院が主催者に替わったことが明らかとなる。

後嵯峨院の皇子である亀山院が、父の追善仏事を行なうことは当然ではあるが、治世の交替に伴って、治天の後宇多院が主催するわけではなく、家長の亀山院が沙汰してきたということが注目される。大覚寺統天皇家にとって、後嵯峨院の追善仏事を主催するのは家長の役割だったのである。つまり、後嵯峨院八講は、治世にある皇統内に複数の院がいる場合には、治天ではなく、皇統の家長が沙汰したということになる。ただし、両統分立期、治世の交替により、後嵯峨院八講を主催する皇統が交替する現象がみられるものの、父・祖父といった直近の先祖で、両統にとって起点にあたる後嵯峨院の八講には、治世の有無に関わらず、両統の院の御幸がみられるという特徴がある(9)。

一方、後鳥羽院の八講も、治世の交替に伴い主催する皇統も交替する、特別な仏事として位置づけられていた。例えば、先に掲げた、後嵯峨院八講が亀山院によって主催された最後の年にあたる、嘉元三年（一三〇五）の場合、後嵯峨院八講には亀山院と後宇多院の両院の御幸がみられるが(10)、後鳥羽院八講には、治天の後宇多院の御幸はみられるものの、亀山院が八講自体に御幸した様子は認められない(11)。つまり、後鳥羽院の仏事は、治世にある皇統の家長ではなく、治天である院が仏事を主催するという特徴が見出せる。

文永九年（一二七二）正月の後嵯峨院の処分状には、「六勝寺幷鳥羽厩以下事者、依治天下可有其沙汰(12)」と記され、六勝寺以下は治天が伝領し、白河院をはじめ、六勝寺に関わる先祖の追善は、治天の沙汰によって催される仏事であった。後嵯峨院の没後は、後鳥羽・後嵯峨両院の追善仏事も、治世の交替とともに治世にある皇統が仏事を主導するような、他とは異なる特別の仏事として位置づけられた。ただし、後嵯峨院の追善仏事は、治世にある皇統内に複数の院がいる場合、治天ではなく、皇統の家長が沙汰することから、より家長主導の仏事としての側面が強いように見受けられる。一方、後鳥羽院の追善仏事は、治世にある皇統の家長ではなく、治天である院が主催するという特徴から、治天による仏事として重要視されていたといえよう。

2　後白河院の追善仏事

後嵯峨院は、文永四年（一二六七）十月に「長講堂以下文書」を後深草院に渡し進めている。(13) これにより、長講堂の本所は後深草院ということになった。ここでは、後嵯峨院が没して以降の後白河院の追善仏事の変遷について、具体的に追っていきたい。

後嵯峨院没後の亀山院政期、まずは、文永十一年（一二七四）の長講堂八講を取り上げる。三月九日には、「自今日被始行長講堂御八講、右少弁棟望奉行、於正親町長講堂被行之、本御堂炎上之後、被移此御堂、公卿可尋記」（史料纂集『勘仲記』同日）と、本御堂焼失後に移建された正親町長講堂において八講が開始され、十三日の結願には、「本院（後深草院）の御幸がみられた（史料纂集『勘仲記』文永十一年三月十三日）。これは、後深草院の本所としての行為と受け取れよう。

次に、弘安五年（一二八二）の長講堂八講に注目したい。この年の八講は、春日神木の事によって中止せざるを得なかったが（『続史愚抄』同年三月十三日）、三月二十五日になって、「伝聞、院被献勅書於後白川《ママ》院法華堂、不被行長講堂御八講事被謝申」（史料纂集『勘仲記』同日）と、亀山院が勅書を後白河院法華堂（長講堂）に献じて、八講を開催できなかったことを祈謝している。これによれば、長講堂八講を主催するのは、長講堂の本所である後深草院ではなく、治天の亀山院ということになろう。また、亀山院政期の長講堂八講には、治天である亀山院の御幸がしばしばみられる[14]。この間、長講堂の本所たる後深草院の動向は明らかでなく、亀山院政期の長講堂八講は、亀山院主導の治天の沙汰による仏事であった可能性が高い。

そうであるならば、亀山院政期には、長講堂の本所である後深草院ではなく、亀山院が長講堂で後白河院の追善仏事を主催していたとみなすことができる。これについては、治天である亀山院の意向により、後白河院の追善が重視されていたと解釈しておきたい。長嫡である後深草院に対し、その弟亀山院は、いわゆる後嵯峨院の「御素意」を根拠として亀山皇統の正統性を主張せざるを得なかったと思われる。それゆえ、亀山院にとって父後嵯峨院が重視していた祖先を同じく重視・継承していくことが、自らの皇統の正統性確保につながったのであろう。つまり、亀山院は、後嵯峨院・後鳥羽院とともに後白河院の追善をも治天として重要視していたのである。

ところが、このように治天の沙汰で行われてきた長講堂八講に変化がみられるようになる。遠藤基郎氏によれば、第一次後宇多院政期（正安三年〔一三〇一〕正月〜）には、大覚寺統の治天が関与しない持明院統の仏事へと変質するという。そして、その背景として、大覚寺統が治天として長講堂八講に関与することで、長講堂とその荘園が持明院統から剥奪される危険性を伴うため、皇統分裂が決定的となった段階で、持明院統が、長講堂八講から大覚寺統を排除したと指摘する[15]。

しかし、第二章で論じたように、長講堂八講は、これまでも治天の君とともに本所（女院）が関与する仏事であった。それゆえ、本所である持明院統が、長講堂八講から大覚寺統を排除したというよりも、むしろ治天が関与しなくなったと考える方がよいように思われる。第一次後宇多院政期という時期に着目した場合、治天の後宇多院が、後白河院の追善仏事を本当に必要としていたのならば、治天の沙汰としての仏事を実行できたのではないだろうか。それは、前章で論じた、後鳥羽院の追善仏事を修明門院から接収した、治天である後嵯峨院の例からも容易に想定されよう。

皇統の分裂が決定的となった段階で治天に就いた後宇多院にとって、もはや皇統の正統性を後白河院に求める必要性は見出せないのではないだろうか。その上、嘉元三年（一三〇五）七月の亀山院処分状において、「於冷泉殿並文庫、御一期之後、可譲賜恒明」(16)と、恒明親王を鍾愛した亀山院によって、自らの皇統を否定された後宇多院にとっては、治天として亀山院の意思を同じく重視・継承した可能性は低いといえる。よって、持明院統が、大覚寺統を排除したというよりも、治天である後宇多院による、重視すべき先祖の選択という事情から、後白河院の追善は治天の沙汰ではなくなり、持明院統の仏事へと変貌したのであろう。

このように、鎌倉後期の天皇家では、治世にある皇統が、重視すべき直系先祖の追善仏事を選択していた可能性を指摘できるのではないだろうか。両統分立期に天皇家が二つに分裂するなかで、各皇統が直近の祖父や父の菩提を弔うのとは別に、皇統の正統性確保のために重視すべき先祖が存在したのである。皇統が分裂するなかで、天皇家において重視されたのは、治世の交替とともに仏事を主催する皇統も交替するといった、両統の起点である後嵯峨院とともに後鳥羽院の追善仏事であった。後白河院の追善仏事については、亀山院政期までは治天の沙汰として重視されていたが、それは皇統の正統性顕示を目的とした亀山院による意思であったとみなせる。したがって、鎌倉後期、後嵯峨院以降の天皇家では、重視すべき直系先祖を選択していたといえよう。

では具体的に、治天の沙汰ではなくなった、第一次後宇多院政期の長講堂八講について取り上げる。まず、乾元元年（一三〇二）の長講堂八講には、「自今日、長講堂御八講被始、仍富小路殿御幸六条殿、法皇・院御同車」（『実躬卿記』同年三月九日）と、長講堂の本所たる後深草院、伏見院が揃って御幸している。そして、嘉元二年（一三〇四）の長講堂八講に注目したい。

今日長講堂御八講結願也、予日来領状、然而依此所労難参之由、示送奉行人右少弁仲高許、又内々申女房右衛門督局、今年始中院令執行給、

法皇今日　臨幸、

（『実躬卿記』嘉元二年三月十三日）

この年、「中院」（伏見院）がはじめて長講堂八講を執行したことが明らかとなる。ただし、結願日には「法皇」（後深草院）も臨幸している。

この時期の持明院統天皇家では、家長である後深草院の沙汰で長講堂八講が開催されてきたことがわかる。嘉元二年になって、はじめて伏見院が長講堂八講を沙汰するようになったのは、後深草院が自らの所領処分に先だって、伏見院に対し長講堂を管領するよう申し置いたことに関連するのであろう。後深草院が、嘉元二年七月の譲状において、「長講堂以下管領所々、不漏一所、可有御管領之由、先度申候了、勿論候[17]」と、「先度」長講堂管領の件を申したとする内容にも符合している。また、後深草院は譲状のなかで、「長講堂者、第一大事候、能々可被留御意候」と続けて申し置いている。この譲状は、後深草院を起点とする持明院統（のちの北朝）が長講堂を非常に重視していくようになる端緒とみなすことができる。

そして、後深草院が嘉元二年（一三〇四）七月十六日に没して後は、長講堂において後深草院追善八講が行われるようになる。

後深草院御八講於長講堂自今日被始行、（中略）件御八講今年始所被行也、御正日七月十六日也、依為初度且任例、日次不宜之間、延引之處、或春日神木遷座之

間、寺僧不従公請、或依他事計会、于今遅引、自今日被始行、後々年定為七月者歟、

（『実躬卿記』徳治元年八月二十二日）

後深草院八講は、徳治元年（一三〇六）年八月になってようやく開催されたが、ここで延引の理由にあった、春日神木の遷座により寺僧が公請に従わない状況は、他の追善仏事の開催にも影響を及ぼしていく。

なお、長講堂における後深草院の追善仏事は、南北朝期になると経供養へと変わり(18)、応永年間(19)、そして永享年間(20)にも継続して開催されていることが確認できる。

二　南北朝期以降の追善仏事

南北朝期には、天皇家が院政期以来行ってきた祖先祭祀に変化がみられるようになる。そこで、南北朝期を天皇家における追善仏事の転換期と位置付けた上で、より特徴的な追善仏事の事例を掲げてみたい。

1　後鳥羽・後嵯峨両院の追善仏事とその消失

前章で論じたように、後鳥羽院の追善仏事は、文和二年（一三五三）に「広義門院御沙汰」による経供養が長講堂で行われている。弥仁（後光厳天皇）践祚後、最初の後鳥羽院忌日に広義門院が追善仏事を主催した背景には、弥仁の践祚に正統性を与える地位にある広義門院の、治天としての役割とともに、北朝天皇家の家長として皇統の安定を後鳥羽院に祈念するという意図もあったと考えられる。後鳥羽院の追善仏事とは、天皇家の祖先祭祀としての意義を超え、王権護持のために治天が行う重要な意義をもつ仏事であった。

一方、後嵯峨院の追善仏事は、北朝では、光厳院政（崇光天皇）期に八講や経供養が行われているほか[21]、南朝では、正平二十一年（一三六六）に、後村上天皇主催により、荘厳浄土寺において後嵯峨院追善八講が開催されている点が注目される[22]。南北両朝にとって、両統の祖にあたる後嵯峨院の八講を開催することにより、自統の正統性を誇示する目的があったと思われる。

なお、これ以降、天皇家においてとくに重視して行われてきた、後鳥羽・後嵯峨両院の追善仏事は史料上から消失する。

2　北朝の追善仏事

室町期の八講の変化について、曽根原理氏は、追善の対象が直近の家長忌に集約されるようになる点を指摘し、武家八講の影響を想定する[23]。また、室町殿と宗教勢力の関係を論じた大田壮一郎氏によれば、中世成立期以来、御願寺や宮中で実施されてきた諸仏事が十四世紀後半を下限として消滅するとされ、北朝は、公請論義会（法勝寺八講・長講堂八講）の復興を放棄し、安楽光院八講や懺法講など先代を追善する仏事を積極的に行ったという。その背景として、中世天皇家の遠祖との系譜的関係より、近祖すなわち自らの先代との関係を重視する皇統意識の変化や、北朝内部の後光厳流と崇光流の関係が反映した点を指摘する[24]。

以上のごとき変化が指摘される当該期において、北朝が開催した特徴的な追善仏事の事例を抽出してみたい。

（1）後伏見院十三回忌〈武家による援助〉

貞和四年（一三四八）の後伏見院十三回忌には種々の仏事が開催された。

今日後伏見院十三回御忌辰也、仍種々御佛事等被行之、先朝間五種行、結座御懺法云々、（中略）此妙行者広義

門院御願、上皇御供行也、誠希代御行也、

（『園太暦』貞和四年四月六日）

忌日である四月六日には、まず広義門院（後伏見院妃）の御願による五種の行が修された。続いて曼荼羅供が営まれたが、これは「於仙洞寝殿被行之、邂逅儀也」（『園太暦』同年四月五日）と、仙洞の寝殿における初めての開催であった。その後、八講が開始され、十日に結願日を迎えた。これら後伏見院追善仏事を主導したのは光厳院（後伏見皇子）であり、合わせて広義門院が後家の立場で関与している。また、八講の開催には多額の費用が必要であったことから、この時は「就中今度御佛事無足之處、武家進御訪三萬疋、依之被行御八講云々」（『園太暦』同年四月二日）と、武家（幕府方）による三万疋の援助を受けて開催にこぎつけたものであった。南北朝期、北朝の追善仏事の費用を幕府方が援助している事例として注目される。

【天皇家略系図】

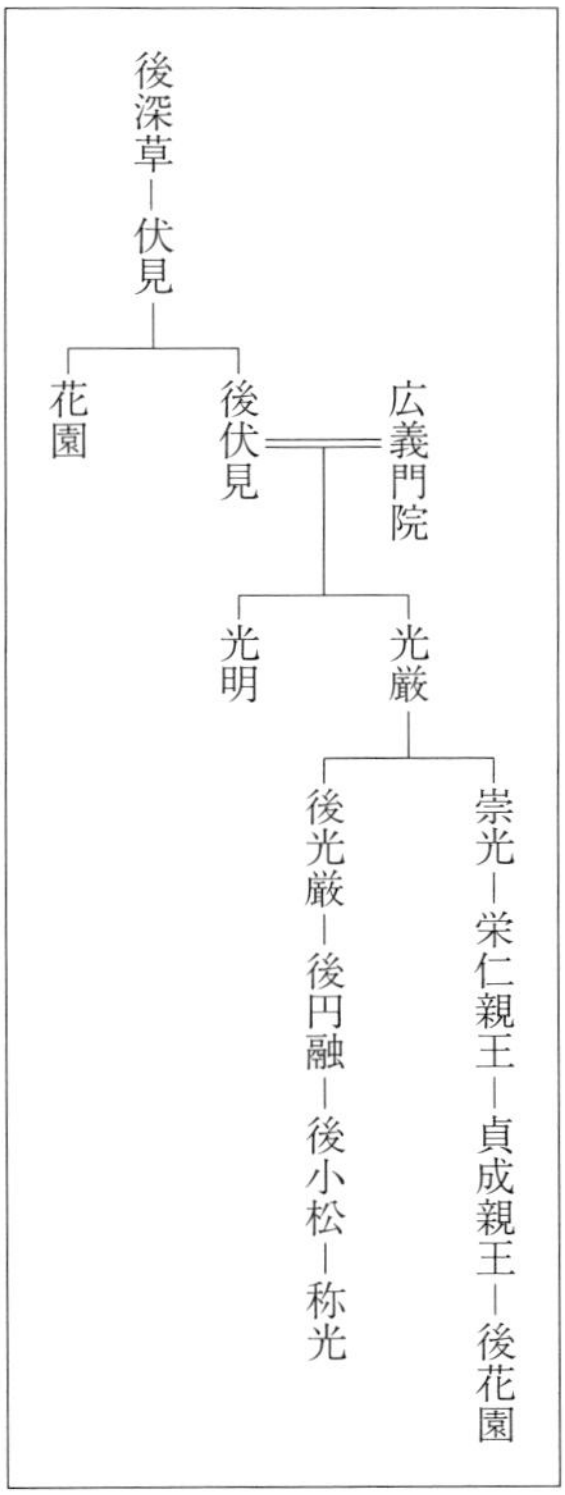

（2）光厳院の追善仏事

光厳院は、貞治三年（一三六四）七月七日に没したが、光厳院の追善仏事は長嫡である崇光院によって執り行われてきた。例えば、応安二年（一三六九）の光厳院忌日には、崇光院が伏見殿に御幸し、大光明寺にて仏事を修している（『後深心院関白記』同年七月七日）。

ところが、翌応安三年（一三七〇）の光厳院七回忌では、様相が一変する。後光厳天皇が内裏の清涼殿において宸筆八講を修したのである（『応安三年禁中御八講記』）。この宸筆八講に関しては、三島暁子氏によって、先例に反して仏事忌避の清涼殿で営まれる転機となった法会であり、後光厳流の皇位継承の正統性を顕示する目的とともに、公家社会において後光厳天皇の権威向上の場として機能していたことが指摘されている。また、八講の翌月には後光厳皇子（のちの後円融）への譲位を期し、栄仁親王を帝位に推す兄崇光院との間に確執を生んだことから、この法会が後光厳流の正統性を示すために有効に働いたとする。(25) このうち、後光厳天皇による宸筆八講が、内裏の清涼殿という場において開催された点に注目するならば、南北朝期になって天皇の追善仏事忌避という性格に変化が現れた事例と位置づけられよう。

一方、これまで光厳院の追善仏事を行ってきた崇光院は、同年も仙洞にて、別に経供養を営んでいる。(26) 翌応安四年は、「本院御幸伏見殿、毎事如恒、殿上人兼時朝臣、北面四人、召次、御牛飼等直垂也、後聞、新院如法密々御見物云々」(27)と、「本院」（崇光院）が伏見殿にて光厳院の追善仏事を行なったが、「新院」（後光厳院）は密かに見物していたという。また、応安五年の光厳院年忌仏事では、伏見の大光明寺に崇光院、後光厳院がそれぞれ御幸し、対面を果たしている事例もみられる（『後深心院関白記』同年七月二十日裏書）。

（3）後光厳院の追善仏事

応安七年（一三七四）正月二十九日に没した後光厳院の一周忌では、永和元年（一三七五）、旧院柳原殿において法華八講が行われた（『後深心院関白記』同年正月二十四日）。この時は、治子内親王（後光厳皇女）の御願によるものであった（『後愚昧記』永和二年記）。

翌永和二年（一三七六）の後光厳院三回忌の開催にあたっては、禁裏以外の安楽光院において、後円融天皇の勅願として法華八講を行うことの是非が勅問された。綱所より先例が注進され、公卿からは種々意見が出されたが、結局、陣において僧名定が行われ、勅願で実施されることとなった（『後愚昧記』永和二年記(28)）。

正月二十四日からはじめられた安楽光院八講は、二十八日に結願を迎えた（『後深心院関白記』同日）が、忌日である二十九日には、「今日於安楽光院有御経供養事、導師良憲僧正云々、是治子内親王為施主云々」と、治子内親王を「施主」として安楽光院にて経供養が行われた。その後、「今夜於禁中有御経〈宸筆寿量品〉供養事、以良憲僧正為導師、公卿〈日野大納言・御子左中納言・四條宰相、各着束帯云々、〉取御布施、是治承例〈建春門院御仏事〉云々」（〈〉は割書、以下同じ）と、夜には宮中でも経供養が行われた（『後深心院関白記』同年正月二十九日）。

このように、後光厳院の八講は、治子内親王の御願としてはじめられたが、三回忌を転機として勅願により執行されるようになった。やがて、康暦二年（一三八〇）の後光厳院七回忌では、宮中において法華懺法が行われ、この時から足利義満の介入がみられるようになっていく(29)。さらに、応永十三年（一四〇六）の後光厳院三十三回忌では、清涼殿における懺法講に足利義満が積極的に関与したことから、義満をこの法会の実質的な主催者だったとみなす見解がある(30)。

3　長講堂で継続される追善仏事

院政期以来行われてきた中世天皇家の遠祖の追善は、白河院忌日の法勝寺八講をはじめ、後鳥羽・後嵯峨両院の追善仏事などこれまで重視されてきた仏事が中断・消失していくなかで、室町期に至っても継続して行われた仏事が存在する。ここでは、その代表である長講堂で継続される追善仏事を取り上げてみたい。

（1）後白河院の追善仏事

南北朝期、観応元年（一三五〇）の後白河院忌日には長講堂八講が修され、光厳院の御幸があった（『園太暦』同年三月九日）が、これ以降、八講の開催はみられなくなる。正平七年（一三五二）には「後白川《ママ》院御聖忌、難被修八講、可為御経供養事」と、八講を修し難いことから経供養に変更となり、翌文和二年、延文元年（一三五六）にも経供養が行われた[31]。当該期の実情を、延文二年（一三五七）の後白河院忌日の様子から探ってみたい。

今日後白河院聖忌御八講無沙汰勿論也、其外無御追善事歟、近来宗廟社稷之神事、皇祖皇親之法事大略停廃、冥鑑天意如何、是併民力衰弊、国租不済之故歟、是惟《誰カ》謬乎、

（『園太暦』延文二年三月十二《三カ》日）

延文二年には、後白河院忌日の八講の無沙汰は勿論のこと、それ以外の追善仏事もすっかり停廃していた様子が浮かび上がるが、その背景には、「民力衰弊」と「国租不済」があったとされる。また、翌延文三年は、「仙洞御幸六条殿、有御経供養事、御八講近年中絶了」（『後深心院関白記』同年三月十三日）と、崇光院が御幸し、経供養が行われた。しかし、後白河院忌日の八講は近年中絶し、経供養へと仏事の形態変更を余儀なくされている状況にあった。

次に、このような仏事の停廃状況に変化がみられた、貞治六年（一三六七）の後白河院忌日の様子に注目してみたい。

『後深心院関白記』貞治六年三月十日条によると、「三條大納言〈實音卿〉以状示云、来十三日長講堂可有行幸、俄思食立之間、供奉人々纏頭、就中次将闕如、一人可沙汰進之由、内々被仰下云々」と、後光厳天皇の長講堂への行幸が俄かに予定されことがわかる。そして、忌日の十三日には、「院御幸六条殿、入夜又有行幸、為御対面云々、御幸行幸共御逗留云々」（同十三日条）と、崇光院の御幸とともに、後光厳天皇が行幸し、六条殿にて対面を果たしている。このように天皇が在位中に長講堂に行幸した例はこれまでなく、天皇の追善仏事忌避の傾向に大きな変化が現われた点を看取できる。先述した、光厳院七回忌に後光厳による宸筆八講が内裏清涼殿において開催された例とともに、後白河院忌日に後光厳が長講堂に行幸した例からは、南北朝期になって天皇の追善仏事忌避が弱まった点を指摘できよう。

また、この時の後光厳天皇の長講堂への行幸を、『太平記』巻四十[32]では次のように記す。

> 貞治六年三月十八（三カ）日、長講堂へ行幸あり。これは後白河法皇の御遠忌追賁の御ために、三日まで御逗留あつて法華御読経あり。安居院の良憲法印・竹中僧正慈照、導師にぞ参られける。ありがたき法会なれば、聴聞の緇素随喜せずといふ者無し。総じてこの君御治天のあひだ、よろづ絶えたるを継ぎ、廃れたるを興しおはします叡慮なりしかば、諸事の御遊において、尽されずといふ事おはしまさず。

「総じてこの君御治天のあひだ、よろづ絶えたるを継ぎ、廃れたるを興しおはします叡慮なりしかば」とあるごとく、後光厳は、内乱後の停廃・衰退した公事の復興の一環として、後白河院の追善仏事への行幸を実行したのであろう。ただし、後白河院忌日に天皇の長講堂への行幸がみられるのは、後光厳による貞治六年の事例に限られる。この例からは、天皇の追善仏事忌避の傾向が弱まった側面とともに、後光厳による公事復興との関連も指摘しておきたい。

南北朝期までは、長講堂領を伝領した持明院統（北朝）天皇家の家長である院が、後白河院の忌日には長講堂へ御幸していた。応安二年（一三六九）、永和元年（一三七五）の後白河院忌日には、崇光上皇の長講堂への御幸がみられる。[33]『椿葉記』によれば、「そもく長講堂領、法金剛院領、熱田社領、同別納、播磨國衙、同別納等は後深草院以来正統につたはる。しかれば法皇の御ゆづりをうけて上皇御管領あり」と、長講堂領等は光厳院からの譲与を受けた崇光院に伝領されている。

しかし、室町期になると、崇光流である伏見宮が「後深草院以来の正統」ではあったが、長講堂領等は後光厳流が管領していた。長講堂領等が「伏見殿御しそん御管領」となったのは、後花園の即位が実現したことによる。[34]ここで、遠祖後白河院に対する伏見宮の意識が垣間みられる史料を掲げたい。

予去十日夜夢想ニ六条殿とおほしき所ニ参。両社之御前のやうなるきた階之所より御房四五十許ニやせくとしたる法師、付衣を着して出給。予本願法皇にてましますと心ちして、恐怖して居たるに、彼御房、長押下ニ蹲踞あり。予居直て御禮申ニ被仰曰、今如此御運開給ハ、併吾依擁護也。其をさ様ニも不被思食之間、背本意之由有勅定。予仰天、更々不存緩怠之儀、奉憑冥慮之由、種々諌謝申。御房如元御殿之内へ入給と見て夢覚了。奇得夢想也。誠如仰非本願法皇之加護者、一流再興可開運者哉。弥可憑可恐。自元有立願之旨間、両社神供御影御供等明盛法橋ニ仰付進之。

（『看聞日記』永享八年正月十三日）

永享八年（一四三六）正月、伏見宮貞成の夢想によると、「本願法皇」（後白河院）が現れ、後花園即位という宮家の運が開けたのは後白河院の擁護によるものであるのに、それを認識せず本意に背いている、と仰せたという。これに貞成は驚いて、後白河院の御加護がなければ一流の再興と開運は叶わなかったと深謝し、六条殿への御影供等を進めたことが記されている。伏見宮にとって、後白河院は遠祖として遠い存在ではあったが、威力をもつ皇統の先祖として崇敬されていた様子もうかがえる。

長講堂においては、室町期以降も、願主である後白河院の忌日に経供養が行われていた。『看聞日記』によれば、「六条殿御経供養如例」のごとく恒例の仏事として、永享年間[35]そして嘉吉年間[36]にも毎年、経供養の開催が確認できる。さらに、文安三年（一四四六）、翌文安四年に至っても、後白河院忌日の長講堂での経供養は継続している[37]。それは、後白河院が生前に定めた「長講堂起請[38]」が固く遵守されていたことを示すものでもある。

（2）宣陽門院の追善仏事

長講堂では、宣陽門院（後白河皇女）の忌日にも追善仏事が行われている。長講堂領を後白河院から譲与された宣陽門院の忌日には、長講堂領の伝領者が代々長講堂に御幸し、仏事を行っている。その様子は、『花園天皇宸記』にしばしば登場する。元亨元年（一三二一）の宣陽門院の忌日には、「今日宣陽門院御忌日也、仍御幸六条院、女院幷朕同乗御車、御佛事了聊供膳[39]」と、後伏見院・広義門院・花園院が六条殿へ御幸し、長講堂にて追善仏事が行われた。元亨三年（一三二三）の忌日には、「依宣陽門院御忌、参衣笠殿、阿弥陀供養法如例[40]」と、阿弥陀供養が行われている。また、正中二年（一三二五）閏正月八日には、「申剋参六条殿、今日長講衆皆参、被行長講也、先之晝間被行宣陽門院御月忌也[41]」と、宣陽門院の月忌が開催された。正慶元年（一三三二）の忌日には、「宣陽門院御忌日、仏事如例、不向六条院、世間不静之故也、大塔宮等隠居京中之由風聞[42]」と、世間騒擾により、花園院は六条殿へ御幸しなかったが、追善仏事は行われている。

こののち、貞和二年（一三四六）の宣陽門院の忌日には、光厳院が長講堂に御幸し[43]、さらに八月二十日にも「今朝上皇自萩原殿還御、直可幸六條殿、為宣陽門院御佛事云々[44]」と、光厳院が宣陽門院の仏事のため六条殿へ御幸している。翌貞和三年の宣陽門院の忌日にも、光厳院は六条殿へ御幸をしている[45]。このように、南北朝期には、長講堂領を伝領した光厳院が、宣陽門院の追善のために長講堂へ御幸している様子がうかがえる。

次に、室町期の応永年間、宣陽門院の忌日に、長講堂で仏事が行われていたことを示す史料を掲げたい。

庁益直参。仙洞奉書〈勅筆〉幷御堂奉行状等持参。宣陽門院御仏事供米事、長講衆以目安重申、所詮無懈怠可被致沙汰之由、被仰奉書也。御返事於当年者無未進可致沙汰者也。所詮別納名々幷本役無沙汰之下地等、悉可致寺役之由、可被下御奉書之由申入。其子細奉行ニ可申之由益直ニ仰之。

（『看聞日記』応永二十六年六月七日）

応永二十六年（一四一九）六月七日、六条殿の院庁益直が、仙洞（後小松院）勅筆の奉書と御堂奉行の状を持参し、伏見宮家に参上した。仙洞の奉書は、長講衆が重ねて訴えている「宣陽門院御仏事供米」について、懈怠なく沙汰するように伏見宮に命じる内容であった。これに対する返事として、伏見宮は、今年は未進なく沙汰するとした上で、別納の名々や本役が無沙汰の下地分に関しては、寺役を勤めるように院より直接奉書を下してほしい旨を申し入れている。

宣陽門院は、建長四年（一二五二）六月八日に没したが、その終焉の地は伏見殿であった（『百練抄』同日）。伏見の地は、建久の長講堂領目録に「伏見御領」、鎌倉期の宣陽門院領目録には「庁分」中に「同国《山城》伏見」としてみえ、(46) 応永二十六年当時は伏見宮家が領有していた。伏見宮家は、長講堂での宣陽門院忌日仏事のための供米を寺役として長講堂に納めていたのである。前掲の『看聞日記』の日付は、宣陽門院忌日の前日にあたっているが、長講衆は忌日以前より何度も寺役を納めるよう、仙洞を通じて伏見宮家に働きかけていたのである。

応永年間に至っても、宣陽門院の忌日には長講衆により、長講堂で追善仏事が営まれていたことが明らかになった。長講堂の願主である後白河院は勿論のこと、鎌倉期に長講堂領の形成・維持に大きく寄与した宣陽門院の忌日仏事も、長講堂で継続して実施されている。

後白河院、宣陽門院の仏事のあり方を勘案すると、長講堂における長講衆の働きかけが、これら追善仏事の継続を可能ならしめたといえよう。長講衆にとっては、仏事用途を集め、後白河院・宣陽門院の追善仏事を絶えず実施することを通じ、寺領を維持・存続していくことが可能になったのである。このような寺領経営のあり方については、室町期における長講堂という寺院の性格に注意を払いながら、分析を加える必要があろう。

むすび

中世天皇家における追善仏事について、鎌倉後期〜南北朝期を中心に、より特徴的な事例を掲げながらその変遷を跡付けてきた。

後嵯峨院の没後、後鳥羽・後嵯峨両院の追善仏事は、治世の交替とともに治世にある皇統が仏事を主導し、他とは異なる特別の仏事として位置づけられていた。このうち、後嵯峨院の追善仏事は、治世にある皇統内に複数の院がいる場合、治天ではなく、皇統の家長が沙汰することから、より家長主導の仏事としての側面が強いといえる。これに対し、後鳥羽院の追善仏事は、治世にある皇統の家長ではなく、治天である院が主催することから、治天による仏事として重要視されていたのである。

しかし南北朝期になると、法勝寺八講をはじめ、後鳥羽・後嵯峨両院の追善仏事など、これまでとくに重視されてきた中世天皇家の遠祖の追善仏事が消失し、代わって直近の家長の追善仏事に集約されていくようになる。その一方、八講から経供養へと仏事形態が変更したものの、長講堂では後白河院の追善仏事が継続して行われていく。とくに貞治六年には、後光厳天皇自らが後白河院忌日に長講堂に行幸しており、南北朝期になって天皇の追善仏事忌避が弱まった点が注目される。また、長講堂では、願主後白河院は勿論のこと、長講堂領の形成・維持に大きく寄与した宣陽門院の忌日仏事が、応永年間に至っても継続して実施されていることが明らかになった。

なお、本章では、南朝の追善仏事に関してはほとんど触れることができなかった。鎌倉後期、大覚寺統天皇家のなかでさらに皇統が分立する状況が生まれるが、このことが南朝における皇統の祖先祭祀のあり方にいかなる影響を及ぼすのか、改めて追究する必要がある。

また、室町期における追善仏事をめぐっては、前将軍の追善儀礼が天皇家によって宮中（仙洞）で営まれるようになったとする指摘(47)や、崇光流出身の後花園が後小松院の追善仏事を行うことにより、後小松院の正嫡として後光厳流の正統性を補完したとの見解(48)がある。このような論点が最近提示されていることから、室町期における追善仏事の新たな展開についても、今後の課題となろう。

注

（1）近藤成一「鎌倉幕府の成立と天皇」（『鎌倉時代政治構造の研究』校倉書房、二〇一六年、初出は一九九二年）。

（2）長田郁子「鎌倉期の八条院領と天皇家—播磨国矢野荘と摂津国野鞍荘を中心に—」（『古文書研究』五一、二〇〇〇年）。同「鎌倉期における皇統の変化と菩提を弔う行事—仁治三年正月の後嵯峨天皇の登位を中心に—」（『文学研究論集』一五、二〇〇一年）。本書第二章「天皇家領の伝領と女院の仏事形態—長講堂領を中心に—」（初出は二〇〇二年）。本書第五章「承久の乱後の天皇家と後鳥羽追善仏事」（初出は二〇〇五年）。野口華世「中世前期の王家と安楽寿院—「女院領」と女院の本質—」（『ヒストリア』一九八、二〇〇六年）。同「中世前期公家社会の変容」（『歴史学研究』八七二、二〇一〇年）。佐伯智広「高倉皇統の所領伝領」、同「中世前期の政治構造と王家」（『中世前期の政治構造と王家』東京大学出版会、二〇一五年。初出は二〇〇八年、二〇一〇年）。曽我部愛「後高倉王家の政治的位置―後堀河親政期における北白河院の動向を中心に―」（『ヒストリア』二一七、二〇〇九年）など。

（3）井原今朝男「中世国家の儀礼と国役・公事」（『日本中世の国政と家政』校倉書房、一九九五年。初出は一九八六年）。海老名尚「中世前期における国家的仏事の一考察」（『寺院史研究』三、一九九三年）。遠藤基郎「天皇家王権仏事の運営形態」（『中世王権と王朝儀礼』東京大学出版会、二〇〇八年、初出は一九九四年）。大島創「天皇家御願寺仏事の基本的運営形態とその確立時期―院家型御願寺を中心に―」（『鎌倉遺文研究』二七、二〇一一年）。

（4）遠藤基郎『中世王権と王朝儀礼』（東京大学出版会、二〇〇八年）。

（5）曽根原理「室町時代の御八講論義」（『南都仏教』七七、一九九九年）。

（6）三島暁子「南北朝・室町時代の宮中御八講」、同「御懺法講への転換と定着」、同「南北朝・室町時代の追善儀礼と公武関係」（『天皇・将軍・地下楽人の室町音楽史』思文閣出版、二〇一二年。初出は二〇〇二年、二〇〇三年、同年）。

（7）久水俊和「改元と仏事からみる皇統意識」（『室町期の朝廷公事と公武関係』岩田書院、二〇一一年。初出は二〇〇九年）。

（8）白根靖大『中世の王朝社会と院政』（吉川弘文館、二〇〇〇年）。

（9）『実躬卿記』乾元元年二月十七日、『実躬卿記』嘉元元年二月十七日など。

（10）『実躬卿記』嘉元三年二月十三日、十四日。

（11）『実躬卿記』嘉元三年二月十八日。

（12）文永九年正月十五日「後嵯峨上皇処分状案」（『兵庫県史　史料編中世九・古代補遺』）。

（13）文永四年十月二十九日「後嵯峨上皇譲状案」（『兵庫県史　史料編中世九・古代補遺』）。

（14）『勘仲記』弘安六年三月十三日など。

（15）遠藤前掲注（4）著。

（16）嘉元三年七月二十日「亀山上皇処分状案」（『兵庫県史　史料編中世九・古代補遺』）。

（17）嘉元二年七月八日「後深草上皇譲状案」（『兵庫県史　史料編中世九・古代補遺』）。

(18) 例えば、『師守記』康永元年七月十六日条では、光厳院が長講堂に御幸し、経供養が行われている。また、『園太暦』・『師守記』貞和五年七月十六日条では、光厳・光明両院が六条殿に御幸し、経供養が行われている。
(19) 「兼敦朝臣記」(『大日本史料』応永五年七月十六日)。
(20) 『看聞日記』永享三年七月十六日条には、「後深草院聖忌御経供養如例」とみえる。
(21) 「松亜記」(『大日本史料』貞和五年二月十七日)。「宸筆御八講記」(『続群書類従』巻七五八、二六輯下)。『園太暦』観応二年二月十七日。
(22) 「新葉和歌集」(『大日本史料』正平二十一年二月十七日)。
(23) 曽根原前掲注(5)論文。
(24) 大田壮一郎「室町殿と宗教」(『日本史研究』五九五、二〇一二年)。
(25) 三島前掲注(6)「南北朝・室町時代の宮中御八講」。
(26) 「兼治宿禰記」(『大日本史料』応安三年七月七日)。
(27) 『後深心院関白記』応安四年七月四日裏書。
(28) 綱所が注進した先例のうち、後鳥羽がはじめて陣において僧名定を行った建久八年の長講堂八講について、「於建久八年長講堂御八講者、為宣陽門院御沙汰哉、猶分明可被尋究」と、准后二条良基が認識していたことは興味深い(『後愚昧記』永和二年記)。
(29) 三島前掲「御懺法講への転換と定着」。小川剛生『南北朝の宮廷誌—二条良基の仮名日記—』(臨川書店、二〇〇三年)。
(30) 三島前掲注(6)「御懺法講への転換と定着」。
(31) 「園太暦目録」(『大日本史料』正平七年三月十三日)。「園太暦目録」(『大日本史料』文和二年三月十三日)。『師守記』延文元年三月十三日頭書。
(32) 『太平記』巻四十(新潮日本古典集成『太平記』五、山下宏明校注、新潮社、一九八八年)。
(33) 『後深心院関白記』応安二年三月十三日。『後深心院関白記』永和元年三月十三日。

(34) 引用は、『椿葉記』(『群書類従』第三輯、帝王部、巻三十)による。
(35) 『看聞日記』永享三年、同四年、同五年、同七年、同十年の三月十三日。
(36) 『看聞日記』嘉吉元年、同三年の三月十三日。
(37) 『師郷記』文安三年三月十三日。『建内記』文安四年三月十三日。
(38) 建久三年正月日「長講堂定文案」(『兵庫県史　史料編中世九・古代補遺』)には、「一　恒例御仏事」として、「亦御八講、御月忌、盂蘭盆講者、万歳之後、於此道場同令勤行矣」と定められている。
(39) 『花園天皇宸記』元亨元年六月八日。
(40) 『花園天皇宸記』元亨三年六月八日。
(41) 『花園天皇宸記』正中二年閏一月八日。
(42) 『花園天皇宸記』正慶元年六月八日。
(43) 「賢俊僧正日記」(『大日本史料』貞和二年六月八日)。
(44) 『園太暦』貞和二年八月二十日。
(45) 『続史愚抄』貞和三年六月八日。
(46) 宣陽門院領目録については、本書第三章を参照。
(47) 三島前掲注(6)「南北朝・室町時代の追善儀礼と公武関係」。小川前掲注(29)著。
(48) 久水前掲注(7)論文。

第七章　伏見宮家領の形成―室町院領の行方をめぐって―

本章の視角

伏見宮家は崇光天皇の皇子栄仁親王を始祖とし、室町期に成立した世襲親王家である。栄仁親王の二男貞成親王が記した『看聞日記』には、伏見宮家の日常とともに当時の政治・社会動向や芸能・文化に至る豊富な内容が含まれていることから、これまで歴史学・国文学の両分野にわたって多角的に考察が加えられてきた。(1) そのなかでも、伏見宮家の所領経営に関しては、『看聞日記』中にも宮家の所領問題に関する記事が散見されることから、伏見庄を中心に、領主支配や民衆生活に着目した荘園史研究として論じられてきた。(2)

しかし、伏見宮家領全体の形成や変遷について扱った専論は意外に少なく、先駆的研究(3)のほかには、金井静香氏が、鎌倉後期から南北朝期に至る天皇家領（王家領）の変容を検討するなかで、伏見宮家領が成立する過程と知行体系について論じたもの(4)などに限られる。とくに、伏見宮家領が室町院領を中心に形成されているという点に関しては、先行研究においてこれまでほとんど注目されてこなかったといえる。

後高倉院から式乾門院を経て室町院（後堀河皇女）に伝領された所領群である室町院領は、いわば最後の大規模な不婚内親王女院領である。室町院の没後、両統で室町院遺領をめぐって相論となり、幕府の調停により室町院領は両統で折半されることになった。これまで、室町院領については、両統迭立期の政治史との関連から論じられることが多く、複雑な室町院遺領相論の解明を中心に進められてきた(5)。そのため、持明院統（北朝）に伝領した室町院領が、南北朝期～室町期にいかなる変遷を遂げたのかについては、ほとんど関心が向けられることがなく未解明な部分も多い。

そこで本章では、伏見宮家領が室町院領を中心に形成されている点に注目し、伏見宮家を継承した貞成親王の所領経営の実態を探っていく。そのさい、とくに室町院領の「本主」の王子女の存在に着目し、室町院領をめぐって惹起された所領相論について検討を加える。また、室町院領に対して伏見宮が抱いていた認識が読み取れる、興味深い事例についても提示してみたい。

室町院領は伏見宮家領となったことで、宮家領として最後まで存続した女院領ともいえる。女院領の研究は、これまで中世前期、とくに治天の君のもとに女院領が集積される鎌倉後期までが中心で、中世後期まで見通した研究は十分になされていない。中世前期まで止まっている女院領研究を、中世後期まで見通した視角から進めるためにも、伏見宮家領は、室町期における女院領の新たな展開を探る格好の事例となり得るであろう。

一　伏見宮家への所領安堵

まず、伏見宮家に所領が安堵され、伏見宮家領が形成されるまでの過程をたどっておきたい。

観応二年（正平六年・一三五一年）、足利尊氏が弟直義との確執により南朝方に降ると、南朝によって北朝の崇光天皇と東宮直仁親王は廃された（正平一統）。翌年、南朝は、光厳・光明・崇光の三上皇と直仁親王を賀名生に連れ去ったことから、崇光の弟の後光厳が即位し、北朝皇統は後光厳流が継承することとなった。北朝（持明院統）の主要な所領である長講堂領・法金剛院領は、光厳院が連れ去られた時、一時的に広義門院の管領とされたが、帰京とともに光厳院に返され、光厳院から崇光院へと譲られることになった。一方、直仁親王には父の花園院が管領していた室町院領が譲られた。(6)

応永五年（一三九八）正月、崇光院が没すると、後小松天皇は崇光院の皇子栄仁親王から、長講堂領・法金剛院領・熱田社領・播磨国国衙領以下全てを没収した。『椿葉記』(7)によれば、長講堂領・法金剛院領については、光厳院置文に「親王践祚あらば直に御相続あるべし。もししからずば禁裏御管領あるべし。たゞし末代両方御治天あらば、正統につきて伏見殿の御しそん御管領あるべきよし申をかる」とあり、栄仁親王が登極できなかったため、崇光流から後光厳流に収公されたとする。

次に、伏見宮家領の成立に直接関わる、この後の経過を『椿葉記』から確認しておこう（以下、〈　〉は割書を指す）。

かくて同年五月にはぎはら殿の前坊崩御なりぬ。かの御領どもは室町女院〈後堀川院御女〉御遺領なりけん。坊御一期ののちには宗領にかへしつけらるべきよし光厳院をき文あり。始終は伏見殿御管領あるべきよしぜんぼう御在世の時法皇へ申をかる。この子細准后きゝ、ひらかれて、室町院領の中七ヶ所と萩原殿の御所とを伏見殿へ進せらる。又播州国衙は長講堂領の外とて代々の御ゆづりぢやう各別なれば、国衙をもおなじく返し申さる。

崇光院が没した、同じ応永五年の五月には「はぎはら殿の前坊」（直仁親王）が没する。故直仁親王の遺領は室町院領であり、直仁一期の後には「宗領」に返付すべしとの光厳院置文が存在し、これらは「伏見殿」（栄仁親王）が管領するよう、直仁親王在世時に「法皇」（崇光院）に申し置かれていたという。このことを聞き及んだ「准后」（足利義満）によって、室町院領のうち七カ所と萩原殿御所が、栄仁親王に進められることになった。また、播磨国国衙領も同じく栄仁親王に返付されることになったという。[8]

よって同年十月、後小松天皇は、直仁親王の遺領たる室町院領七カ所と播磨国衙領について、栄仁親王が管領することを認める綸旨を発給している。[9] 伏見宮家領は、この時、後小松天皇によって与えられた室町院領七カ所および返付された播磨国衙領を基礎として形成されていく。[10]

さて、応永五年十月に伏見宮家は室町院領七カ所と播磨国衙領を与えられたものの、その所領経営は安定したものではなかったようである。そのことを示すように、『看聞日記』[11]応永二十三年（一四一六）六月二十四日条には、「御所様御老病之間、始終御領等安堵事」について、去春より冷泉永基を通じて仙洞（後小松院）に対し申し入れを行ったことが記されている。しかし、仙洞からは色好い返事が得られなかったことから、崇光院より相伝の「天下名物至極重宝」である「御笛〈号柯亭〉」を仙洞へ進上することと引き換えに、栄仁親王は所領安堵のことをひたすら懇望したのであった。

そして、その甲斐あって念願の室町院領安堵が叶ったのは、同年九月三日のことであった。この日到来した安堵の院宣について、「室町院領永代可有御管領之由被載勅裁。（中略）殊更永代字被載之条、御本望満足珍重也」（『看聞日記』応永二十三年九月三日）と、とりわけ室町院領「永代」管領の勅裁を得たことに、貞成は満足の意を記している。

この応永二十三年の所領安堵については、飯倉晴武氏が「栄仁親王は応永二十三年薨去されるに先だって、さらにこれらの所領を安堵されるよう要請されたが、後小松院から室町院領安堵の院宣のみを賜っただけで、その他はついに得られなかった」[12]と述べている。となれば、この時点で伏見宮家が得られたのは、室町院領の「永代」管領の権利を確認する院宣のみということになろう。つまり、応永五年十月にすでに与えられていた室町院領七カ所に加え、室町院領「永代」安堵のお墨付きは得たものの、具体的な所領の獲得には至っておらず、伏見宮家にとって新たな実効知行地の拡大という課題は今後に残されたままだった可能性がある。

そこで次に、応永二十三年に室町院領「永代」管領の勅裁を得て以降、伏見宮家を継承した貞成親王が、いかに所領経営を展開していったのかについて、個々の荘園に即して検討していく（なお、本章では、「伏見宮」は貞成親王を指し、「伏見宮家」は栄仁親王を初代とする宮家を指す）。

二　室町院領に対する伏見宮の認識

1　武蔵堀池

ここでは伏見宮家を継承して間もない貞成親王が、いかなる所領認識を有していたのか、貞成親王が「室町院領」と記す、嵯峨武蔵堀池の事例から探ってみたい。

抑御承仕明盛有不思儀之企、室町院領武蔵堀池事、明盛亡父唯玄法橋為御恩暫時知行畢、以其由緒仙洞へ望申云々、是へハ無申旨之間不存知之処、地下へ既相触之由、勝阿注進申〈此地勝阿令奉行為御恩〉、不審之間、明盛ニ尋之処、無是非返答、内々伝聞、院宣望申、又是へ御口入事も申入云々、何様ニも所望申条勿論也、此地花園院以来、永円寺ニ有御寄附、預所職者勝阿知行、人夫者是へ召仕者也、最小所也、何様ニも先是へ不申、直仙洞へ望申、奇怪也、室町院領永代可管領之由被成勅裁了、而公方へ訴訟不義之至也、依之明盛其後不見来、不可説々々々、

（『看聞日記』応永二十四年十月十七日）

応永二十四年（一四一七）十月、承仕の明盛による「不思儀之企」が発覚する。それは、明盛の亡父唯玄法橋が御

恩として暫時知行していた由緒により、「室町院領」武蔵堀池の預所職を仙洞（後小松院）に対して望み申したという一件であった。その際、伏見宮に対しては申さず、地下へはすでに触れているとの報告が、勝阿より届けられる。明盛に尋ねても何の返答もない。しかし、内々に伝え聞いたところでは、明盛は院宣を望み、また伏見宮への院の口入までも申し入れたという。この地は花園院以来、永円寺に寄附した所領であり、また、預所職については伏見宮が御恩として勝阿に与えたものであった。しかし、何よりも伏見宮としては、真っ先に宮家に申さず、直に仙洞へ望み申したことが奇怪であるとし、その上で、室町院領「永代」管領の勅裁を得ているのであるから、公方（室町殿）へ訴訟するなどといったことは不義の至りだと憤慨している。

この件に関し、十月二十二日には仙洞よりの「御口入」があり、翌十一月二十九日には、すでに仙洞より奉書が下され案文が進められた。そして十二月三日には、この間の事情がようやく明らかとなる。

武蔵堀池事、菊第ニ申談之処、所詮、最所（初カ）長講堂領之由明盛申之間、被成下奉書了、而為室町院領之由被聞食披、被閣之、可有御口入之由被仰、其後御無沙汰之由別当局申云々、明盛掠申之条、不可説々々々、

（『看聞日記』応永二十四年十二月三日）

そもそも武蔵堀池は、明盛がはじめ長講堂領と申したので仙洞は奉書を成し下したのであるが、室町院領であることを知り、これを閣くこととなったという。その後、十二月十二日になって、仙洞奉書（勅筆）が伏見宮家にもたらされた。これには「預所職事被仰付者、殊可悦思食」との仙洞の仰せがあったことから、伏見宮としてもこの上は「非可申子細之間、可仰付」との返事を申し入れざるをえなかったのであった。ただし、伏見宮の「令旨」を望んだ明盛に対しては、「女房奉書折紙」にて預所職の補任状を与えることにしている。伏見宮は、一連の明盛の行為に対し、「凡就由緒所望雖無子細、最初是へハ不申、直仙洞へ申入て奉書申賜之条不可然」として諌めている（『看聞日記』応永二

十四年十二月十二日)。一方、翌十三日には、「武蔵堀池事、御口入之上者無力事也。不肖之身、不及申所存云々」(『看聞日記』同年十二月十三日)と、この一件で預所職を失った勝阿は肩を落とした。

このように、武蔵堀池の事例からは、室町院領「永代」管領の勅裁を得ていることを根拠に、伏見宮は室町院領の預所職を所望するのならば、仙洞に対してではなく、まず伏見宮家に申すのが道理であると認識している点がうかがえる。まして、公方(室町殿)への訴訟などは不義の至りであると断じている。(13)一方で、仙洞の側としても、武蔵堀池が長講堂領であるとされたが故に、奉書を成し下したものの、実際は室町院領たることが明らかになると、預所職への補任自体は伏見宮に任せているのである。(14)

ところで、武蔵堀池は、伏見宮側の認識によれば「室町院領」ということになるが、応永五年に後小松より与えられた七カ所の内には入っていない。応永十四年三月日付「島田益直注進　長講堂領目録案」(15)では、「宣陽門院御領目録」を書き上げ、「已上」とした次に、「嵯峨　武蔵堀池　不入御領目六　萩原殿」とみえる。武蔵堀池は、長講堂領目録には入らない、萩原殿の所領ということであろう。つまり、武蔵堀池は、萩原殿の所領であって長講堂領ではないものの、室町院領たるかは判然としない。

ならば、萩原殿と称された人物、つまり、この萩原殿の殿邸を、目録が作成された応永十四年時点で実際に所有していた人物が、次に問題となろう。萩原殿はかつて直仁親王の御所であったが、前掲『椿葉記』によれば、応永五年の直仁親王の没後には足利義満の斡旋によって栄仁親王へ渡り、一旦は伏見宮家の所有となった。伏見宮家が萩原殿に移徙した時期は、『迎陽記』(16)によれば応永五年八月十三日であり、応永六年十二月には伏見に還御している(『椿葉記』)ので、伏見宮家が萩原殿に居住していた期間は応永五年八月〜応永六年頃に限定される。

ただし、応永十五年(一四〇八)三月、後小松天皇の北山殿への行幸を記した『看聞日記』(17)には、「舞御覧　三月十四日」において琵琶の奏者に「萩原殿　御裘代　入道栄―親王」とみえる。また、『北山殿行幸記』[18]においても同じく琵琶の奏者に「裘袋　萩原宮　栄仁親王」と記されており、応永十五年三月頃に栄仁親王が萩原殿・萩原宮と称されていたことが確認できる。よって、伏見宮家が実際に萩原殿に居住していたのは、応永五年八月～応永六年頃に限定されるものの、応永十四年長講堂領目録において武蔵堀池の知行者である「萩原殿」は栄仁親王を指すと想定することが可能である。

ところが、『椿葉記』には「はぎはら殿をば前坊の御子に周高西堂と申人、公方へしよまう申されて寺になし徳くはうゐんと申なり」とあり、いつの時期か定かでないが、直仁親王王子の周高西堂が、公方（室町殿）へ所望して萩原殿を徳光院という寺院にしたことが記されている。萩原殿のかつての所有者直仁親王の王子周高は、伏見宮家が立ち退いた萩原殿の殿邸を徳光院に改造しており、周高と伏見宮家との因縁がうかがえる。

武蔵堀池は、かつて萩原宮直仁親王の所領だったが、室町院領であった来歴は見当たらず、伏見宮は室町院領と呼称しているものの、実は室町院領ではない可能性がある。にもかかわらず、伏見宮は、直仁親王遺領はすべて室町院領とみなし、室町院領ならば永代管領の勅裁を得た伏見宮家が当然知行すべき権利を有すると認識していたのではないだろうか。

2　筑前国赤馬庄

次に、筑前国赤馬庄を例に、伏見宮の所領認識を探ってみたい。

『看聞日記』応永二十六年（一四一九）十一月二十二日条には、「筑前赤馬庄〈室町院領〉、故萩原殿太子堂御寄進云々、但課役致沙汰、而近比不知行之間、太子堂御教書申賜云々、仍課役任先例可被致沙汰之由令申」と記される。筑前赤

馬庄は、故萩原殿（直仁親王）が太子堂に寄進したという。ただし、課役は沙汰していたとのことだが、近年は不知行であるので、太子堂が伏見宮の御教書を賜りたいと申してきた。そこで伏見宮は、課役については先例どおりに沙汰するよう申し付けている。ところが、課役の徴収をめぐって太子堂と交渉を重ねたものの、結局、応永二十七年六月十九日には赤馬庄を太子堂に寄進するとした、次の令旨が発給されている。

萩原殿御別相伝之内、筑前国赤馬庄事、彼御遺領等任　院宣之旨、御管領無相違者也、而先度速成就院就御寄附、雖有課役、止其儀重而当代御寄進之上者、別而可被致御祈祷之由、伏見宮令旨所候也、仍執達如件、

応永廿七年六月十九日　　　　右中将重有判

速成就院方丈

（『看聞日記』応永二十七年六月十九日）

太子堂の寺号である速成就院の方丈に宛てたこの令旨によれば、赤馬庄は「萩原殿御別相伝」の内であり、萩原殿の遺領については「院宣」の旨に任せて伏見宮の管領が相違ないものであるとされる。また、これまであった課役に関しては止め寄進するのであるから、とりわけ祈祷に励むように命じている(19)。

ここで注意しておきたいのは、この「院宣」が何を指すか、という点についてである。応永二十三年九月三日に到来した室町院領永代安堵の院宣を指すならば、その効力の範囲は室町院領に限ってのはずである。しかし、この令旨には、赤馬庄が室町院領とする記載はない。つまり、伏見宮によって、萩原殿の遺領は室町院領であり、別相伝も含めて「院宣」によって安堵の対象であると拡大解釈されてしまっているのではないだろうか。

伏見宮は前掲『看聞日記』には「筑前赤馬庄〈室町院領〉」と記していた。ならば、ここで赤馬庄の来歴を確認しておきたい。赤馬庄は、建長年間に作成されたと推定される宣陽門院領目録(20)には、「新御領〈自上西門院被進之〉」のう

ちに「筑前国赤馬庄」とみえ、上西門院領（法金剛院領）に系譜を引く宣陽門院領であった。また、正応六年（一二九三）四月日付の鷹司兼平処分状案[21]には「赤馬庄　鷹司院御仏事料所」とみえる。旧上西門院領（法金剛院領）は、宣陽門院から鷹司院に譲与され、その一期の後は後深草院へと譲られ、持明院統に伝領された荘園群である。そして、応永二十年（一四一三）の端書がある長講堂領目録写[22]には、法金剛院領のうちに「筑前国赤馬庄　速成就院」とみえている。持明院統の所領として伝領するなかで、『看聞日記』が記すとおり、萩原宮直仁親王によって速成就院に寄進されたのであろう。これまで赤馬庄が室町院領であった来歴は存在しないようである。

となれば、赤馬庄は室町院領ではないにもかかわらず、萩原殿の遺領であったがために室町院領であると、伏見宮に認識されていたことになろう。つまり、本来は室町院領ではなかった、萩原殿別相伝の赤馬庄を、室町院領永代安堵の「院宣」を根拠にして管領が相違ないと、伏見宮は認識していたのである。室町院領であるか判然としない所領であっても、直仁親王遺領はすべて室町院領であると伏見宮によって認識されていたという点では、前述の武蔵堀池との共通性が認められる。

さて、室町院領「永代」管領の安堵を受けた応永二十三年段階と状況は異なるが、伏見宮の室町院領に対する認識について、最後に『椿葉記』からも確認しておこう。

むろ町のゐんのりやうは、ふしみのゐんよりはなぞのの院につたはりて、庶子各別さうでんになりぬ。ちかくせんとうより安堵をたまはれば、これは我子孫管領すべきなり。

室町院領は伏見院から花園院に伝わって、庶子各別相伝になった所領であり、近く仙洞より安堵を賜れば、これは我が子孫が管領すべきであるとする。永享六年（一四三四）に貞成親王が子息の後花園天皇に向けて記した『椿葉記』においては、室町院領は庶子が各別相伝してきた由緒から、今後は伏見宮家を相続する子孫が管領すべき所領であるとの認識が示されている。

三　直仁親王王子女との相論

伏見宮家が安堵された室町院領の本主は、前述のとおり、花園天皇皇子の直仁親王である。『看聞日記』によれば、室町院領をめぐって本主である直仁親王の王子女と、伏見宮家との間で相論が惹起されていた様子がうかがえる。そこで、所領相論の推移と伏見宮家の所領経営の展開について具体的にみていきたい。

1　播磨国飾万津別符

ここでは、播磨国飾万津別符をめぐる相論を取り上げる。飾万津別符の相論に関しては、『看聞日記』と「鹿王院文書」のなかに断片的に記録が残されているものの不明な点も多い。また、研究に関しては、飾万津別符の伝領と相論を明らかにした田平孝三氏の論考(23)が唯一の専論である。田平氏は、「鹿王院文書」をもとに飾万津別符の相論の過程を丹念に追い、関連史料を異なる二つの伝領系統に分別し、いずれの主張が正当な由緒を有するかという視点から、この相論の首謀者を特定している。そこで本章では、飾万津別符の複雑な相論のゆくえを、伏見宮の所領認識という観点から見直してみたい。

飾万津別符をめぐる相論の過程については、『看聞日記』に加え、「鹿王院文書」に残された史料からも追っていく(以下、日付のみの出典は『看聞日記』を指す)。なお、「鹿王院文書」に所収された飾万津別符に関する史料は、『兵庫県史　史料編中世七』と、鹿王院文書研究会編『鹿王院文書の研究(24)』にそれぞれ翻刻されている。しかし、これら

【表】「鹿王院文書」所収飾万津別符に関する文書一覧

＊表中の「兵庫県史」の欄の数字は、『兵庫県史　史料編中世七』所収「鹿王院文書」の史料番号を指す。
また、「鹿王院文書の研究」の欄の数字は『鹿王院文書の研究』の史料番号を指す。

	年月日	文書名	兵庫県史	鹿王院文書の研究	内容
史料1※	（1362）貞治元・7・22	光厳院々宣案カ	2	96 97（本文略）	治部卿（町経量・忍乗）に、越中糸岡庄・播磨飾万津別符・摂津五百住村金武名の相伝知行を安堵する。
史料2	（1375）永和元・3・10	治部卿忍乗所領譲状案	10	162	前讃岐前司（町定宣）に、美濃山上庄・備中大島保四分一・摂津中条・播磨飾万津別符・越中糸岡庄を譲与する。
史料3	（1379）康暦元・9・20	萩原宮直仁親王令旨案	12	176 177（本文略）	前讃岐前司（町定宣）に、越中糸岡庄・播磨飾万津別符・摂津中条牧五百住村金武名の知行を安堵する。
史料4	（1389）康応元・4・1	萩原宮直仁親王所領譲状	27	288	尊隆に、飾万津別符を譲与する。
史料5	（1395）応永2・正・11	前讃岐前司定宣所領譲状案	28	300	経増に、播磨飾万津別符・摂津中条牧金武名・備中大島保四分一・越中糸岡庄を譲与する。
史料6	（1402）応永9・11・25	周高書状	30	324	安芸守に、飾万津別符の奉行を約束する。
史料7	（1413）応永20・10・10	室町幕府御教書案	33	348 349（本文略）	栂尾先照院住持（経増）に、播磨飾万津別符・摂津中条牧五百住村金武名の所務を命じる。
史料8	（1418）応永25・10・5	伏見宮貞成親王令旨案	34	363 364（本文略）	先照院律師御房（経増）に、飾万津別符の相伝知行を安堵する。

史料9	（1419）応永26・8・16	比丘尼尊立所領寄進状	35	368	鹿王院に、餝万津別符を寄進する。
史料10	応永26・9・27	伏見宮貞成親王令旨	37	371	鹿王院方丈に宛て、餝万津別符を祈祷料所として鹿王院に寄附する。
※史料11	「応永26・9・27」	伏見宮貞成親王女房奉書	36	373	庭田中将（重有）に、餝万津別符の寄附を伝達する。
史料12	年未詳・9・23	伏見宮貞成親王書状	44	372	超願寺方丈に、餝万津別符の寄附を伝達する。
史料13	（1420）応永27・閏正・25	大納言大僧都経増所領譲状案	38	377 376（本文略）	館隼人允に、餝万津別符を譲与する。
※史料14	年月日未詳	播磨国餝万津別符相伝系図	39	378	治部卿忍乗―前讃岐前司定宣―先照院経増―館隼人允長貞までの相伝系図。
※史料15	年月日未詳	播磨国餝万津別符相伝系図	40	379（本文略）	治部卿（先照院祖父）―前讃岐前司（先照院親父）―先照院（経増）―館隼人允長貞までの相伝系図。
史料16	応永27・3・18	昌積聞書	41	382	萩原法皇―吉祥光院―萩原宮―尊隆までの相伝を記す。
史料17	年月日未詳	餝万津別符聞書	43	383	餝万津別符の相伝次第を聞き書きしたもの。
史料18	年月日未詳	餝万津別符由来目安（後欠）	42	384	餝万津別符の由来を、鹿王院出官が栂尾で老僧に尋ねる。

〔備考〕※史料1　貞治改元は9月23日のため年月日の検討を要す。「後光厳院々宣」との端書があるが、後光厳天皇は在位中である。光厳院々宣案か。
※史料11　年月日は端裏書の年紀による。
※史料14　端裏書に「案文」と記載あり。系図本文に「応永廿七閏正廿五」とあるので、これ以降の成立か。
※史料15　端裏書に「経増系図」と記載あり。系図本文に「応永廿七年閏正月廿五日」とあるので、これ以降の成立か。

の翻刻には文字の異同がみられ、また、本文の内容がほぼ同じ文書が二通ある場合は一方が省略されている。そこで、これらを整理し、相論に関する文書名とそれぞれの史料番号、内容等を一覧表にまとめた（【表】「鹿王院文書」所収飾万津別符に関する文書一覧を参照）。

（1）相論の発端

応永二十五年（一四一八）四月五日、赤松小寺入道性応が伏見宮に、飾万津別符の代官職を望み申してきた。これに対し、伏見宮は、勝阿が奉行として補任状を書き下すよう下知している。五月二十六日、赤松小寺入道が申すには、飾万津別符では、「萩原宮平岡御比丘尼被支仰」との状況にあるという。

その一方、六月十七日には、栂尾の経増が所望ありとして一献分を持参し伏見宮家を訪れた。備中国大島保四分一と飾万津別符は相伝の地であると主張し、文書等を見参に入れ、返付するよう所望してきたのである。しかし、伏見宮は、大島保はすでに経時朝臣に一円知行の安堵を下したし(25)、飾万津別符については代官に沙汰を仰せ付けた最中であるから難儀との返答をしている。九月十七日、それでもなお経増は飾万津別符代官職を望み申し、課役三百疋を沙汰するとの請文を勝手に提出してきたが、伏見宮は「課役乏少之間可加増」として、これを返却している。

結局、十月四日になって、課役五百疋ということで治定し、伏見宮は、経増に代官職補任の令旨を下したのであった【表―史料8】(26)。その後、十二月二十四日には、経増より代官年貢が到来し、「室町院領興行初而年貢祝着也」と、伏見宮は室町院領からのはじめての年貢到来に満足気な様子を示している。

ところが、翌応永二十六年九月十八日、事態は急変する。

山坊経増参、播州飾万津別府事、本主〈平岡御比丘尼、萩原殿宮〉勅《マ》王《マ》院ニ御寄附之間被下庄主云々、当方代官赤松遠州此子細注進申、可如何候哉之由経増申、何様先不可承引之由可仰代官之由令申、

（『看聞日記』応永二十六年九月十八日）

経増がやってきて、「本主〈平岡御比丘尼、萩原殿宮〉」が鹿王院に飾万津別符を寄附し、庄主を下したという事実が発覚する。また、「当方代官赤松遠州」よりも詳しい事情が注進される。伏見宮としては、鹿王院への寄附を承引しない旨を代官に命じている。

ここで、飾万津別符の「本主〈平岡御比丘尼、萩原殿宮〉」側の主張について確認しておきたい。「本主〈平岡御比丘尼、萩原殿宮〉」という人物については、次の史料から特定される。

【表—史料4】萩原宮直仁親王所領譲状(27)

播磨国飾万□《津》別府尊隆比丘尼にゆつるなり、

一期の後ハ惣領に返つけらるへし、

康應元年四月一日

（花押）

この康応元年（一三八九）四月一日「萩原宮直仁親王所領譲状」によれば、平岡比丘尼とは萩原宮直仁親王女の「尊隆」（尊立）(28)であり、尊立にとって飾万津別符は、父直仁親王から正当に譲与された所領であった。ただし、文書袖の追而書には、一期の後は「惣領」に返付するよう定められていた。

尊立は、この直仁親王の譲状を副えて、応永二十六年（一四一九）八月十六日、飾万津別符を鹿王院に寄進したのである(29)。尊立が鹿王院への寄進を行った理由は、次の寄進状より明らかとなる。

【表—史料9】比丘尼尊立所領寄進状(30)

はりまの国しかつの別符、御師の御房

普明国師の御塔頭鹿王院ニきしんしたてまつる事
右□□、ミつからまてハ、四代たうちきやうにて候、いつそや、此う□これゆゑなくわつらわし被申候、然ニ、とかのおの山の坊ニ申たんし、かのいらんを申やめさせ候、半分をけいやくにて、とりつかせ候、もし、ふほうけたい候ハヽ、なん時もけいやをやふ□（る）へきよし、かたきやくそくにて候に、かの坊主円寂候、その弟子、しやうたいなくなり候いぬ、けんく、ふしミとのゝ御領と申かすめこそハ、一ゑんニとり候事、是非なく候、かくのことく候うゑハ、もとのけいやくやふれ候也、別相伝たる間、代々たうちきやうにて候、更々ふしミとのへ御けいはう、御わたり候ましき所領也、当年よりハ、寺家より一ゑんニ御ちきやう候へく候、仍萩原の宮の御ゆつり状をあいそゑて、きしん申処之状如件、

応永廿六年八月十六日　　比丘尼尊立（花押）

この寄進状によれば、尊立までは四代にわたって当知行してきたが、違乱が発生し、年貢半分にてこの違乱を止める契約を栂尾の坊主と結んだが、その坊主が円寂し、弟子の代になってからその契約は正体なくなってしまったという。その上、「ふしミとのゝ御領と申かすめこそハ、一ゑんニとり候事、是非なく候」、「ふしミとのへ御けいはう、御わたり候ましき所領也」とあり、伏見宮家には渡らない所領であるとし、鹿王院の一円知行を望み、餝万津別符を寄進したことが明記されている。尊立は、四代にわたって当知行してきた別相伝の所領[31]として、伏見宮家領となるのを拒んで鹿王院への寄進を行ったのであった。

（2）餝万津別符の相伝由来

前掲【表―史料9】尊立の寄進状において、尊立がはじめ契約を結んでいた栂尾の坊主の弟子とは、伏見宮に対して、備中国大島保四分一と餝万津別符は相伝の地であるとして、はじめ返付を、その後に代官職を所望してきた経増

である。経増が飾万津別符とともに相伝の地であると主張した、備中国大島保四分一については、前述のとおり、すでに経時朝臣に対して伏見宮が一円知行の安堵を下していた。

まずは、室町院領備中国大島保を一円安堵された、経時朝臣の出自を確認しておきたい（『尊卑分脈』をもとに作成した略系図【系図1】を参照）。

【系図1】

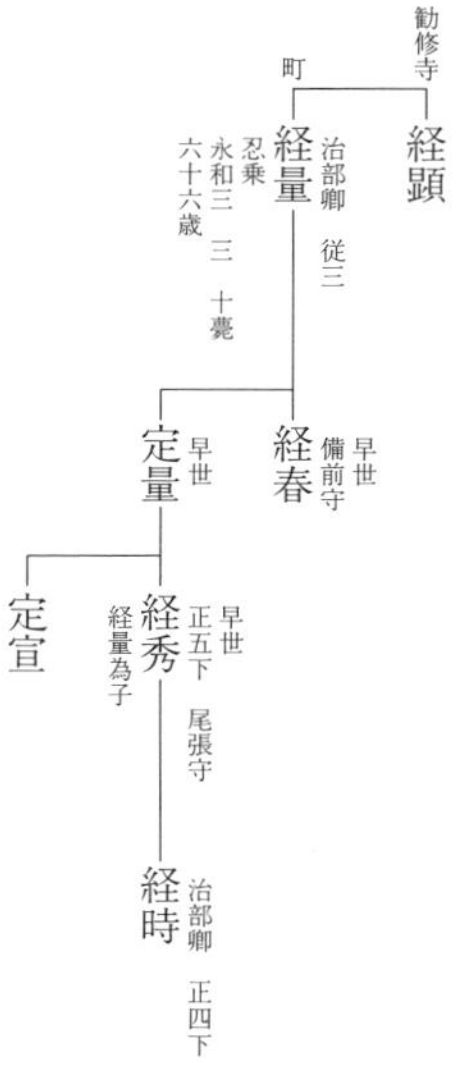

勧修寺経顕の弟である治部卿町経量（忍乗）は、子の定量の早世により、孫の経秀を子とした。同じく早世であった経秀の子が経時朝臣にあたる。「室町院領目録案」(32)の「一　六条院領」の内、備中国大島保の追記にみえる「経秀」とは、町経秀を指すと推定される。経時朝臣は父の経秀より相伝の大島保を譲与されたのであろう。なお、大島保は、応永五年に後小松天皇より伏見宮家に与えられた室町院領七カ所の内である。

次に、飾万津別符の相伝次第を聞き書きしたとされる文書を掲げる。

【表—史料17】飾万津別符聞書(33)

（端裏書）「飾津（飾万津）聞書」

飾万津別符事、萩原宮ヨリ御息女尊立大姉ニ御譲ハ康暦（康応）元年四月一日御書也、
彼宮、応永五年五月十五日崩御了、御在世時者、右馬介入道常照後ハ宗安号赤坂、彼別符ヲハ御代官仕候了、宮崩御
後、鹿苑院殿御自筆仁目録於被遊テ、十六个所伏見殿御進候キ、然間、遠江守御領共相違候トテ、尼難渋申候間、
高首座御方ヨリ安芸守ニ被仰付、以国方可了見、然者、御代官職ヲ可預由、被仰候間、浦上美濃守方申付候キ、
自応永九年至同十二年、四个年取継申候了、御補任御状、美濃返事在之、然ニ彼公用内三貫文首座引違、被召仕
候間、無沙汰之由被仰、応永十三年ヨリ召放、栂尾山房ニ御預候之処也、然ニ後光厳院々宣貞治元年七月廿二日、
至応永十三年ハ四十五年以前事也、祖父治部卿忍乗、萩原宮令旨康暦元年九月廿日、至応永十三年廿八个年以前
事也、親父讃岐前司、当身孫ト云、
何ニトテ御代官、不預以前ニ親父・祖父代ニ證状共ヲ孫持候五十代所得也哉由、被申候、先年浦上ノ美濃。無謂違乱申事候之時、管
領様ヘ申、違乱停止御教書取持候由、申候ナル、其モ尊立御比丘尼為御代官、マツ沙汰候之事ニテ候、人ノ所領
ヲ預申候テ、自然、沙汰ヲ仕テ候ヘハトテ、我家領ニ可申掠事、不可有事ニ候、
彼別符事萩原法皇ヨリ御息女ノ吉祥光院ニ御譲候、然ニ、吉祥光院御早逝候之間、御舎兄萩原殿ニ譲被申候、又萩原殿ヨ
リ御息女、今ノ尊立御比丘尼御譲候間、尊立マテハ四代当知行ノ家領也、然ヲ我栂尾ヲ離山仕、依無正躰成候、
伏見殿御家領と申掠事、彼所行、無是非次第候、

田平氏によれば、この文書の作成者は記されていないが、文中に「祖父治部卿忍乗」、「親父讃岐前司」とみえることから、【表─史料14・15】相伝系図の「先照院」、つまり経増が作成者であろうと推測している。

経増は、【表─史料1】貞治元年七月二十二日光厳院々宣を得た町経量（忍乗）を祖父、【表─史料3】康暦元年九

月二十日萩原宮直仁親王令旨を得た町定宣（前讃岐前司）を親父と主張していたのである。【系図1】では、定宣は早世であった定量の子にあたり、経増の主張によれば、町経時朝臣と経増は従兄弟ということになる。

前掲【表―史料17】において、その冒頭から、「……当身孫ト云」までが、相論での経増の言い分を聞き書きした部分にあたると思われる。しかし、続く「何ニトテ御代官……」から以後の部分には、「我家領ニ可申掠事、不可有事ニ候」、「伏見殿御家領と申掠事、彼所行、無是非次第候」などと、経増の行為を批判する内容が含まれている。よって、この文書の作成者は経増ではなく、飾万津別符の由来について聞き書きした鹿王院側ではないだろうか。

さらに、【表―史料17】と同様に、飾万津別符の由来について、鹿王院の出官が栂尾に出向き、尾崎坊という老僧に尋ねた内容を記した文書を掲げる。

【表―史料18】　飾万津別符由来目安[34]

「飾万津由来目案（安）」

萩原殿御息女御比丘尼尊隆之御領飾万津別符沙汰次第

鹿王院出官知人状取テ栂尾エ上リ、山坊謂ヲ相尋処ニ、尾崎坊ト申老僧ニ行合〈彼老僧答、我ハ本、上ノ山坊ニ居住僧也、〉

飾万津ノ別符御代管（官）預申候シ仁ハ、下ノ山坊ニテ候シ也ト申、其人ハ為我ニハ同朋ニテ候シ、交名ハ良順、名乗ハ増意、

去応永廿年三月廿一日ニ円寂候了、其弟子名明深、名乗ハ慶増ト云々候シ、無正躰成、当山ヲ離散仕候了、彼別符ヲハ、応永〈廿・廿一・廿二・廿三〉已上四箇年、御代管（官）分ニテ取続申候了、同廿四年秋、不知行方逐電候了、彼公用ハ限十二月致沙汰之間、及月迫山坊不見候間、不及力、国御代管（官）〈赤松遠江守〉雑掌公用拾壱貫文内、伍

貫文御比丘尼尊隆御方直ニ進上申候了、然ニ明廿五年ノ春、山坊慶増出来、彼公用事、我取続也、押テ直納之段、
不意得之由、腹立仕候、残陸貫文押取候了、
其後、伏見殿ハ萩原殿一跡ヲ可有御知行之由ヲ歎申、御簾料足毎年三貫文宛可進上由申、同廿五年公用拾壱貫文、
一円ニ取候了、尚以遠江守ノ手ヲ召放、備前之守護代小寺ニ御預候エト依申候、彼方エ可為御代官之由、自伏見
殿被成下御補任候処ニ、堅辞退申候了、
始尊隆御約束ニハ、公用内半分ハ其身可受用、半分ハ可進上、若不法懈怠候者、何時モ可召放由、以御一言被仰
付候キ、
故山坊一期間ハ、無子細取続申候了、弟子慶増如此無正躰、結句、伏見殿御領ニ申成候間、則召放、御親父萩原
宮ノ御譲状ヲ相副、鹿王院御寄進候也、然間、伏見殿彼子細依有御申、同廿六年八(九)月ニ則御寄附被成下令旨了、
当公用拾壱貫文、自遠江守方、一円ニ寺納候了、
然又彼慶増、我コソ始契約ノ為山坊由申、赤松大夫殿被官人多知(館隼人允)卜申仁ニ契約申候間、根元巨細、出官依申披、
奉行河間方・富田方、慶増申段無理之由、聞開、棄損候了、
為末代、任御寄進状旨、御教書并守護遵行ヲ可被召候也、
彼飾万津別符ハ萩原法皇より御井モフト子ニテ御座候シ吉祥光院ニ御譲候了、依有御早逝、御舎兄萩原宮ニ譲被
進候キ、仍而、御息女御比丘尼尊隆ニ御譲候也、当知行御□(領)□自法皇□(至カ)尊隆四□(代カ)　（後欠）

はじめ飾万津別符の代官であった良順（増意）が応永二十年三月二十一日に円寂し、弟子の明深（慶増）すなわち経増になってから、「無正躰成」というのは、前掲【表―史料9】尊立の寄進状にみえる内容と同様である。応永二十〜

二十三年の四カ年は代官として取り継いだが、応永二十四年秋に経増は逐電し、「国御代官赤松遠江守」の雑掌が公用十一貫文の内五貫文を尊立方に直接進上したという。国代官赤松遠江守とは、前掲『看聞日記』応永二十六年九月十八日条に、伏見宮家に注進してきた「当方代官赤松遠州」と同一人物であろう(35)。応永二十五年春、逐電していた経増が突如出来し、直納に腹を立て残り六貫文を押し取ったとされる。その後は、「伏見殿ハ萩原殿一跡ヲ可有御知行」と歎き、二十五年分は公用十一貫文を経増が一円に取ってしまったのである。「備前之守護代小寺」とは、応永二十五年四月二十五日、伏見宮家に飾万津別符の代官職を最初に望み申した「赤松小寺入道性応」を指すと思われるが、五月に「平岡御比丘尼被支仰」と報告して以降、姿を現さなくなっていた。これは「堅辞退申候了」とあるように、その後は「当方代官赤松遠州」に交代したのであろう。

また、はじめの尊立との約束では、半分は進上することになっていたにもかかわらず、契約を守らない経増によって「結句、伏見殿御領」にされてしまったことが、鹿王院への寄進の背景として示されている。

（3）相論の経過と背景

尊立が鹿王院に寄進して以降、伏見宮家は飾万津別符をめぐって鹿王院との交渉を続けていくこととなる。

応永二十六年（一四一九）九月二十二日、伏見宮は、近臣の庭田重有を使節として鹿王院へ向かわせ交渉を行った。翌二十三日、帰参した重有によれば、鹿王院納所と対面し、飾万津別符の件を問答したが、鹿王院への寄附を堅く嘆き申してきたという。二十四日には、宮家に鹿王院の納所が直接やってきて、「飾万津事所詮閣理非可有御寄附」と申し、「只今被下令旨可罷帰、其段難叶者可致他之了簡之間、御返事可承切(36)」として、伏見宮に寄附を迫るという強硬な姿勢をみせている。これに対し、伏見宮は「嗷訴理不尽申状也」としながらも、課役の沙汰も叶わないまま、「此上者無力寄附不可有子細」との返事をやむなく行ったのであった（『看聞日記』応永二十六年九月二十四日）。こうして、九月二十七日、鹿王院に対し、飾万津別符寄附の令旨(37)【表―史料10】を遣わしたのである。その同日には、経増が宮家にやってきて鹿王院への寄附を嘆いたが、伏見宮は「既被下令旨了、於于今不可叶」としている。伏見宮と尊立(寄進後は鹿王院)との相論は、伏見宮による鹿王院への飾万津別符の寄附という形で終着する。

しかし、経増は、伏見宮が鹿王院へ寄附したことを未だ納得しておらず、経増と鹿王院との間では相論が継続していたのである。この後の飾万津別符の状況を確認しておこう。

経増は、応永二十七年(一四二〇)閏正月二十五日付で、飾万津別符を「為私領代々相伝知行」してきたとして譲与する旨の譲状(38)【表―史料13】を、館隼人允なる人物に対し与えている。このことは『看聞日記』には全く記載がなく、伏見宮の知らないところで経増が勝手に行った譲与行為であった。鹿王院と経増側との相論の過程を示す、前掲【表―史料18】「飾万津別符由来目安」によれば、経増が譲状を与えた館隼人允とは、赤松大夫の被官人であり、経増は館隼人允と「契約」を結んでいたと主張したものの、結局、経増の申し分には理がないとして聞き入れられず「弃損」されたのであった。

ここで、中世前期と後期の荘園制をつなげて見通す視座から、これまで展開されてきた飾万津別符をめぐる相論の背景にある、それぞれの立場を確認しておこう。

田平氏は、治部卿忍乗から経増を経て館隼人允までの伝領と、花園院からその子孫(尊立)への伝領の、異なる二つの伝領系統を示した上で、この二者を相論の対立軸とし、いずれが相伝の正当性を有するかという視点から立論する。そして、この相論の首謀者は館隼人允とみている。

しかし、尊立の立場は、花園院以来の本家の地位に由来するのではないだろうか。別相伝として当知行してきた尊立は、本家に由来し相伝する飾万津別符が伏見宮に渡ることを拒み、鹿王院に寄進したのである。一方、経増の立場は、治部卿忍乗（町経量）以来の領家の地位に由来する（と主張する）のではないだろうか。町定宣が萩原宮の令旨により安堵されているのだから、萩原宮は本家の地位にあり、町定宣が領家（預所）の地位にあったのだろう。ただし、職の体系がすでに崩壊している室町期にあっては、本家の系譜を引く尊立は、経増と代官契約を結んでいた。しかし、経増が逐電したので、守護方の「国代官」赤松遠江守と契約したのであろう。

（4）伏見宮家領へ

『看聞日記』応永三十年（一四二三）三月二十四日条によれば、飾万津別符はこの間もいまだ経増が押領を続けていたため、寺家（鹿王院）は不知行であったが、去る二月に経増が横死したとの報せが伏見宮家にもたらされる。よって飾万津別符が「無主」になったことから、今度は本照院大納言法印なる人物が由緒ありとして預け下すよう、伏見宮に懇望してきた。伏見宮家では、「以前鹿王院寄附之地、又軽行ニ本照院可賜令旨之条如何」として面々が評定を加えたが、結局は、「寺家雖有御寄附之号、不知行之上者不可有異儀歟」との意見により、本照院に令旨が与えられることとなった。経増の時には課役五百疋であったが、今回は三百疋とし、「何様ニも帰本路為管領之条珍重也」として、まずは伏見宮家が元どおり管領できるようになったことを喜んだ。

しかし、この後も鹿王院側からは、飾万津別符を返付するよう度々の要請があり、相論にもなっていたが、(39)応永三十二年（一四二五）になると、本照院から華恩院に奉行が交替したようで、伏見宮貞成は自らが得度する際の「天役」を華恩院に課している（『看聞日記』同年七月二十六日）。そしてこの後も、永享十二年（一四四〇）の「伏見宮家領目録案」(40)には「播磨飾万津別符　千余疋、華恩院課役分　五百疋致沙汰」とみえることから、華恩院の奉行は継続している。(41)また、文安三年（一四四六）の「伏見宮貞成譲状案」(42)にも飾万津別符は記載されていることから、伏見宮家の実効知行が成功した所領といえるだろう。

以上のごとく、飾万津別符をめぐっては、伏見宮と直仁親王女の比丘尼尊立との間、尊立が鹿王院に寄進した後は鹿王院と伏見宮家代官の経増との間、また経増が横死した後は再び伏見宮家と鹿王院との間で相論が惹起していた。飾万津別符は、伏見宮家が応永五年に与えられた室町院領七カ所のうちには該当しておらず、これまで「室町院領」と呼称するのは伏見宮側の記録においてのみであった。また、伏見宮と対立する比丘尼尊立・鹿王院側の主張において、飾万津別符が室町院領と呼称されたことはなく、実は室町院領たるかも判然としない所領である。

そもそも、飾万津別符が室町院領とされる史料上の初見である「治部卿忍乗所領譲状案」(43)【表―史料2】には、「此所々御領者、自室町女院之為朝恩、忍乗拝領地也」との端書があり、これが室町院領たる根拠とされてきた。しかし、田平氏が指摘するように、飾万津別符を含む所領の譲与者である治部卿忍乗(勧修寺経量)の生没年を換算すると、忍乗が室町院に仕えるというのは年齢的に不可能である(『尊卑分脈』、『公卿補任』)。よって、「治部卿忍乗所領譲状案」自体が謀書の可能性がある。あるいは、この室町院よりの朝恩として忍乗が拝領したとする端書が、いつの時期に書かれたものであるかは定かでなく、端書のみが偽りであるという可能性もあり、やはり飾万津別符が室町院領たるかは判然としない。

伏見宮家が、応永二十三年に室町院領「永代」管領の勅裁を得て以降、代官職の補任などを求めて宮家を訪れる者たちが増加していった。そのなかには、経増のような由緒が定かでない者も含まれていたであろう。また、飾万津別符のごとく室町院領であるか判然としない所領であっても、伏見宮によって直仁親王遺領はすべて室町院領と認識されていたのである。このため、直仁親王より譲状を得て正当に所領を譲与されたにもかかわらず、王子女たちの当知行の一期分までも否定されたことから、相論に発展したのではないだろうか。

2　近江国山前庄

近江国山前庄は、応永五年（一三九八）に与えられた室町院領七カ所のうちに入っており、応永二十三年（一四一六）に「永代」管領の勅裁を得た所領である。しかし、伏見宮家による山前庄の実効知行は安定せず、宮家では相論への対応に苦慮していた様子がうかがえる。

『看聞日記』応永三十年（一四二三）八月十日条には、「抑去四日室町殿院参之時、此御所窮困之次第仙洞有御物語、山前庄事可被返付之由被執仰、而徳光院寄附之間難治之由被申云々、先如此計会之式及御沙汰之条為悦也、此子細永基朝臣物語云々」とあり、仙洞から室町殿に対して伏見宮家の困窮が伝えられ、山前庄を返付するように執り成しがされたが、室町殿からは、徳光院にすでに寄附されており難しいとする返答があったという。その後、『看聞日記』永享二年（一四三〇）十月十四日条には、「抑山前庄事、両三年付奉行〈清和泉守〉訴訟申。徳光院〈近来領主〉・京極中納言・是と三方相論也」とみえる。山前庄をめぐっては、近来領主である徳光院・京極中納言・伏見宮との三方相論になっていたのである。

この近来領主である徳光院とは、前掲『椿葉記』のとおり、直仁親王の王子である周高西堂が、萩原殿を改造し徳光院という名称の寺院にしたものであった。しかし、周高西堂自身は応永二十六年八月十三日に円寂しており（『看聞日記』同日）、周高が没した後も徳光院は山前庄をめぐって訴訟を続けていたことになる。しかし結局、永享二年十一月六日、室町殿（足利義教）による山前庄安堵の御内書が伏見宮家に到来し、山前庄をめぐる相論は決着を迎えたのである。(44)

なお、この間のことを『椿葉記』では、「其後かうしう山前庄を御内書にて給はる。これは室町院領にて長講堂領のかはりに最初綸旨を故親王拝領ありしに、徳光院かすめ申給て近比不知行のところをあんどし侍れば、快然のいたりとまゆをひらくもの也」と記される。山前庄は室町院領であり、没収された長講堂領の代わりとして、故栄仁親王が拝領した所領であったものを、徳光院が不当に掠めていたため不知行であったとの認識を、伏見宮は抱いていた。

山前庄では、応永二十三年に「永代」管領の勅裁を得たにもかかわらず、伏見宮と室町院領の本主直仁親王の王子周高との間で相論が惹起していた。また、周高の没後も伏見宮家が不知行の状態が継続し三方相論に発展していた。山前庄は応永五年に伏見宮家に与えられた室町院領七カ所の内であり、伏見宮が周高亡き後も不知行であることを不当と認識するのも当然であろう。仙洞の口入を得た上で室町殿によって解決がはかられ、ようやく伏見宮家による山前庄の実効知行が回復したのである。

3 越後国梶庄

ここでは、応永二十三年（一四一六）に伏見宮家が「永代」管領の勅裁を得た室町院領のなかから、越後国梶庄（加地庄）を取り上げる。

応永二十五年（一四一八）四月十九日、室町院領梶庄・菅名庄について、田村左京亮盛兼（仁科一族）なる人物が、越後守護の上杉民部大輔と有縁であるとして代官職を伏見宮に望み申してきた。ただし、「梶庄者、萩原殿宮南禅寺任蔵主御当知行也、無左右難道行事也、然而先申付了」（『看聞日記』同日）と、伏見宮は、梶庄に関しては萩原殿（直仁親王）の王子で南禅寺の任蔵主が当知行しているので、簡単にはいかないだろうとしながらも、まずは申し付けている。そして、この日の日記の頭書に「此両庄事、田村其後不申是非左右、自元存内事也」とあるように、伏見宮自身も、萩原殿の王子が当知行している地ゆえ、守護有縁の者が介入したからといって、簡単には知行地の獲得が叶わないことは承知していたようである。梶庄に関するその後の進展はしばらくみられないが、状況が変化したのは永享三年（一四三二）のことである。

永享三年十一月三十日には、「室町院領越後国梶庄南禅寺任西堂〈萩原殿御子〉御知行也、而去年御円寂云々、此間聞之、御領事明盛可籌策之由申、仍目安等遣之」（『看聞日記』同日）と、直仁親王王子の南禅寺任西堂が永享二年に没したことを聞き及び、今度は明盛が秘計を廻らすと申し出てきたので、伏見宮は目安を遣わしている。また、翌永享四年には、再び秘計を廻らす者が越後の守護代と問答の上、「渡状」を進めると申してきたのである。

抑越後梶庄事、有籌策申人、越後守護《上杉》代ニ此間問答之処、可進渡状之由申、先以珍重也、此庄室町院領也、南禅寺任西堂〈萩原宮御息〉御知行也、而去年西堂御円寂之間、於于今無主也、仍申試也、西堂遺跡競望云々、定可及上裁者歟、

（『看聞日記』永享四年四月十日）

当知行していた南禅寺の任西堂が没し、今は「無主」の地になったことから伏見宮は申し試すのだという。伏見宮家は、応永二十三年に室町院領「永代」管領の勅裁を得たとはいえ、すぐに室町院領の実効知行が可能となったわけではなかった。当知行が優先される現実のもと、萩原殿の王子が没し無主の地になったからこそ、伏見宮家にも知行地獲得の可能性がみえてきたのである。ただし、伏見宮は「西堂遺跡競望云々、定可及上裁者歟」と予想していた。これ以降、『看聞日記』には梶庄に関する記事はみえず、永享十二年の伏見宮家領目録にも記載されていない。結局のところ、室町院領であっても梶庄は伏見宮家領とはならなかったのであり、伏見宮家が室町院領「永代」管領の勅裁を得て知行地の獲得をはかったものの、実効知行がいかに困難であったかを物語っているといえよう。

4　直仁親王の王子女について

最後に、室町院領の本主である直仁親王の王子女についてまとめておこう（【系図２】参照）。

【系図２】

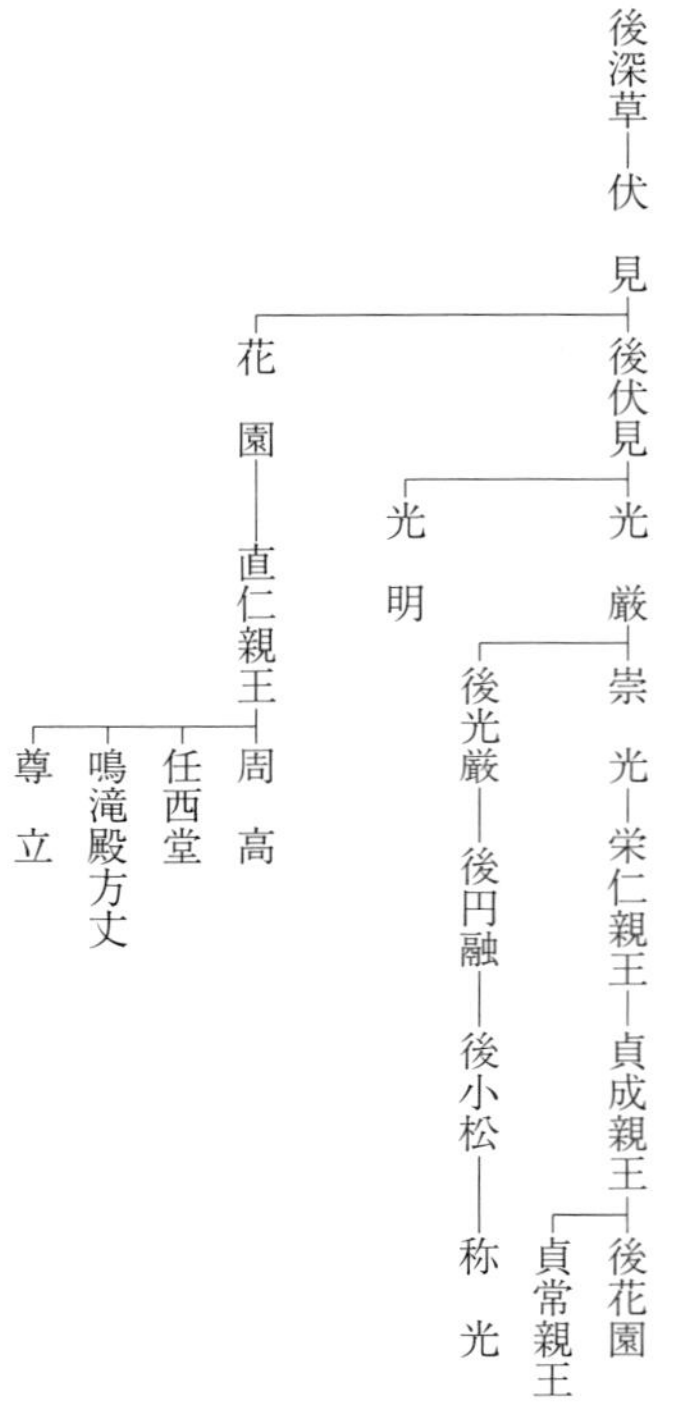

（注）周高は応永二十六年八月十三日没（『看聞日記』同日）。
任西堂は永享二年没（『看聞日記』永享三年十一月三十日）。
鳴滝殿方丈は応永三十一年五月二十七日没（『看聞日記』応永三十一年五月二十八日）。

直仁親王の王子女には前述の、萩原殿を仁和寺の徳光院[45]という寺院に改造し、山前庄をめぐって伏見宮と相論になっていた周高西堂、飾万津別符をめぐり伏見宮と相論になっていた比丘尼尊立、梶庄を当知行していた南禅寺の任西堂に加え、鳴滝殿の方丈だった王女が存在する。なお、応永五年（一三九八）八月、「兼敦朝臣記」[46]に「八月七日、伝聞、今日萩原殿宮御方〈花園院御孫也、故春宮入道殿御子〉御入室勧修寺宮云々、入道相国御猶子之分也云々」とみえ、足利義満の猶子となって勧修寺に入室している萩原殿の宮が存在している。[47]応永五年五月に直仁親王が没してすぐ後に入室した、この人物が周高である可能性もあろう。

比丘尼尊立が当知行していた飾万津別符の経営に関わって、次の周高の書状が残されている。

【表─史料6】周高書状(48)

飾□（万）□（津）□□（契カ）状、可被調遣候、依秘計、無為候者、
奉行事、永不可有改動之義（儀）候也、
广永九
十一月廿五日　　　周高
安芸守殿

秘計を廻らし成功すれば永く奉行に任ずるとした、「安芸守殿」宛ての周高書状である。また、前掲【表─史料17】「飾万津別符聞書」によれば、萩原宮直仁親王の在世時は、右馬介入道常照（後は宗安、赤坂と号す）が飾万津別符の代官だったが、直仁親王の没後に、「鹿苑院殿御自筆仁目録於被遊テ、十六个所伏見殿御進候キ(49)」となったという。そのため、遠江守が所領を違えて尼（比丘尼尊立カ）が難渋していたことから、「高首座御方ヨリ安芸守ニ被仰付、以国方可了見、然者、御代官職ヲ可預由、被仰候間、浦上美濃守方申付候キ」とされる。つまり、「高首座御方」（周高）から命じられた奉行の安芸守が、飾万津別符の代官に浦上美濃守を申し付けたというのである。これは、同じ応永九年の出来事を指しており、この安芸守殿宛て周高書状の内容と符合する。しかも、応永九〜十二年の四カ年、取継をしていた浦上美濃守は、公用の内三貫文を高首座が引違えて召仕ったために沙汰しなくなり、このため代官を栂尾山坊に預けることになったという。飾万津別符を直仁親王から譲与されたのは尊立であるが、その経営には尊立とともに周高も深く関与していたことが明らかである。

ところで、『看聞日記』応永三十一年（一四二四）五月二十八日条には、「鳴滝殿方丈〈萩原殿前坊宮〉昨日申時御円寂云々、自去年中風脚気、此間増気、遂以御逝去、驚歎不少、六十歳云々」とあり、鳴滝殿と称される仁和寺十地院の方丈だった直仁親王の王女（名は不明）が没したとの記載がある。[50] 尊立とは別人の、鳴滝殿の方丈であった直仁親王王女が存在した。

『看聞日記』同年六月八日条によれば、「重有朝臣鳴滝へ参、故方丈事訪申為御使参、則帰参、安芸守久綱申次、寺家之式毎年物語、故方丈為菩提料所敷地一所〈二千余疋所云々〉徳光院有御寄附、其外御領等御沙弥御所御相続云々」と、伏見宮は故方丈の訪いのため、重有朝臣を鳴滝（仁和寺十地院）へ遣わしている。この時、申次をしている「安芸守久綱」なる人物が現れる。この人物は、寺家の式を毎年物語るとされることから、長く仁和寺十地院に奉公し取次をする者であったことがうかがえる。そして、この「安芸守久綱」こそが、飾万津別符の奉行を、かつて応永九年に周高から確約されていた「安芸守殿」に該当する可能性があるのではなかろうか。[51] また、故方丈の菩提料所として敷地一所二千余疋が、同じ仁和寺内にあり、かつて兄周高が住持をしていた徳光院に寄附されることになったという。直仁親王の没後、尊立による飾万津別符の経営には周高が深く関与し、さらに周高と鳴滝殿（十地院）方丈にも、直仁親王の王子女間のつながりが見出される点を指摘しておきたい。

むすび

本章では、伏見宮家領の形成をめぐって、とくに室町院領たる点に着目し、伏見宮の所領認識と相論について、本主である直仁親王の王子女との関係性を軸に論じてきた。伏見宮家は、応永二十三年（一四一六）に室町院領「永代」

管領の勅裁を得て以降、応永五年（一三九八）にすでに与えられていた室町院領七カ所に加え、これ以外の室町院領に関しても宮家が管領すべき所領との認識を強め、実効知行地の拡大と課役収入の増加をはかっていったと思われる。しかし、伏見宮家の実効知行地の獲得は容易ではなく、室町院領の本主である直仁親王の王子女との相論が惹起されていた。播磨国飾万津別符では、正当に譲与された所領であるとして、伏見宮家へ所領が渡ることを拒む直仁親王の王女尊立によって、鹿王院へ寄進されることになった。また、近江国山前庄では、本主の直仁親王の王子周高が権利を主張し、周高の没後も徳光院と京極中納言とによる三方相論に発展し、その解決は仙洞の口入を得た上で、室町殿（足利義教）によってはかられることとなった。

伏見宮家が安堵されているのは室町院領であるが、直仁親王遺領が室町院領のみだったとは限らない。直仁親王遺領が全て伏見宮家領だと主張するのは、伏見宮側の論理である。ゆえに当知行していた直仁親王の王女尊立が、所領は別相伝であり、伏見殿には渡りまじき所領と主張するのも無理からぬことであろう。正当に譲与された所領の一期分を否定されことから、相論に発展したのではなかろうか。

伏見宮家領は、永享十二年（一四四〇）八月二十八日「伏見宮家領目録案」によって実行知行できている所領の全体像が明らかになるが(52)、文安三年（一四四六）八月二十七日「伏見宮貞成譲状案」によれば、永享十二年時とほぼ変わることなく伏見宮家を継承する貞成親王の二男貞常親王へと譲与されたことがわかる。

『看聞日記』には、永享十二年の伏見宮家領目録に掲載されていない室町院領（あるいは伏見宮が室町院領と認識する）荘園の名が多数見出され、例えば越後国梶庄や筑前国赤馬庄などもそのなかに含まれる。これら荘園に関する記事の多さは、伏見宮家が室町院領の永代管領の安堵を得て以降、宮家が実効知行していない室町院領荘園の代官職補任を求めて宮家を訪れた者が多かったことを意味しているといえよう。伏見宮は、安定した家領経営を目指し、知行地の拡大・課役収入の増大をはかるため、宮家を訪れた守護有縁と称する者らを請われるがまま代官職に補任したものの、その実効知行は容易に叶わなかったのである。室町院領「永代」管領の安堵を有しつつも当知行の者が存在した場合、これを排除するのは困難であり、結局のところ、目録掲載の荘園のみしか家領として存続できなかったということになろう。

さて、これまでの女院領研究では、中世前期、とくに女院領が治天の君のもとに集積される鎌倉後期までが中心となっていて、中世後期まで見通した視角からの研究は十分になされていない現状にある。大覚寺統に伝領した旧八条院領と室町院領については、安楽寿院領を除いたその多くは散逸したとされ、ほとんど注目されてこなかった。しかし、榎原雅治氏によって、中世後期の八条院領荘園を例に、鎌倉期以前の本家と室町期の本家を統一的にとらえる試みが行われている(53)。一方、持明院統（北朝）に伝領した長講堂領（宣陽門院領）と室町院領については、室町期における存続が確認でき、とくに持明院統（北朝）に伝領し、伏見宮家領となった室町院領は、女院領としての名称が最後までたどることができる女院領ともいえよう。中世前期と後期の荘園を比較し、荘園制を軸に中世を一貫してとらえる視角の重要性を再確認しておきたい。

また、女院領の伝領と不可分の関係にあるとされる天皇家の追善仏事の変遷について、第二章と第五章で検討したが、室町院領を伝領した伏見宮家では、それに伴って追善仏事も継承されていったのかが次なる問題となろう。室町院領は、花園院の時までは、後堀河院の追善仏事は室町院領からの用途で催す、という認識をもたれる女院領であったことがすでに指摘されている(54)。しかし、『看聞日記』をみる限り、室町院領を有するものの、もはや伏見宮主催での後堀河院の追善仏事は行われていない。その背景には、当然仏事用途の問題があり、『看聞日記』にしばしば「計会」と記される宮家の困窮した経済事情を鑑みれば、追善仏事の開催どころではないのかもしれない(55)。

　室町期には、室町院領は後高倉―後堀河皇統の所領という認識はすでに薄くなっていたのであろう。それは、後高倉―後堀河皇統を追善する御願寺としての安楽光院と、仏事用途としての室町院領が、切り離されてしまっていたこともその要因であると思われる。室町院領はもはや安楽光院での追善仏事用途を負担する女院領ではなくなり、伏見宮家の経済を支えるための所領だったのである。伏見宮にとって、室町院領とは、山前庄を指して「これは室町院領にて長講堂領のかはりに最初綸旨を故親王拝領ありし」（『椿葉記』）のごとく、本来有していたにもかかわらず没収されてしまった長講堂領の代わりの所領という意味しか持ち得ていなかったのであろう。女院領の伝領と御願寺での皇統の追善仏事とが切り離され、もはや中世前期女院領の役割を喪失した、中世後期女院領の姿を、伏見宮家領となった室町院領にみることができるのではないだろうか。

　室町期北朝の祖先祭祀では、天皇家あるいは伏見宮家にとって重視すべき追善仏事の選抜がなされていったと想定され、直近の父祖を除くと、持明院統の祖である後深草院や長講堂を建立した後白河院の追善が重視されていた様子がうかがえる。(56) 嫡流という意識と皇統の祖先祭祀は密接に結びつくと考えられることから、後光厳流と崇光流の祖先祭祀のあり方の比較を通して、後花園がいずれの皇統を継承したのかに関してもさらなる検証が必要となろう。(57)

注

（1）　代表的なものとして、横井清『室町時代の一皇族の生涯』（講談社学術文庫、二〇〇二年、旧版は一九七九年）。飯倉晴武「室町時代の貴族と古典―伏見宮貞成親王を中心に―」（『日本中世の政治と史料』吉川弘文館、二〇〇三年。初出は一九七〇年）。阿部猛「中世後期における都市貴族の生活と思想」（和歌森太郎先生還暦記念論集刊行会編『古代・中世の社会と民俗文化』弘文堂、一九七六年）。市野千鶴子「伏見御所周辺の生活文化」（『書陵部紀要』三三、一九八二年）。位藤邦生『伏見宮貞成の文学』（清文堂、一九九一年）。研究代表者森正人『伏見宮文化圏の研究』（平成十～十一年度科研費研究成果報告書、二〇〇〇年)。松岡心平編『看聞日記と中世文化』(森話社、二〇〇九年)。松薗斉「『看聞日記』に見える尼と尼寺」(『愛知学院大学人間文化研究所紀要　人間文化』二七、二〇一二年)。同「室町時代の女房について—伏見宮家を中心に—」(『愛知学院大学人間文化研究所紀要　人間文化』二八、二〇一三年)。植田真平・大澤泉「伏見宮貞成親王の周辺—『看聞日記』人名比定の再検討—」(『書陵部紀要』六六、二〇一四年)など。

(2) 黒川正宏「山城国伏見荘の地侍たち」(『中世物村の諸問題』国書刊行会、一九八二年)。佐藤和彦「公家の住む村—山城国伏見荘の場合—」(阿部猛編『日本社会における王権と封建』東京堂出版、一九九七年)。同「中世荘園における領主支配と荘民生活—『看聞日記』を読む—」(民衆史研究会編『民衆史研究の視点』三一書房、一九九七年)など。

(3) 八代国治「伏見御領の研究」(『国史叢説』吉川弘文館、一九二五年)。中村直勝「室町院領」(『中村直勝著作集第四巻　荘園の研究』淡交社、一九七八年。初出は一九三九年)など。

(4) 金井静香「再編期王家領荘園群の存在形態—鎌倉後期から南北朝期まで—」(『中世公家領の研究』思文閣出版、一九九九年)。

(5) 福田以久生「『御領目録』の送進について」(『古文書研究』二四、一九八五年)。伴瀬明美「東寺に伝来した室町院遺領相論関連文書について」(『史学雑誌』一〇八—三、一九九九年)。伴瀬氏により、先駆的研究の修正と、相論関連文書が作成された経緯や伝来が解明された。

(6) 以上の経緯は、金井前掲注(4)論文を参照。

(7) 『椿葉記』は、『群書類従』第三輯帝王部巻三十を用い、『村田正志著作集第四巻　証註椿葉記』も適宜参照した。

(8) 伏見宮家による播磨国の国衙領経営に関しては、市沢哲「伏見宮家の経営と播磨国国衙領—『徴古雑抄』所収「播磨国国衙領目録」の研究—」(『日本中世公家政治史の研究』校倉書房、二〇一一年)が、新史料にもとづき詳述している。市沢氏は、伏見宮家の播磨国衙領「支配」の内実について、国主というよりも、国衙領の知行者というべき位置にあったと述べる。本章では、国衙領における事例を参考にし、伏見宮家を室町院領の知行者と位置づけ、支配ではなく、知行という表現を用いる。

（9）　応永五年十月十六日「後小松天皇綸旨」（『兵庫県史　史料編中世九・古代補遺』）。応永五年に与えられた室町院領七カ所とは、伊賀国長田庄、近江国山前庄（南庄・橋爪〈号七里〉・八里・北庄役）、近江国今西庄、近江国塩津庄、若狭国松永庄、越前国磯部庄内粟田嶋、備中国大島保を指す。

（10）　長講堂領で、名字の地である伏見御領は、応永十五年五月に足利義満が没すると、同年十一月、伏見宮家に返付されている（『椿葉記』）。

（11）　『看聞日記』は、『図書寮叢刊　看聞日記』一～七を用い、『続群書類従　補遺二（看聞御記上・下）』も適宜参照した。

（12）　飯倉晴武「資料紹介　後崇光院御文類」（『書陵部紀要』一九、一九六七年）。

（13）　明盛は、この一件の後は許しを得て再び伏見宮家にも参仕するようになる（『看聞日記』応永二十四年十二月二十三日）。また、明盛は六条殿預に補任されている（『看聞日記』応永二十五年二月二日）。

この後も武蔵堀池をめぐっては、武蔵堀池内の山野等は、大通院（栄仁親王）の時に性徳院に寄附したにもかかわらず、明盛が押領・違乱を続けているとの訴えが、性徳院によって度々伏見宮家に持ち込まれている（『看聞日記』応永二十五年四月二十七日、永享三年七月五日、同年十月十一日）。

（14）　『看聞日記』応永二十五年十月四日条には、「武蔵堀池事、吾代未成下安堵之間、永円寺頻申、仍成下令旨了」とある。このように、貞成への代替安堵を求めて伏見宮家を訪れた者も多いと思われる。

（15）　八代恒治氏所蔵文書、『兵庫県史　史料編中世九・古代補遺』。

（16）　『迎陽記』第一（史料纂集）応永五年八月十三日条に「傳聞、今日伏見入道親王御方、令移萩原殿給、伏見殿ハ被渡申室町殿云々、彼御移徙御経営二萬疋被進了」とある。

（17）　『図書寮叢刊　看聞日記』七。

（18）　『大日本史料』応永十五年三月八日条所収。

（19）　ただし、『看聞日記』応永三十二年七月四日条（頭書）には、「筑前赤馬庄天役、自太子堂五百疋致沙汰、神妙也。此庄寺家寄附之間、邂逅御大事之時、臨時役可沙汰之由兼約也。仍此大事ニ懸天役了」とあり、貞成の出家に際し、赤馬庄に臨時役が懸けられている。

(20) 建長三年正月~建長四年六月までの間に作成されたと推定される宣陽門院領目録については、本書第三章を参照。

(21) 鷹司家文書、『兵庫県史　史料編中世九・古代補遺』。

(22) 東山御文庫記録、『兵庫県史　史料編中世九・古代補遺』。

(23) 田平孝三「播磨国飾磨津別符の伝領と支配」(『歴史研究』四二、二〇〇五年)。以後、田平氏の所論はこの論文による。

(24) 鹿王院文書研究会編『鹿王院文書の研究』(思文閣出版、二〇〇〇年)。

(25) 『看聞日記』応永二十四年十二月二十六日条には、治部卿経時朝臣が伏見宮家を訪れ、「室町院領備中国大島保事、四分一栂尾経増律師知行、然而有子細被召放了、経時朝臣一円可知行之由、大通院御時内々被仰下云々、未被下安堵之間、只今可被下令旨之由申、御兼約上者無子細」として令旨を得ている。

(26) 応永二十五年十月五日「伏見宮貞成親王令旨案」(『兵庫県史　史料編中世七』「鹿王院文書」三四号)。

(27) 『兵庫県史　史料編中世七』「鹿王院文書」二七号。東京大学史料編纂所所蔵「鹿王院文書」写真帳により、文字を改めたところがある。

(28) 平岡とは、平岡善妙寺を指すか。加藤岡知恵子「室町時代比丘尼御所入室と室町殿免許について—伏見宮家姫宮と入室尼寺をめぐって—」(『史学』七三—四、二〇〇五年)を参照。
なお、尊隆・尊立の二通りの史料表記があるが、本人作成の寄進状【表—史料9】に基づき、尊立と表記する。

(29) この直前の八月十三日、尊立の兄の徳光院周高が円寂している(『看聞日記』応永二十六年八月十三日)。後述するように、徳光院周高が、飾万津別符の経営に関与していたことは、「播磨国飾万津別符聞書」(『兵庫県史　史料編中世七』「鹿王院文書」四三号)より明らかであり、尊立の後ろ盾となっていた周高の円寂が、飾万津別符の鹿王院への寄進に影響したという可能性もあろう。

(30) 『兵庫県史　史料編中世七』「鹿王院文書」三五号。東京大学史料編纂所所蔵「鹿王院文書」写真帳により、文字を改めたところがある。

(31)「昌積聞書」(『兵庫県史　史料編中世七』「鹿王院文書」四一号)によれば、四代とは、萩原法皇(花園院)―吉祥光院―萩原宮―尊隆である。
(32)八代恒治氏所蔵文書、『兵庫県史　史料編中世九・古代補遺』。
(33)『兵庫県史　史料編中世七』「鹿王院文書」四三号。東京大学史料編纂所所蔵「鹿王院文書」写真帳により、文字を改めたところがある。
(34)『兵庫県史　史料編中世七』「鹿王院文書」四二号。東京大学史料編纂所所蔵「鹿王院文書」写真帳により、文字を改めたところがある。
(35)応永十四年三月日付「島田益直注進　長講堂領目録案」の「一　庁分」内、播磨国松井庄右方を知行する人物として「赤松下総入道跡赤松遠江五郎」と記載されている。同じ播磨国であることから、国代官赤松遠江守と、この「赤松遠江五郎」は同一人物であろう。
(36)鹿王院領の成立と変遷を追った新田英治氏によれば、「他之了簡」が何を意味するかは明らかでないが、幕府の力を借りることを言外にほのめかしているという(同「室町期禅宗寺院領荘園の推移―鹿王院領の場合―」『講座日本荘園史4　荘園の解体』吉川弘文館、一九九九年)。
(37)「伏見宮貞成親王令旨」(『兵庫県史　史料編中世七』「鹿王院文書」三七号)。
(38)「大納言大僧都経増所領譲状案」(『兵庫県史　史料編中世七』「鹿王院文書」三八号)。
(39)『看聞日記』応永三十年九月二日、応永三十一年六月五日、同十七日、七月十九日、同二十五日など。
(40)永享十二年八月二十八日「伏見宮家領目録案」(『兵庫県史　史料編中世九・古代補遺』)。
(41)新田氏によれば、こののち鹿王院領のなかには飾万津別符の名がみえないことから、ある時期、伏見宮家に返付された可能性を指摘する(新田前掲注(32)論文)。
(42)文安三年八月二十七日「伏見宮貞成譲状案」(『兵庫県史　史料編中世九・古代補遺』)。
(43)「治部卿忍乗所領譲状案」(『兵庫県史　史料編中世七』「鹿王院文書」一〇号)。

(44) 京極中納言は、西園寺実光に比定される（『建内記』永享二年七月二十五日など）。

(45) 徳光院が仁和寺であることは、『看聞日記』応永二十四年三月十二日条に、治仁王の称号をめぐって葆光院と光徳院の二案について評定した際に、「光徳院ハ仁和寺徳光院〈萩原殿称号〉打返様也、葆光院可然歟之由治定了」とみえる。

(46) 『大日本史料』応永五年八月七日条。

(47) 松薗斉「中世の宮家について―南北朝・室町期を中心に―」（『愛知学院大学人間文化研究所紀要　人間文化』二五、二〇一〇年）。

(48) 『兵庫県史　史料編中世七』「鹿王院文書」三〇号。東京大学史料編纂所所蔵「鹿王院文書」写真帳により、文字を改めたところがある。

(49) 足利義満によって一六カ所が伏見宮栄仁親王に進められたとあるが、前述したように、聞書のこの部分が経増の主張であることも踏まえると、一六カ所という数の根拠は不明である。

(50) 『看聞日記』応永二十五年十二月二十六日条には、「姫宮〈七歳、葆光院第一宮〉十地院殿〈号鳴滝、萩原殿宮〉有御入室、堅固内々儀也」とみえ、十地院には治仁王の姫宮が入室している。

(51) なお、安芸守久綱は、永享三年に「安芸守久綱寺領如我物管領、任我意之間、寺家之式散々窮困、過法之由方丈歎奉之間、久綱御代官召放」（『看聞日記』永享三年八月十六日）と代官を解任されている。同年九月二十三日（『看聞日記』同日）、安芸守久綱は伏見宮家を訪れ、「鳴滝殿御領事歎申」したものの、「治定之上者無力事也」とされた。

(52) この伏見宮家領目録に基づいて、金井氏は、「伏見宮家は、参仕者に所領を奉行させ、あるいは年貢を御恩や御訪として給付する形を整えた」点を指摘する（金井前掲注（4）論文）。

(53) 榎原雅治「近年の中世前期荘園史研究にまなぶ」（『歴史評論』六五四、二〇〇四年）。

(54) 近藤成一「鎌倉幕府の成立と天皇」（『鎌倉時代政治構造の研究』校倉書房、二〇一六年。初出は一九九二年）。

(55) 伏見宮家は、応永三十一年八月に、「宮中闕乏事」を仙洞に申し入れ、「室町院領六七ヶ所一紙」を注進している（『看聞日記』応永三十一年八月十二日、十八日、十九日、二十一日）。

（56）『看聞日記』永享三年七月十三日、同六年正月十四日、同八年正月十三日など。

（57）最新の研究史については、久水俊和「天皇家の追善仏事と皇統意識―室町後期から中近世移行期の事例を中心に―」（『国史学』二一七、二〇一五年）を参照。

終章　成果と展望

一　本書の成果

本書は、中世前期〜後期を一貫して見通す視角から、女院領の伝領と天皇家の追善仏事の変遷を有機的に結びつけて検討したものである。とくに、皇女女院領に限定されない女院領の多様な側面とともに、女院領が中世を通じて転成していく姿を総合的に論じることを目的とした。各章において論述してきた点をまとめておきたい。

まず、七条院領とこれに系譜を引く四辻親王家領を例に、第一章では女院領の伝領と治天の君との関係性を追究した。修明門院から孫の善統親王への七条院領譲与の背景を検討し、七条院領を継承した修明門院の所領処分においては、七条院領の処分時と同様に、隠岐に配流されていた後鳥羽院の意向がはたらいていた可能性を指摘した。

善統親王が、弘安三年（一二八〇）と正応二年（一二八九）の二度にわたって旧七条院領を後宇多院に譲進した理由については、従来、両統の対立から大覚寺統の所領を増加させようとする後宇多院側の一方的な所領集積と考えられてきた。しかし、検討の結果、むしろ譲進する四辻親王家側に、所領の保護を治天の君に依頼するという目的があったことが明らかになった。善統親王は、同じ順徳皇統を継承する岩蔵宮との訴訟や、領家教令院等との職の体系内部での対立を抱えており、大覚寺統後宇多院の保護を得ることによって、親王家領としての生き残りに成功したともいえる。

次に、天皇（院）のための追善仏事は、女院が執行する仏事のなかでも、天皇家の王権と密接に関わる最重要な仏事と位置づけられるとの認識のもと、第二章では、後白河の追善仏事である長講堂八講と、後鳥羽の追善仏事である安楽心院八講を例に、女院側の視座に立って検討を加えた。宣陽門院は皇位皇統へ接近する志向性を有していた。長講堂領の場合、後白河の追善仏事が後嵯峨皇統に完全に移管されたことを背景に、所領と仏事が一体となって継承されていったことを論じた。また、長講堂領の伝領においても、治天の君側の一方的な所領集積ではなく、譲与者の宣陽門院によって主体的に被譲与者が選定されたことを指摘した。

一方、修明門院が執行していた安楽心院八講を検討した結果、修明門院の没後、後鳥羽の追善仏事は、後鳥羽皇統の正統な継承者たることを標榜した後嵯峨により接収され、女院領と仏事が分離し、仏事のみが皇位皇統に継承されることになっていったことを解明した。このことは、女院領の伝領と仏事の義務を負うことが不可分の関係にあるとする説に再考を迫るものである。

第二章で対象とした宣陽門院領は、父の後白河院から譲与された長講堂領を中核としつつも、数点ある目録によれば、他にもいくつかのまとまりを持った荘園群から形成されている。第三章では、先学が分析していない「宣陽門院領目録」をはじめて本格的に取り上げ検証した。この目録はいまだ十分に史料批判されることなく、注記された年紀を根拠に、貞応三年（一二二四）頃に作成された目録として利用されてきたという問題があった。そこで、他の目録類との比較を行った上で、注記人名や作成年代を比定し、この目録の作成時期を解明した。その結果、この目録は、建長三年（一二五一）正月以降、宣陽門院が没する建長四年六月までの間に作成されたものであると推定した。

また、目録の作成時期が宣陽門院置文の作成された時期と一致していることから、この目録は、宣陽門院領の処分に際して置文とともに作成されたものと位置づけられる。さらに、寛元四年（一二四六）の後嵯峨の譲位、後深草の践祚と同時期に行われた鷹司院出家の事例からは、後白河の追善仏事を吸収した後嵯峨皇統の確立を確認した後に、鷹司院ではなく後深草への長講堂領の譲与を、宣陽門院が自らの意志で決定したことを指摘した。

そして、第四章では、奥羽に所在する唯一の長講堂領である出羽国大泉庄との関わりから、長講堂領の変遷について論じた。とくに島田家文書所収「長講堂領年貢注文断簡」に注目し、この断簡の人名比定や追筆の年紀などを分析した。その結果、長講堂領年貢注文の原文書は貞応年間（一二二二～一二二四）に作成されたものであり、これが貞応年間以降～元徳二年（一三三〇）頃までの百年以上にわたって年貢収納の際に用いられていたことを明らかにした。長講堂領は、建久二年（一一九一）に後白河院領のなかから設定された御願寺領であるが、のちに建久目録のままでは年貢収納システムに破綻が生じ、寺用を維持できなくなっていった。そのため、「長講堂領年貢注文断簡」が作成された貞応年間までには、所領の再編成とともに年貢額が新たに定まったものと考えられる。また、応永十四年（一四〇七）宣陽門院領目録に記された大泉庄の年貢額「砂金百両、御馬二疋」は、応永十四年頃の年貢額そのものではなく、建久二年十月以降、貞応年間までに新たに定められた、鎌倉中期頃の年貢額を示すものであると指摘できる。

さて、第二章で論じたように、後鳥羽追善仏事は、はじめ修明門院により安楽心院で営まれていたが、後嵯峨によって、修明門院の有していた請僧決定権が奪取され、さらに大多勝院に開催場所を変更することによって、後嵯峨の修す仏事として完全に接収されてしまう。後嵯峨には、順徳皇統のもとにあった後鳥羽の仏事を自らの皇統に取り込むことで、後鳥羽の正統な継承者たることをアピールする目的があった。

第五章では、後嵯峨の没後、後鳥羽・後嵯峨の八講はともに治天の君が主催する、他とは異なる特別の仏事として天皇家のなかで重視され、治世の交替とともに仏事を主催する皇統も交替する現象がみられる点を指摘した。後鳥羽の供養は、両統の対立の激化や後醍醐の挙兵失敗など、皇統の安定性をきわめて欠いた状況において重視されたが、それは、後鳥羽が皇統の安定のために威力をもつ先祖と認識されていたからであった。また、崇徳院怨霊との比較から、後鳥羽の追善仏事には、怨霊を鎮撫する目的だけではなく、後嵯峨以降の皇位皇統に正統性を付与する意義も込められていたと論じた。さらに、「広義門院御沙汰」による後鳥羽追善仏事を例に、後鳥羽の直接の子孫たるか否かにかかわらず、治天の君が行う王権護持の性格が強い仏事であったことを指摘した。中世天皇家にとって、後鳥羽は、院政の創始者である白河・両統の起点となった後嵯峨とともに、皇統の正統性および天皇家の王権の確立に重要な意義を付与する治天の君の一人として長く崇敬され、追善の対象となっていたのである。

第五章での検討を受け、続く第六章では中世天皇家の追善仏事について、鎌倉後期～南北朝期を中心に特徴的な事例を抽出し、その変遷を跡付けた。後嵯峨の没後、後鳥羽と後嵯峨の追善仏事は、治世の交替とともに治世にある皇統がその仏事を主導した。ただし、後嵯峨の追善仏事は、治世にある皇統内に複数の院がいる場合、治天ではなく、皇統の家長が沙汰する仏事であった。一方、後鳥羽の追善仏事は、治世にある皇統の家長ではなく、治天である院が主催する仏事であった。中世天皇家の遠祖の追善仏事が消失し、代わって直近の家長の追善仏事に集約されていくようになる南北朝期、八講から経供養へと仏事形態が変わっても、長講堂では後白河の追善仏事が継続して行われている。長講堂では、願主後白河院とともに、長講堂領の形成・維持に大きく寄与した宣陽門院の忌日仏事が、応永年間にも継続して実施されていたことを指摘した。

最後に、室町期における女院領の新たな展開を探るため、室町院領の行方に注目した。室町院領は伏見宮家領となったことで、宮家領として最後まで存続した女院領ともいえる。第七章では、伏見宮家領が室町院領を中心に形成されている点に注目し、室町院領をめぐる所領相論について、本主である直仁親王王子女との関係性を中心に論じた。

伏見宮家は、応永二十三年（一四一六）に室町院領「永代」管領の勅裁を得て以降、安定した家領経営のため、実効知行地の拡大と課役収入の増加をはかっていった。しかし、実効知行地の獲得は容易には叶わず、室町院領の本主である直仁親王王子女と相論になっていた。例えば、播磨国飾万津別符のように、室町院領であるか判然としない所領であっても、伏見宮によって直仁親王遺領はすべて室町院領と認識されていたことがうかがえる。そのため、直仁親王より譲状を得て正当に所領を譲与されたにもかかわらず、王子女たちの当知行の一期分までも否定されたことから、相論に発展した可能性がある。安楽光院での追善仏事用途を負担する女院領ではなくなった室町院領は、伏見宮にとって宮家の経済を支える所領だったのである。ここに、中世前期女院領の役割を喪失した、中世後期女院領の姿をみることができよう。

二　展望と課題

1　女院領の処分と承久の乱の影響

女院領の譲与・処分をめぐる治天の君との関係について、これまで、後嵯峨院政期以降、譲与者である女院の意向は無視され、治天の君の強引な働きかけによって、女院領が治天の君のもとに一方的に集積されていったと説かれてきた。(1) これに対し、本書では、七条院領に系譜を引く四辻親王家領や宣陽門院領を例に、治天の君に所領を譲進する親王家や女院側に主体性が認められる伝領形態を提示した。そこで、他の女院領に目を転じ、「承久没収地」として後高倉院に返進されたという、共通の由緒をもつ安嘉門院領と室町院領を例に、女院領の処分と承久の乱の影響についての見通しを述べておきたい。

まず、八条院領を継承した、安嘉門院領の処分について取り上げる。

弘安六年（一二八三）九月四日、安嘉門院の死去に伴い、安嘉門院の遺跡は室町院が沙汰することになっていた（『公衡公記』弘安六年九月四日）。しかし、十一月になると、亀山院は関東に使者高倉永康を派遣し、強引に安嘉門院領を手中に入れたため、安嘉門院遺領を一旦相続したにもかかわらず、室町院にとってはまさに「浮雲之富」となったのである（『勘仲記』弘安六年十一月二十一日）。従来は、このように、安嘉門院遺領は、室町院に譲与しようとした安嘉門院の意思に反し、亀山院が鎌倉幕府の口入で強引に集積したものと考えられてきた。

しかし、安嘉門院領の処分に関する新史料が、伴瀬明美氏によって紹介された(2)。この新史料には、安嘉門院の譲状案が三通存在している。伴瀬氏の解説によりながら、その内容を簡単にまとめておきたい。

文永六年（一二六九）室町院宛の初度の譲状では、八条院遺跡は、室町院一期の後には亀山天皇に譲与することが記されている。また、翌文永七年の二度目の譲状では、室町院一期の後、亀山天皇に譲与することを重ねて記した上で、さらに亀山天皇とその母の大宮院が共同領知するよう指示しているとされる。そして、弘安五年（一二八二）の三度目の譲状においても、室町院一期の後の亀山院への譲与を遵守するように記されている。さらに後々、違乱が生じた際には幕府へ相談するよう、安嘉門院が申し置いているが、これは安嘉門院領が「承久没収地」であることに関わっているという。

以上三通の安嘉門院譲状の発見により、処分について、室町院一期の後は亀山院に譲与するとした、安嘉門院自身の意向が明らかになった。そして、従来説かれてきたように、本来は室町院に譲与されることになっていた安嘉門院遺領を、治天の君である亀山院が幕府へ遣使して無理やり収奪したのではなく、安嘉門院自身の意思のもと、猶子たる亀山院が未来領主に定められていたため相続が可能であったことがわかる。ただし、実際には、室町院の一期領主たることを否定し、即座に亀山院が相続できたのは、鎌倉幕府の介入によるものであることは疑いないだろう。

新史料の内容をふまえ、安嘉門院と亀山院の関係を軸に、安嘉門院領の処分について見直してみたい。

『公衡公記』弘安六年九月四日条には、「抑安嘉門院与新院御父子之儀也」とあり、亀山院は、安嘉門院と猶子関係を結んでいたことがわかる。また、新史料により安嘉門院から譲状を得ていたことも明らかになった。つまり、亀山院は、猶子になっていることに加え、譲状をもっているという要件を満たした、安嘉門院領の正当な被譲与者だったことになる。安嘉門院が被譲与者を決定する所領処分権を有していることから、治天の君亀山院による一方的な集積とはいえず、譲与の主体性は安嘉門院側にあったとみなすことができる。

次に、室町院領の処分についても触れておきたい。

正応六年（一二九三）の室町院置文案[3]によれば、はじめ後嵯峨院から亀山院を猶子にして所領を譲与するよう働きかけがあり、室町院は、所領の中心である金剛勝院領を、亀山院に対し譲与するつもりだったが、本意でないことばかりあるので、亀山院への譲与を止め、今は行幸もある伏見天皇に、室町院領を譲ることを改めて申し置いたという。

室町院は、すでに弘安年間に亀山院への譲与を決めていたにもかかわらず[4]、その後、亀山院への譲与を取り消し、正応六年には伏見天皇へ譲ることを改めて決定したため、室町院が没した後、両統の間でその遺領の帰属をめぐり相論が惹起されることになっていった[5]。

このように、弘安年間には亀山院が、正応六年には伏見院が、ともに室町院と猶子関係を結び、さらに譲状を所持していたからこそ、それぞれが被譲与の権利を主張できたものと考えられる。つまり、所領の被譲与者たるには、譲与者の猶子であることと譲状を得ていることが必要条件であったのではないだろうか。治天の君であるからといって一方的・恣意的に女院領を奪取できたわけではなく、必要条件を満たした正当な被譲与者たることが重視されていたのである。

以上、安嘉門院領・室町院領いずれの所領処分においても、正当な被譲与者としては、猶子たることと譲状を所持していることが要件であり、被譲与者の決定権は女院が有していることから、治天の君との関係において、譲与の主体性は所領処分権を有する女院側にあったと指摘できる。

最後に、承久の乱後の女院領における荘園領主の交替が、女院領の処分に及ぼす影響について、若干の見通しを述べておきたい。

承久の乱後に、幕府によって新たな荘園領主として後高倉院が据えられたことに由来する安嘉門院領・室町院領では、所領処分に際し、処分の内容が幕府の介入によって改められるといった影響を受けることになった。これに対し、承久の乱後も荘園領主の交替がない七条院領・宣陽門院領の場合には、所領処分の内容に、直接幕府が介入した形跡はみられないという差異が認められる。つまり、承久の乱後の荘園領主交替の影響が、女院領の処分のあり方にまで及んでいた可能性があるのではないだろうか。

承久の乱が女院領の処分に及ぼした影響については、鎌倉後期に頻繁に惹起する「承久没収地」をめぐる所領相論の問題と合わせて(6)、今後の課題としたい。

2　女院領の役割や意義―女院領の伝領と追善仏事の関係から―

女院領の伝領をめぐっては、皇位を伝える皇統とは別の、天皇の菩提を弔う行事を継承する「皇統」というものの存在が指摘され、所領の伝領と追善仏事の義務を負うことの不可分の関係が提示されている(7)。そこで、本書での検討をふまえ、皇女女院領と后妃女院領に弁別した上で、両方の共通点を見究め、女院領の伝領と追善仏事の関係から、女院領全体の役割や意義についても展望しておきたい。

まず、皇女女院領である宣陽門院領の場合、宣陽門院が護持する「皇統」の仏事を後世にわたって退転なく修し続けるために、皇位皇統へ接近する宣陽門院自身の志向性が認められる。後白河院国忌に催される長講堂八講は、上卿・弁等の太政官機構が関与し、治天の君が行う国家的仏事としての性格と、女院が本所として行う仏事という面が融合した、治天の君と女院との共同運営仏事であった。また、長講堂八講は、寛喜三年に「鷹司院御沙汰」で開催されたが、皇女でも後家でもない鷹司院は、宣陽門院の猶子であり、所領譲与を約束されていたことから本所の役割を代行したものと考えられる。

長講堂の本所である宣陽門院（猶子の鷹司院）は、後白河「皇統」の仏事（後白河追善の長講堂八講）を執行することによって、旧後白河皇統を護持していたのである。つまり、皇統の断絶・交替が続き、皇位継承が不安定な時期にあっても、本所として「皇統」の仏事を執行することによって、旧後白河皇統を護持し続けてきたのであり、それを通して、女院は、天皇家の王権を護持する役割を果たしていたのである。一方、治天の君は、後白河「皇統」の仏事（後白河追善の長講堂八講）を執行することを通して、自らの皇統の正統性を確保しようとしたのである。

宣陽門院は、四条の夭折→後嵯峨の登位→後深草への譲位（後嵯峨皇統の確立）という一連の動向のなかで、皇位皇統との結びつきを失くした鷹司院にではなく、後白河を皇統の祖と位置づけ、仏事を主催する治天の君後嵯峨（公家は後深草）に対し、すぐに長講堂領を譲与し、後白河の追善仏事を任せる意向を固めたのであろう。長講堂領の場合、仏事料所と追善仏事が一体となって継承されていったのである。

次に、同じく皇女女院領である八条院領の場合、鳥羽院から所領を譲与された八条院は、鳥羽院忌日には安楽寿院で鳥羽院の追善仏事を行っていた。[8]そして、承久の乱後に八条院領を継承した安嘉門院によって、鳥羽院の追善仏事も引き継がれたことが指摘されている。[9]このように、所領と一体となって継承した、直接の父祖ではない皇統の祖先（天皇）の追善仏事を、皇女女院である安嘉門院が皇統を超えて行っていることは、大きな意義を有しているといえる。同一皇統内（いわば家族内）で自らの父や夫といった、家族の菩提を弔うのであれば、皇女や後家の立場でも行っていることである。しかし、安嘉門院は、女院という身位にあったからこそ、本家として所領経営を行い、仏事用途を拠出することができたのであり、皇統を超えて、所領とともに継承した安楽寿院での鳥羽院追善仏事の運営にも関与していたと考えられる。

ところで、このような皇女女院領をめぐっては、これまで、なぜ院から皇女女院に所領が譲与され、女院領が形成されたのかが、問われてきた。皇女女院領が形成された理由とは、皇統が分立し、皇位継承が不安定だという時期的要因が大きく関係しているように思われる。女院は、王権の中枢とは相対的に距離を保ち、政争を超越した独自な位置にあって、王権が崩壊するのを防いだとの指摘がある。[10]皇統が分立し、皇位継承が不安定な時期ゆえに、院が後事を託すにあたり、政争とは一線を画し、荘園領主として自立して荘園経営できる、皇女女院に対して所領を譲与したのであろう。皇女女院領の成立には、如上の時期的要因からくる天皇家の事情が想定される。

一方、后妃女院領である七条院領は、息の後鳥羽院によって設定された女院領である。本書では、承久の乱後、「遠所」（隠岐の後鳥羽院）の意向が、七条院領の処分、さらには修明門院領の処分にまで及んでいた可能性を指摘した。[11]修明門院のもとには、承久の乱によって父の順徳天皇が佐渡に配流されたため、養育の後ろ盾を失った孫にあたる四辻宮や岩蔵宮といった順徳皇子達が集まり、その庇護を受けていたと思われる。

修明門院は、後鳥羽「皇統」の仏事（後鳥羽追善の安楽心院八講）を執行することによって、旧後鳥羽皇統を護持していたのであり、養育していた順徳皇子達は、皇位を継承する可能性をもった存在だったのである。それゆえ、修明門院が行ってきた「皇統」の仏事のうち、後鳥羽院の追善仏事は後嵯峨皇統に接収されてしまった。しかし、その仏事料所である七条院領は四辻親王家に伝領し、順徳皇統に帰属したままであった。つまり、七条院領の場合は、女院領と追善仏事が一体となって伝領されず、分離する現象が発生したのである。

上記のように、皇女女院領と后妃女院領には、独立して経営する女院領から仏事用途を拠出し、「皇統」の祖先祭祀として天皇（院）の追善仏事を沙汰するという、女院領が有する共通の役割が見出される。次に、女院領からの仏事用途により、女院が本所として天皇（院）の追善仏事を運営できた時期に注目したい。

女院が、女院領を伝領し、「皇統」の祖先祭祀を行い、継承する役割を果たしたのは、皇統の断絶・交替が続き、皇位継承が不安定な時期にあたる。皇統の断絶・交替が続く天皇家において、天皇を輩出する皇統として、後嵯峨皇統が出現し確立する以前に、それぞれの「皇統」ごとに歴代天皇（院）の追善仏事を行っていたのが、女院領を有した女院の歴史的役割ということになろう。

女院には、女院領荘園を経営し、所領処分権を有する、荘園領主としての側面がある。また、女院領荘園から仏事用途を拠出し、本所として御願寺で歴代天皇（院）の追善仏事を沙汰する、主催者としての側面もある。それは、皇統内で追善仏事を沙汰する場合もあれば、皇統を超えて、所領とともに歴代天皇（院）の追善仏事を継承する場合もあり、いずれも天皇家の王権を護持する役割を果たしていたのである。荘園領主として高い独立性を有する側面と、歴代天皇（院）の追善仏事を沙汰する側面、その両側面に女院領の歴史的意義があると思われる。

それゆえ、女院が女院領荘園を経営し、本所として御願寺で沙汰してきた歴代天皇（院）の追善仏事を沙汰できなくなった時に、この女院領の歴史的意義は終焉を迎えるといえるだろう。それは、御願寺での仏事と所領（仏事用途）

とが分離した状況を意味している。

例えば、後鳥羽院の追善仏事は、開催場所が安楽心院である限りは、修明門院が本所という立場で執り行っていたが、修明門院が没した翌年には、開催場所が大多勝院へと変更されている。こうして、御願寺での仏事と所領（仏事用途）は完全に切り離され、後鳥羽院の追善仏事のみが、後嵯峨によって自らの皇統の正統性のアピールのために接収された。そして、後嵯峨の没後になると、皇統の正統性および天皇家の王権確立にとって重要な治天の君（白河・後鳥羽・後嵯峨）のための追善仏事体系が、両統の分立が続く状況のなかで構築されていったのである。

とくに治天の君にとって重視すべき後鳥羽院の追善仏事は、文和二年（一三五三）の忌日には「広義門院御沙汰」により長講堂で行われている。広義門院は、弥仁（後光厳）践祚に先立って「政務」に就任し、治天の君のごとき役割を果たしたとされる女院である。皇女でない、西園寺氏出身の広義門院の立場とは、院と並んで天皇家の王権を護持する役割を果たす、女院の地位に由来するものであろう。女院領を経営し、歴代天皇（院）の追善仏事を行うという、前述した女院領の意義は終焉を迎えても、女院が天皇家の王権を護持する役割は継承されているといえる。

ところが、南北朝〜室町期になると、天皇家では院政期以来の遠祖の追善仏事が中断・消失し、直近の家長の追善仏事に集約されるようになる。そのような状況のなかで、八講から経供養へと形態は変化したものの継続する仏事も存在した。長講堂では、願主後白河院は勿論のこと、宣陽門院や後深草院の忌日仏事が、南北朝期以降も継続して行われている。それは、御願寺での仏事と所領（仏事用途）とが、分離せず一体となって継承されたことに起因するのであろう。

一方、室町院領は、花園院の時代までは、後堀河院の追善仏事は室町院領からの用途で催す、という認識をもたれるような女院領であった。[12] ところが、室町期になると、室町院領を家領とした伏見宮家では、後堀河院の追善仏事は行われていない。それは、室町院領が後高倉―後堀河皇統の所領であったという認識がすでに薄くなっていたからであろう。その要因として、後高倉―後堀河皇統を追善する御願寺としての安楽光院と、仏事用途としての室町院領が、切り離されていたことが挙げられる。女院領の伝領と御願寺での皇統の追善仏事とが切り離され、中世前期女院領の意義を失った中世後期女院領の姿を、伏見宮家領となった室町院領荘園にみることができる。

中世前期～後期を一貫して見通す視角を導入すると、女院領荘園は、長講堂領のように御願寺領として継続するもの、親王家領（宮家領）として生き残るもの、寄進により東寺領荘園に転換を遂げるものなど、多様な展開・転成を遂げていったといえる。このような女院領の多様性に応じて、その意義も多面的に論じることができる。女院領成立期からの八条院領系荘園との比較や、承久の乱が女院領に及ぼした影響などの諸課題についても、多面的に論じることによって、女院領の展開過程に新たな意義を見出すことが可能となろう。

注

（1）伴瀬明美「院政期～鎌倉期における女院領について―中世前期の王家の在り方とその変化―」（『日本史研究』三七四、一九九三年）。

（2）伴瀬明美「鎌倉時代の女院領に関する新史料―『東寺観智院金剛蔵聖教』第二八〇箱二一号文書について―」（『史学雑誌』一〇九―一、二〇〇〇年）。

（3）正応六年六月五日「室町院置文案」（『兵庫県史　史料編中世九古代補遺』）。

（4）弘安年間に亀山院との間に譲与契約があったことは、『鎌倉遺文』二一三〇八号「室町院遺領置文」による。

（5）複雑な室町院遺領相論については、伴瀬明美「東寺に伝来した室町院遺領相論関連文書について」（『史学雑誌』一〇八―三、一九九九年）が詳しい。

（6）「承久没収地」をめぐる所領相論については、高橋一樹「重層的領有体系の成立と鎌倉幕府—本家職の成立をめぐって」（『中世荘園制と鎌倉幕府』塙書房、二〇〇四年）など。

（7）近藤成一「鎌倉幕府の成立と天皇」（『鎌倉時代政治構造の研究』校倉書房、二〇一六年。初出は一九九二年）。

（8）一方、これと並行して、鳥羽御願の最勝寺においても、鳥羽院忌日を結願日として法華八講が修されている。

（9）近藤前掲注（7）論文。

（10）野村育世「王権の中の女性」（峰岸純夫編『中世を考える　家族と女性』吉川弘文館、一九九二年）。改題・改稿の上、同『家族史としての女院論』（校倉書房、二〇〇六年）に所収。

（11）なお、後鳥羽院の意向が女院領の処分に影響した背景には、修明門院が後鳥羽院と同居していて、同居女院達の経済的な自立性は低いとする指摘（伴瀬前掲注（1）論文）との関連も想起されるが、この点については今後の課題としたい。

（12）近藤前掲注（7）論文。

初出一覧

序　章　研究史と本書の課題（新稿）

第一章　七条院領の伝領と四辻親王家（布谷陽子「七条院領の伝領と四辻親王家—中世王家領伝領の一形態—」『日本史研究』第四六一号、二〇〇一年を改訂）

第二章　天皇家領の伝領と女院の仏事形態—長講堂領を中心に—（布谷陽子「王家領の伝領と女院の仏事形態—長講堂領を中心に—」入間田宣夫編『日本・東アジアの国家・地域・人間—歴史学と文化人類学の方法から—』入間田宣夫先生還暦記念論集編集委員会、二〇〇二年を大幅に改稿）

第三章　宣陽門院領伝領の一側面—宣陽門院領目録の検討を通じて—（布谷陽子「宣陽門院領伝領の一側面—宣陽門院領目録の検討を通じて—」『歴史』第一〇〇輯、二〇〇三年を大幅に改稿）

第四章　長講堂領の変遷と出羽国大泉庄—奥羽の天皇家領をめぐって—（布谷陽子「長講堂領の変遷と出羽国大泉庄—奥羽の王家領をめぐって—」入間田宣夫編『東北中世史の研究　上巻』高志書院、二〇〇五年を改訂）

第五章　承久の乱後の天皇家と後鳥羽追善仏事（布谷陽子「承久の乱後の王家と後鳥羽追善仏事」羽下徳彦編『中世の地域と宗教』吉川弘文館、二〇〇五年を改訂）

第六章　中世天皇家における追善仏事の変遷―鎌倉後期～南北朝期を中心に―（白根陽子「中世天皇家における追善仏事の変遷をめぐって―鎌倉後期～南北朝期を中心に―」遠藤基郎編『生活と文化の歴史学　第二巻　年中行事・神事・仏事』竹林舎、二〇一三年を大幅に改稿）

第七章　伏見宮家領の形成―室町院領の行方をめぐって―（新稿）

終　章　成果と展望（新稿）

あとがき

　私が女院領という研究テーマに出会ったのは、大学院の時に矢野荘の演習レポートをまとめたのがきっかけである。院の演習では『相生市史』を用いて室町期の矢野荘関係史料を読んでいたが、博士前期課程一年の学年末レポートでは、矢野荘が女院領から東寺領になるまでの伝領過程をたどり、東寺で行われる追善仏事とその用途の関係についても触れていた。今振り返れば、女院領の伝領と追善仏事という本書を貫く課題が、この時すでに芽生えていたことになり、自分でも驚いている。

　その頃、私は卒業論文とは別の新しい研究テーマをはじめようと考え、興味をもった本を次々と手にとって読んだものの、やりたいことが定まらず苦心していた。しかし、やっと女院領という興味のあるテーマをみつけることができたのである。そして、すぐに修士論文作成のための準備に取りかかった。史料を博捜し、東寺百合文書の写真帳をめくるなかで、これまで注目されていない史料をみつけ、先行研究とは違った解釈もできそうだと仮説を立てた。このような作業を通して、ようやく研究することの楽しさに気づけたように思う。女院領というテーマは、まだそれほど高い関心が向けられていた分野ではなく、皇女女院領の研究が中心だった。そこで、修士論文では后妃女院領にも注目した上で、鎌倉時代の女院領について追究した。

　博士後期課程に進学後、研究を本格的に進めようとした頃には、女院や女院領に関する論文が次々と発表されるようになっていった。このようななかで、七条院領に関する最初の論文を公表できたことは、研究を続けていく上で大きな励みとなった。その後、女院領と天皇家の追善仏事の関係性にも注目した論文を発表するなど、研究を積み重ね、博士論文をまとめることができた。

学部では、羽下徳彦先生に中世史料の基本的な解釈から古文書学の基礎、史料調査に伺う際の心得など様々な教えを受け、卒業論文のご指導を賜った。羽下先生の退官後に着任された柳原敏昭先生には、大学院入学後から修士論文の作成、そして博士論文の審査にいたるまで多くのご指導を賜っている。柳原先生が院の演習に矢野荘を選ばれたおかげで、私の女院領研究がはじまったともいえる。改めて感謝申し上げたい。また、入間田宣夫先生には学部で教えを受け、実は、学部二年時に入間田先生の史料講読で読んだ、鎌倉時代の東大寺再建に関する史料に興味を抱き、このテーマで卒業論文を執筆した。入間田先生からは、学会・研究会などの場でもご指導をいただいている。

こうした先生方からのご指導のほか、学部二年から参加していた中世史研究会では、論文の読み方から史料解釈までいろいろ学んだ。とくに夏の旅行では、史跡見学に加え、事前に勉強会を行った上で中世史料を見学でき、それは実際に生の史料に触れられる貴重な機会であった。

実をいうと、私は、はじめから日本史を専攻すると決めていたわけではなかった。高校時代に好きだった古典を学びたくて文学部に入学したものの、一年時に学んだ法学の講義のほうに興味をもち、次第に法学部に魅かれ転学部も考えるようになっていた。しかし、二年になって日本史研究室に所属し、先生方との出会いを通して中世史を学ぶことの楽しさを知ってからは、その迷いも消えていったように思う。

さて、私は現在、故郷である東北の地を離れ、東京で暮らしている。東京では、同じ大学の先輩である遠藤基郎先生が東京大学史料編纂所での仕事を勧めてくださった。史料編纂所では田島公先生のご高配を賜り、科研の特任研究員に加えていただいた。田島先生のスケールの大きなご研究からはたくさんのことを吸収させていただき、これまであまり触れてこなかった古代史料の世界にも視野を広げることができた。仙台から東京に出てきて間もなかった私にとって、親切にしてくださるあたたかい方々と知り合えた貴重な機会となった。

史料編纂所で勤務していた時に、近藤成一先生から著書の出版を勧められ、同成社にご推薦していただいた。近藤先生のご研究からは多大な学恩を受けており、本書の上梓を薦めてくださったことに改めて感謝申し上げたい。まだまだ不十分であることは自覚しつつも、今後さらに研究を続けていくための第一歩と考え、出版をお願いすることにした。出版をお引き受けくださった同成社にも心から御礼申し上げる。

最後に、私は、両親が共働きだったので面倒を見てくれる祖母と一緒に過ごすなかで、祖母からいろいろなことを教わりながら育った。歴史の話もその一つであり、今でも時々亡き祖母の言葉を思い出しては力を与えてもらっている。これまで、進路に迷い岐路に立つたびに、いくつかの可能性のなかから自分で道を選択し、前に進んできたように思う。それができたのは、いつも私の決断を尊重し、好きな道を歩むことを応援し見守ってくれた両親のおかげであり、深謝の気持ちとともに本書を捧げたい。そして、どんな時も私を励まし支えてくれる夫への心からの感謝の思いも記しておきたい。

二〇一八年七月

白根（布谷）陽子

女院領《にょいんりょう》の中世的展開《ちゅうせいてきてんかい》

■著者略歴■

白根陽子（しらね　ようこ）

1997 年　東北大学文学部卒業

2005 年　東北大学大学院文学研究科博士後期課程修了　博士（文学）

その後、東北大学大学院文学研究科専門研究員、東北大学百年史編纂室教育研究支援者、宮城教育大学非常勤講師、東京大学史料編纂所特任研究員等で勤務

主要論文

「七条院領の伝領と四辻親王家―中世王家領伝領の一形態―」（『日本史研究』第 461 号、2001 年）。「承久の乱後の王家と後鳥羽追善仏事」（羽下徳彦編『中世の地域と宗教』吉川弘文館、2005 年）。「長講堂領の変遷と出羽国大泉庄―奥羽の王家領をめぐって―」（入間田宣夫編『東北中世史の研究　上巻』高志書院、2005 年）。

2018 年 8 月 10 日発行

著　者　白　根　陽　子

発行者　山　脇　由　紀　子

印　刷　三報社印刷㈱

製　本　協　栄　製　本　㈱

発行所　東京都千代田区飯田橋 4-4-8　（〒 102-0072）東京中央ビル　㈱ 同 成 社

TEL 03-3239-1467　振替 00140-0-20618

©Shirane Yoko 2018. Printed in Japan

ISBN978-4-88621-800-1 C3321

同成社中代史選書

①日本荘園史の研究
阿部　猛著　三二八頁・本体七五〇〇円

荘園の成立過程から古代国家の財政機構、政治過程まで、半世紀にわたり荘園史研究に取り組んできた著者による多面的論集。袋小路に陥りがちな中世史研究に一石を投じる。

②荘園の歴史地理的世界
中野栄夫著　四一〇頁・本体九〇〇〇円

史料の悉皆調査と共に荘園史研究に欠くことのできない現地調査において、空中写真などをも利用する研究法の嚆矢ともいえる諸論文を集めた。今後の歴史地理研究への指針となるべき論集。

③五山と中世の社会
竹田和夫著　二八〇頁・本体六〇〇〇円

政治・外交・文化の諸分野に関わる人材を輩出した中世の五山。本書は、『蔭凉軒日録』を丹念に読み込むことで五山のシステムや五山僧の活動を解明し、中世社会を浮き彫りにする。

④中世の支配と民衆
阿部　猛編　三〇六頁・本体七〇〇〇円

編者の傘寿を祝して、表題のテーマのもと気鋭の執筆人が一堂に会し、中世の地方権力と民衆の支配・被支配をテーマとする諸論文を連ねて、日本中世史の一側面を鮮やかにえぐり出す。

⑤香取文書と中世の東国
鈴木哲雄著　三七〇頁・本体六〇〇〇円

中世東国の史料群として希有の分量を有する香取文書を、書誌学的・史料史的な方法で調査分析。膨大な文書群を整理・復原することによって、東国社会の歴史的特質を浮き彫りにする。

⑥日本中近世移行論
池　享著　三三〇頁・本体七〇〇〇円

戦後歴史学の研究蓄積と問題意識を受け継ぎつつ、なおその限界を厳しく見据え、中世から近世への時代転換のダイナミズムに内在する論理を抽出し、総体的な歴史像の再構築を模索する。

⑦戦国期の流通と地域社会
鈴木敦子著　三三八頁・本体八〇〇〇円

戦国期、中央から遠隔の九州地域ではどのような流通経済が展開されていたのか。鉄砲の調達、町場の成立や貨幣流通など具体的な社会動向を追究し、その地域特性と流通構造を明らかにする。

⑧中世後期の在地社会と荘園制
福嶋紀子著　三二二頁・本体七〇〇〇円

中世後期の自律的な村の形成に着目。前期とは異なる荘園経営方式を、地域社会の変容の中で把握し直し、研究の新機軸を打ち立てる。

⑨紀伊国桛田荘
海津一朗編　三一〇頁・本体六五〇〇円

和歌山県紀ノ川河川敷で発掘された堤防跡の調査を含む、中世荘園桛田荘の全容究明にとり組んだ15年間に及ぶ歴史学、考古学、地理学研究者による学際研究の成果を総括する。

⑩中世社会史への道標
阿部　猛著　三三八頁・本体七五〇〇円

古代史の視点をふまえつつ、中世社会の土台をなす「荘園制」追究にとりくみ、そうした中から荘園世界に生きる人々の営みを多方面からとらえてゆく。中世の社会史構築の道標ともなる諸論考。

⑪初期鎌倉政権の政治史
木村茂光著　二三四頁・本体五七〇〇円

挙兵から征夷大将軍就任までを区切りとする従来の研究への批判的問題意識を軸に、頼朝死後の幕政も見据えて、内乱を勝ち抜いた武人政権が統治権力の主体として発展してゆく諸相を活写する。

⑫応仁の乱と在地社会
酒井紀美著　二七四頁・本体六八〇〇円

応仁の乱中、東西両軍の道筋となった京近郊の山科・西岡地域の村々の動きに焦点をあて、動員されるばかりでなく、自らの意志で行動することの多かった中世村落の側から応仁の乱を描き出す。

⑬中世都市根来寺と紀州惣国
海津一朗編　三六八頁・本体七三〇〇円

中世の一大宗教都市、根来寺。保存運動の過程で明らかになった重要遺跡とその構造的な特色、新たに発見された文書の解析を通じて、中世根来寺の全容を明らかにする。

⑭室町期大名権力論
藤井　崇著　三七八頁・本体八〇〇〇円

南北朝・室町期大内氏の研究から、大内氏分国の実態を通史的に解明し、室町幕府―守護体制論の批判的検討を進め、新たな視点からの大名権力論を構築する。

⑮日本中世の学問と教育
菅原正子著　二五〇頁・本体六〇〇〇円

高い識字率を支えた庶民教育の実相と、武士、公家および天皇と知識人たちとの交流をたどりながら、当時における学問のあり様を検証。中世を規定した思想の根源を追究する。

⑯鎌倉府と地域社会
山田邦明著　三六〇頁・本体八〇〇〇円

中世後期、鎌倉府の支配下にあった関東における政治史を鳥瞰するとともに、地域社会の民衆・武士・寺院各々の、時に緊迫する相互関係を多様な観点から検証する。

⑰国東六郷山の信仰と地域社会
飯沼賢司著　三二六頁・本体七〇〇〇円
大分県国東半島に位置する六郷山地域。独特の山岳仏教文化の成立と展開の史的過程を明らかにし、山岳の開発によって拓かれた地域社会の支配と信仰を、総合的に検証する。

⑱武家権力と使節遵行
外岡慎一郎著　四七四頁・本体九〇〇〇円
不動産訴訟に際し公的な裁定を執行すべく各地に遣わされた特命使節。その遵行の「現場」で公権力と在地社会の意思が切り結ぶさまを、膨大な資料を渉猟し緻密に分析。使節遵行の意義を問う。

⑲東国武士と京都
野口　実著　二四二頁・本体五〇〇〇円
東国武士は京都にも拠点を置き西国との間に「一所傍輩のネットワーク」を築いた。東西を移動する武士像を提示し、在地領主制論をふまえ職能論的武士論を発展させ、中世武士を鮮やかに描き出す。

⑳中世の武家官僚と奉行人
森　幸夫著　二七八頁・本体六〇〇〇円
鎌倉時代の六波羅探題や室町時代の奉行人を中心に、武士が「文」を兼備して、吏僚として支配機構を支えるに至った様相を明らかにし、従来十分に評価されてこなかった奉行人の実像を照射する。

㉑鎌倉時代の足利氏と三河
松島周一著　二五〇頁・本体五五〇〇円
足利氏は、鎌倉幕府の有力者として如何にして勢力を築いたのか。東の幕府と西の貴族・院権力とが対峙する要衝三河の地から、建武政権を崩壊させ室町時代へと至る揺籃期を精彩に描く。

㉒ジェンダーの中世社会史
野村育世著　二三四頁・本体四八〇〇円
古文書や説話集などの史料に基づいて中世の社会にとって基本的な事柄をジェンダーの視点で分析し、中世の日本を読み解こうと試みる。

㉓中近世移行期の公儀と武家権力
久保健一郎著　三三〇頁・本体七〇〇〇円
中近世移行期武家権力を、正当性の標榜、地域権力、権力内部の構造と編成原理等から、「公儀論」に重点を置き、移行期の権力論を展望する。

㉔室町幕府の外様衆と奉公衆
木下　聡著　三七〇頁・本体八〇〇〇円
足利将軍直轄の軍事力として、室町幕府の支柱となった外様衆・奉公衆の構成や役割を、政変や動乱に伴う変動を踏まえて詳細に論述。